高等教育经管专业系列教材

普通高等院校新科人才培养教材

数字化时代的广告：原理与实践

徐 磊 主 编

郭 婧 丁潇君 副主编

北京工业大学出版社

图书在版编目（CIP）数据

数字化时代的广告 ： 原理与实践 / 徐磊主编 .
北京 ： 北京工业大学出版社， 2024. 12. — ISBN 978-7-5639-8738-2

I. F713.80

中国国家版本馆 CIP 数据核字第 2025U1D943 号

数字化时代的广告：原理与实践

SHUZIHUA SHIDAI DE GUANGGAO：YUANLI YU SHIJIAN

主　　编：徐　磊
策划编辑：杜一诗
责任编辑：杜一诗
封面设计：红杉林文化
出版发行：北京工业大学出版社
（北京市朝阳区平乐园 100 号　邮编：100124）
010–67391722（传真）bgdcbs@sina.com
经销单位：全国各地新华书店
承印单位：北京虎彩文化传播有限公司
开　　本：787 毫米 ×1092 毫米　1/16
印　　张：15
字　　数：301 千字
版　　次：2024 年 12 月第 1 版
印　　次：2024 年 12 月第 1 次印刷
标准书号：ISBN 978–7–5639–8738–2
定　　价：48.00 元

前言

随着改革开放和社会主义现代化建设的深入推进，中国书写了经济快速发展、社会长期稳定的新篇章。中国发展具备了更为坚实的物质基础、更为完善的制度保证。近年来，随着经济全球化的推进、信息技术的普及和移动互联网的快速发展，广告传播环境发生了巨大变化，品牌和商业模式创新不断，在线广告产品形态频繁升级。与此同时，消费者的自我意识也趋于成熟。这些都对广告学的理论研究、专业学习以及企业的广告实践提出了更高的要求。实践没有止境，理论创新也没有止境。为此，广告理论和教学工作者必须密切关注国内外广告理论与实践发展，注重二者的结合、创新，帮助商科专业学生运用现代广告理论与方法，发现、分析和解决纷繁复杂的广告问题。本书正是在这样的背景下应运而生。

一、本书的意义及作用

广告学是一门实践性很强的学科。本书旨在在兼顾知识性和趣味性的基础上，介绍数字化时代广告的发展与知识更新。万事万物是相互联系、相互依存的，只有用普遍联系的、全面系统的、发展变化的眼光观察事物，才能把握事物发展规律。在此观念指导下，让学习者理解数字化时代和全球化背景下，如何以全新数字化的视野来看待广告，如何思辨和理解当前的广告实践活动，分析广告产业发展与变化的演化规律，从而运用科学与创新的广告战略和策略，实现精准营销目标。可见，广告不仅是一种商务技能，而且是一种指引组织行为的哲学，是一门执行的艺术。广告涉及一个组织或者个体选择谁作为自己的目标顾客，传递和提供什么样的需求和体验，进而实现精准沟通的一系列广泛的决策。当前，广告部门更应和其他部门紧密配合，坚持合作共赢，以实现品效合一。

本书将以一种创新却又务实和富于乐趣的方式，带着学生踏入广告这个令人惊奇的世界。在准确阐明广告基本理论的基础上，本书力求将理论与实践相结合，注重前沿性、针对性和可操作性。本书全面贯彻习近平新时代中国特色社会主义思想，以学生为中心，注重对分析和解决问题能力的提升及实践能力的培养。在每章始末，分别设计了可以用作课堂讨论的公司案例，这些案例为学生将广告理论应用到企业的广告实践中提供了机会。根据以上特点，本书既可作为高等院校相关专业的教科书，也可作为工商管理相关领域从业人员的专业培训教材。

二、本书的组织结构及内容

本书在篇章结构上，既对广告的基本原理、理论和方法进行了深入全面的阐述，又反映了广告的历史演进过程和最新发展动态，对学科前沿问题和最新的广告实践展开全面的介绍。具体内容安排如下。

第一部分主要介绍基础理论，共三章。首先为读者提供数字化时代广告的基本情况和发展态势，主要介绍数字化时代广告的特征、内涵解析，现代广告的历史发展，广告类型和广告性质（第一章）。随后，用两大模块阐述广告理论部分，第一模块主要阐述了传统广告理论，包括独特销售主张、创意革命时代、品牌形象、定位理论、企业识别系统，以及整合营销传播，因技术变革而衍生出的协商品牌理论、浸合参与理论和创意管理理论，数字时代下的计算广告理论（第二章）。第二模块阐述了广告的消费者行为基础，包括消费者行为模式、消费者行为理论和广告效果层级模型等（第三章）。

第二部分聚焦应用实战，共三章。本部分主要分析广告产品形态，阐述传统广告到互联网广告产品的演进逻辑和内在动力（第四章）；广告策略实施，涉及广告创意、文案撰写和媒介策划等方面（第五章）；广告效果评估，关注广告效果评估的原则、标准和方法，在线广告和品牌广告的效果评估指标体系等（第六章）。

三、本书的主要特色

本书的主要特色体现在以下几个方面。

第一，每章开篇的引导案例为本章的内容讨论安排了既定的“舞台”背景。引导案例所探讨的营销事件，是帮助学习本章内容的课堂讨论素材。

第二，在每章最后都编写了一个有关广告实践的卓越广告案例，突出企业在广告实践中所取得的富有见解和创新性的营销成就。此外，章末还列出一些可以引导课堂讨论和分析的思考题。

第三，本书新增了广泛的广告最新议题。众所周知，当前的广告传播环境已发生重大变化，大数据技术不断创新升级。本书自始至终都充分体现这些变化，强调社会化媒体兴起和大数据技术发展背景下的广告创新实践及其相关的营销管理问题。

第四，本书整合了来自不同学科领域（如营销学、心理和行为科学、管理理论以及信息科学等）的研究成果，其中的基本概念与工具可以直接应用到广告实践当中。

四、本书的教学思路

为了帮助学生联系和应用主要的概念，在本书每一章的开头、中间和末尾设置了以下项目。

学习目标：每章的开头部分都列举了本章要学习的内容，以及对其实现程度的要求，如了解、熟悉或掌握，并以此强调通过学习本章将收获的知识。

引导案例：每章开头都设有一个近两年发生的真实广告传播故事，以引起学习者的兴趣，并导出随后的章节内容，激发读者的兴趣。

章末案例：每章结束时提供一个可以用作课堂或作业讨论的公司案例，这些案例为学生将营销理论应用到实践提供了机会，也为课堂讨论和案例教学提供了宝贵资料。

最新的事件与文献：本书部分章节包括了许多简短的、最新的营销事件和前沿文献，它们可以激发读者就相关问题进行讨论和思考。

小结、关键术语和复习思考题：各章末设置的本章小结、关键术语和复习思考题有助于读者复习主要的学习内容。

本书是多位营销专业师生共同努力的结果。其中，北京工业大学经济与管理学院徐磊、郭婧、丁潇君直接参与了各章的撰写工作，最后由北京工业大学经济与管理学院徐磊完成全书的修改、统稿。此外，在本书撰写过程中，特别感谢崔宇晴、李记、姜子建三位同学在资料搜集方面的支持和帮助。

本书写作的初衷是希求为推进我国广告学的教学和理论研究略尽绵薄之力。由于时间和水平有限，不足之处敬请国内同行不吝赐教，以便今后不断完善。本书如对相关专业的教学和理论研究工作者、学生、企业管理和营销人员有所裨益，我们将倍感欣慰。

徐 磊

2023 年 11 月于北京工业大学

目录

第一章 认识数字化时代的广告

学习目标

注意力稀缺和碎片化成为数字化时代广告受众的主流特征，数字媒体的发展改变了传统广告的运作形态。在数字化时代，对于营销人员来说，根据实时数据分析快速做出反应，并针对不同人群投放定制化广告，正成为工作的常态。通过本章的学习，应该达到如下目标。

◎理解广告传播环境的变化。

◎了解现代广告业和广告公司的发展。

◎了解中国广告业生态圈和发展趋势。

◎掌握数字化时代广告的本质内涵和主要特征。

引导案例

时代交替下的数字广告

数字广告的发展带动了一门专业学科的诞生——计算广告；而计算广告的核心是利用大数据及算法优化广告体验与各方收益，这里的各方包括了用户、媒体、广告主、广告平台。为了达成最佳用户体验，广告平台本质上也被打造成一个推荐系统；一个大广告平台有几十、几百万的广告主，而这些广告主推广的商品与广告素材可能数以亿计，但每一次曝光机会只能从海量的商品和广告素材中选择一个最佳的推荐。

数据与算法须开始发挥作用，点击率、相关性、转化率会基于高达百亿甚至万亿级的特征被计算出来综合考虑，以尽可能向用户推广符合其需求的个性化内容；除此之外，用户看广告的频次、场景也会被实时纳入算法考虑之中，这种毫秒级的反馈技术，需要大规模底层架构支撑。

数字广告从原始的手工发布再到现在的智能交易和投放，体现的是对生产效率的追求，沉淀的是各种自动、智能化理念与技术，同时也能够反哺业界的发展。

资料来源：Eden. 时代交替下的数字广告：原罪、价值与未来［EB/OL］.［2021-11-11］. http://www.woshipm.com/it/5210931.html.

第一节　数字化时代的广告传播环境概述

数字化时代所构建的生存网络已经成为人们基本的存在条件和背景。全球风险社会（VUCA）这一概念用以描述冷战结束后世界局势呈现的不稳定、不确定、复杂且形式模糊的状态。直到2001年后逐渐被一些商业领袖借鉴，用来指导集团的战略方向制定，以便集团能够跟上且适应这个充满不确定性的复杂、模糊的未来商业环境。VUCA代表了四种状态，它们分别是易变性（volatility）、不确定性（uncertainty）、复杂性（complexity）、模糊性（ambiguity）。我们生活在VUCA时代。知识迭代如此迅猛，各种概念花样迭出，大数据、人工智能、虚拟现实、区块链、计算神经学、智适应等层出不穷，冲击甚至颠覆了已有的知识体系，也正在改变人们未来的工作和生活方式。

一、注意力经济

1. 信息过载与注意力

正如赫伯特·西蒙（Herbert Simon）提出的："在一个信息丰富的世界中，拥有信息就意味着另一种稀缺，即信息所消耗的其他东西。而信息所需要消耗的恰恰就是信息接收者的注意力。因此，信息的富足就会导致注意力的贫瘠，我们需要将注意力有效地分配在那些消耗注意力的信息资源上。"这一观点第一次明确了注意力的重要地位。任何新的技术都不能增加人的时间量和人类吸收信息的能力。西蒙认为，真正的问题不是提供更多的信息，而是如何分配接收信息的时间，而这恰恰与注意力相关。迈克尔·H. 高德哈伯（Michael H. Goldhabor）被公认为"注意力经济之父"，是最早研究注意力经济的学者之一。他指出，别人的关注是一种必需品，而且越多越好。这是因为，获得一个人的注意力，就意味着你对他的影响力要超过他对你的影响力，如果你能得到一个人全部的注意力，你就可以引导他的行为，让他做你希望他做的一些事情。所以，注意力意味着控制。注意力可以传递、交换和转移。

在信息过剩的时代，人们越来越缺乏耐心和专注力。2015年的一项研究显示，网络用户平均注意力持续时间只有8秒，相较于2000年的12秒有所下降。因此，如果想要利用移动端吸引注意力，那么问题显而易见——大规模推广没有用。因为对于大规模推广，用户会选择性地忽略，甚至会在网络上发起强烈抵制。

广告是媒体通过售卖注意力获得经济收益的一种变现工具。广告需要不断地获取用户的注意力。当营销人员继续以低成本触达和将"吨位"级投放作为唯一工具时，他们可能会持续看到乏味的结果。因此，在注意力越来越短暂、越来越容易分散的背景下，广告的焦点需要被转移到提升相关性和参与度的方法上来。

现如今，信息供过于求，人们进入了一个信息过载的时代，所获取的信息远远超出了需求。相较于注意力而言，信息的价值大幅下降。在这种情况下，企业要想让输出的信息完整地传送到消费者脑中，企业营销人员首先要了解人类大脑认知策略的变化，熟悉人类经常使用的信息过滤器的运作规律，掌握消费者的信息偏好等。

2. 注意力经济与认知转变

（1）大脑认知策略：从“做减法”到“做加法”。

在印刷时代，信息被记录在纸质工具上。由于纸质工具的价格比较昂贵，占用的空间较大，为了降低成本，节省空间，在对信息进行记录之前，出版机构的专业人员会对信息进行简化。在这个过程中，大脑最基本的认知策略就是过滤、筛选，也就是通过“做减法”来获取知识，知识以“数据—信息—知识—智慧”金字塔形排列。

自进入互联网时代以来，信息存储工具发生了很大的变化，电脑不仅能存储海量信息，其存储信息的成本也大幅下降。在这种情况下，大脑认知策略转变为链接，人们以“做加法”的形式来获取知识，知识呈蜘蛛网状分布，如图 1–1 所示。

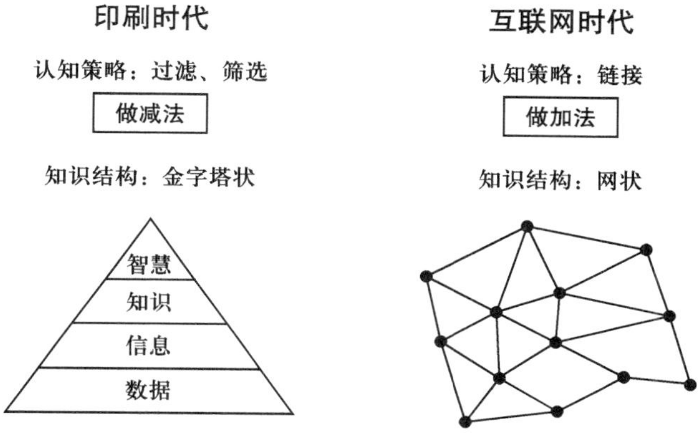

图 1–1　大脑认知策略变化

资料来源：彭雷清 . 内容营销：新媒体时代如何提升用户转化率［M］. 北京：中国经济出版社，2018：14.

（2）信息过滤器：从“把关人”到“算法推荐 / 社交过滤”。

克莱 · 舍基（Clay Shirky）认为，信息超载现象早已存在，当人们认为信息量过大，已超出能承受的极限时，就说明过滤器失去了应有的效用。

在纸媒、电视媒体时代，信息的过滤器多为记者、编辑、媒介组织之类的把关人。在信息传播之前，这些把关人会对信息进行筛选、过滤。在这个过程中，大量信息被截留，受众接收到的信息有限。但是，自进入互联网时代以来，把关人的作用正在逐渐丧失。信息无时无刻不在产生。为了在海量的信息中搜寻到有价值的信息，人们开始引进技术对信息进行过滤。

这里的技术主要有两大类型：一是算法机制；二是社交机制。前者利用计算机强大的处理能力与记忆能力计算出用户的阅读偏好，为其推荐感兴趣的内容，今日头条等资讯平台就是其中的典型。后者则以某人的朋友、同事等人为标准进行衡量，发掘其感兴趣的事物，其中的典型代表就是微博、微信等社交媒体。

（3）信息流向：从“沉默螺旋”到“回声市集”。

沉默螺旋指的是人们在发表观点的过程中，如果发现某个获得自己赞同的观点受欢迎，就会积极发声；如果发现某个观点不受欢迎，即便这个观点曾获得自己的赞同，人们也会保持沉默。根据这个规律，那些获得大众认可的观点会越发强势；反之，那些被大众冷落的观点会逐渐消失。

在技术过滤器的作用下，人们仿佛置身于一个“回音市集”之中。在这里，人们能听到很多与自己所持观点类似的声音。在某个垂直领域中，意见领袖的作用逐渐凸显，他们或将成为价值极高的信息源。

二、传播环境的碎片化

在这个资讯爆炸的时代，碎片俯拾皆是：分散四处的股东和利益相关者；细分化的受众，构成数百个迷你市场；与日俱增的平台和触点，断裂的供应链和需求链；越来越多的绩效指标和信息传递。与此同时，品牌自身也被区隔成数以百计的库存单位（Stock Keeping Unit，SKU）。传播环境的碎片化趋势主要体现在以下三个方面。

1. 受众“碎片化”与“重聚”并存

在传统媒体、互联网媒体与新兴自媒体融合发展的全媒体时代，受众的碎片化趋势明显。一方面，受众暴露在更加丰富的媒介信息与更加多样化的媒介终端之下，被细分成不同的群组，导致大众传播随着媒介多样化而越来越小众化；另一方面，受众可以轻松利用媒体平台传播信息，加速了人际传播，颠覆了传统大众媒介“一对多”的传播模式。这样的受众格局不仅在信息接收过程中呈现碎片化特征，而且在信息传播过程中更加多层、零碎。

与此同时，全媒体时代的受众也在利用虚拟空间与社交媒体的便利性自发地重聚。在网络、手机、数字电视等社交媒介平台上，我们很容易发现不同地域、不同兴趣、不同需求的受众自发地靠近、凝聚与结盟。这种受众的重聚是以生活区域相邻、生活爱好相同、生活层次相近为动力的，是符合人类追求归属感的心理特征的。

“碎片化”与“重聚”的特征既为当前广告发展带来了挑战，也创造了机遇。受众的碎片化使得确定广告投放范围的难度加大，无疑增加了广告投放的成本；同时受众的重聚又大大提高了营销传播的效率与精准度——利用受众重聚，营销者可以轻松找到营销对象。从某种意义上讲，受众形态格局改变，令广告的运作重心转移了。以前广告主会将大量的精力与财力投放在广告与公关活动之中，但如今广告主更关注的是如何从媒介大数据中精确定位目标消费者，并为他们设计精准的广告投放策略。

2. 网络定义媒介，而非媒介定义网络

碎片化传播的一个主要标志就是人们可以利用碎片化时间进行信息交流和共享。网络的碎片化传播是利用碎片化时间进行网络信息传播的主要形式，碎片化传播使信息产生了实时流。网络传播的碎片化实时流信息与手机结合后更为明显，如今微信成为人们必备的传播工具，而微博中70%以上的信息都来自手机。手机更能体现碎片化时间内的信息交流方式，也让碎片化传播更显著。

网络传播形式体现了网络媒介的本质特征。媒介是信息传播的载体，通常以文字、声音、图像和视频等基本方式呈现信息。但在网络上，无论是文字、图片、声音还是视频，全被“粉碎化”成各种形式，并以复杂的结构嵌套在一起，形成令人眼花缭乱的网络传播生态多样性，这种多样性使传播的信息以各种各样的面貌存在，构造出无处不在的信息海洋。

3. 网络的碎片化是媒介形式的多样化

美国西北大学梅迪尔新闻学院教授约翰·拉文（John Lavine）认为，“碎片化”是“遍及所有媒体平台最重要的趋势”。微博和微信的普及，使网络传播的碎片化特征愈加明显。网络的碎片化是持续信息爆炸的必然结果，表现为信息的零碎化、不完整化、不对称化。随着网络环境的碎片化日益显著，受众更倾向于寻找与自身相关的利益群体进行交流，并与世界观、人生观、价值观不同的其他受众群体进行交锋。网络的碎片化体现了消费的多元化和部落化，也反映了消费的个性化。如博客、播客、威客、维客、换客、晒客、印客、闪客、淘客……在百“客”云集的互联网上，受兴趣、爱好的驱使，不同的人群以不同的信息形式聚集。在网络传播中，同样的信息意义由于不同的网络传播形式会造成完全不同的传播影响。

网络的碎片化意味着媒介形式的多元化，即媒介从合到分的变化，这会导致传播的分散，使信息的采集和信息的传递变得不再集中。网络的碎片化也是媒介形式的碎片化，各种媒介形式令人眼花缭乱。网络的碎片化使信息的传播从迅速传递到迅速衰竭，从集中传播到非集中传播，传播效果更明显，也更不可测。大众传播变为小众传播，小众传播变为分众传播，分众传播变为个众传播，而这些非大众传播反过来又构成新的大众传播。在这个过程中，信息不断地被分流、整合、强化、减弱，网络传播呈现出了信息无处不在的景象。

三、数字媒体

1. 数字媒体的概念

媒体（media/medium）一词来源于拉丁语“medius”，又称传媒或媒介。媒体指资讯信息传播的媒介和工具，是人们用来传递、获取文字、图片、音频、视频等信息的技术、工具、渠道、载体、中介物或手段，是实现信息从信息源传递到受信者的一切中介技术手段。媒体包括两个含义：一是承载信息的物体；二是储存、处理、呈现、传递信息的实体。

数字媒体（digital media）是指以二进制数的形式来获取、处理、记录、传播信息过程的载体，包括数字化形式的文字、图形、图片、虚拟图像、音频、视频和动画等的感觉媒体，表示这些感觉媒体或编码等的逻辑媒体，以及存储、传输、显示这些逻辑媒体的实物媒体，即数字媒体 = 感觉媒体 + 逻辑媒体 + 实物媒体。

2. 数字媒体的特征

进入移动互联网时代后，数字媒体逐渐从以媒体为中心转变为以用户为中心，而且数字媒体并非仅具有简单的信息传播功能，社交、信息服务、文化娱乐等也是其具备的功能。数字媒体具有以下的典型特征，具体如图 1–2 所示。

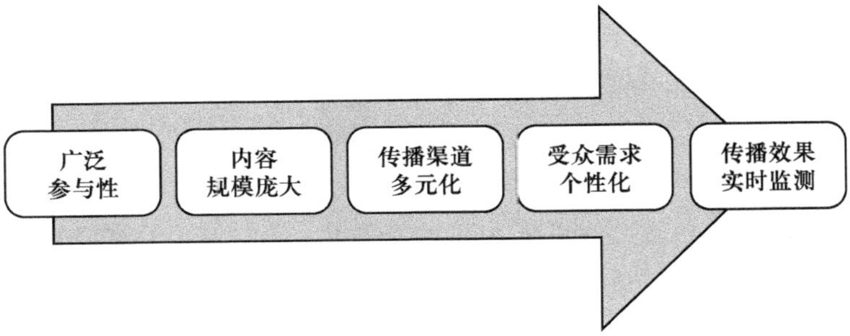

图 1–2　数字媒体的特征

资料来源：杨志杰，李思达．数字化广告运营：智能营销时代的精准投放法则［M］．北京：人民邮电出版社，2018：40.

（1）广泛参与性。

与报纸、杂志等传统媒体相比，数字媒体具有极强的开放性，而且不会受到版面、频道容量的限制。随着移动互联网的推广普及以及智能手机性能的不断提升，人们能够轻松地获取、评论及分享各种形式的数字媒体信息，如文字、图片、视频等。所有人都能够参与到数字媒体的传播中来，而且发布网络广告的成本逐渐降低，中小企业甚至个人也可以发布网络广告。

（2）内容规模庞大。

数字媒体的内容表现形式多元化，文字、图片、音频、视频等都可以用来表达内容，人们可以同时使用多种形式分享自己身边发生的一切。在生活节奏越来越快、工作及学习压力不断增加的情况下，人们需要找到一种有效的表达途径，而数字媒体无疑成为一种绝佳的选择，各类信息都成为人们在数字媒体中分享的内容，这就使数字媒体内容迎来爆发式增长。

（3）传播渠道多元化。

人们可以通过各种简单易用的工具，搭配文字、图片、音频、视频等各种形式的内容，根据自身的个性化需求发布在各种渠道中，而且随着信息技术（IT）的快速发展，以前仅支持文字及图片的社交媒体如今也支持用户上传语音及视频内容，从而进一步促进了传播渠道的多元化。

（4）受众需求个性化。

随着经济的快速发展，人们的收入水平及购买力大幅提高，在物质需求得到满足的基础上，人们开始追求精神及情感享受。此时，个性化的内容需求在短时间内集中爆发。与此同时，在数字媒体内容规模快速增长的情况下，企业只有为用户提供满足其个性化需求的信息，才能取得预期的营销效果。

（5）传播效果实时监测。

在大数据、云计算、移动互联网等新一代信息技术的支撑下，数字媒体平台可以根据点击量、评论数、转化率等指标量化，对信息的传播效果进行实时监测，从而为企业的营销推广提供专业的指导。事实上，实时监测传播效果不仅有助于企业改善营销方案，而且能够根据用户的反馈意见对产品设计、生产、定价、交易、支付、配送、售后服务等业务流程进行改造升级。

相较于传统媒体，数字媒体提供了更强大、更有弹性的用户交互功能。使用交互式多媒体（interactive multimedia），用户可以更有效地控制媒体信息的流程。在交互式多媒体中还可以加入人工智能技术，协助用户在互动操作时作出判断，这又称为有适应能力的多媒体（adaptive multimedia）。还有几种更强大的多媒体交互模式：第一种是虚拟现实（virtual reality），它利用计算机产生一个三维的仿真世界，为用户提供视觉和其他感官的沉浸式（immersive）的环境和体验，让用户仿佛身临其境。第二种是增强现实（augmented reality），它在显示屏上把虚拟世界叠加在现实世界之上并进行互动。第三种是混合现实（mixed reality），它结合了真实和虚拟世界，从而创造出一个新的可视化环境，使真实的实体和虚拟的对象共存并实时互动。

3. 数字媒体与广告

“媒介技术决定论”的提出者马歇尔·麦克卢汉（Marshall McLuhan）对现代传播媒介的分析深刻地改变了人们对 21 世纪生活的看法。近年来以计算机为主体的互联网技术的发展和以手机为主体的移动互联网的兴起，正以前所未有的威力推动着人类经济和社会高速发展，将人类社会推向一个崭新的信息化时代——大数据时代。媒体数字化结合计算机技术使得媒体的生成和编辑更加容易，也更具经济竞争力。总体来说，面对环境的变化，广告发展面临以下问题。

（1）产业链格局变化，参与主体改变。

在传统媒体环境下，广告产业链由广告主、广告公司和广告媒介三大主体构成。数字传播时代的市场运作特征导致广告产业链发生变化。数字传播时代，广告产业链的参与者更多，各自的分工与合作形式也表现出新的特点。数字广告代理商成为新的行业主体；互联网公司凭借数据资源成为广告公司的竞争者；移动通信运营商凭借所掌握的通信数据成为数字广告经营活动的强有力对手；各种网站和数字媒体终端利用其数据资源和端口流量也在广告行业中分得一杯羹。其中，除了数字广告代理商，后者虽然不以广告公司的名义存在，但拥有了大数据资源和服务能力，因此在广告经营活动中扮演着重要角色。这样，传统广告公司与新兴的数字广告公司、互联网巨头、数字广告服务商、各种网络新媒体机构等一起构成了新的广告产业生态格局。

（2）广告流程发生根本变化。

伴随着大数据和云计算技术的发展，IT 公司正在重新塑造广告业和营销传播行业，广告产业的价值发生了重构。过去的 100 多年时间里，广告并没有发生根本性的变化。

企业会请广告公司花费数月时间构思创意，拍摄商业电视广告（TVC），然后期待通过几轮大规模的投放，将创意的力量、优势媒体的力量整合统一起来，从而提升品牌认知度。而在数字化时代，对于营销人员来说，管理跨屏营销活动，根据实时数据分析快速做出反应，甚至针对不同人群投放定制化广告，正逐渐成为工作的常态。

（3）广告产业发展业态：业态边界模糊化。

国家市场监管总局2022年4月印发的《“十四五”广告产业发展规划》提出，广告产业将向专业化和价值链高端延伸。我国广告产业面临我国全球经济地位攀升和国内新兴技术勃兴的双重环境变迁。新兴技术要求广告产业突破固有的产业模式、知识体系，要求广告从业者提高操作技能和职业素养。广告产业应建立新的业务边界、管理规范，同时还要不断应对产业发展过程中出现的伴生性问题。低集中度与泛专业化一直是中国广告产业面临的两大核心问题。在数字技术推动下的产业融合时代，广告产业也正在经历与其他产业的融合过程，呈现出产业形态的规律性发展特征，这是推动广告产业发展的内在动力来源。

第二节　现代广告业与广告公司的发展与成熟

从全球视野来看，伴随着商品经济的发展，世界各地的广告业呈现着多元并进的局面。除了传统广告的发展，现代广告体系在逐渐成熟。所谓现代广告体系，是一种集规模化生产与大众媒体传播于一体的商业信息交往体系。可以说，100多年来，广告业的规范化、专业化、国际化、规模化等发展浪潮几乎都与美国广告业的发展密切相关。与此同时，有着丰富的传统广告形态和商业传播智慧的中国广告业也在不断前行，改革开放以来，中国广告业与全球范围内发展了百余年的现代广告业相遇。随着开放大潮的推动，世界广告业的影响力在中国广告业中变得更加深远。这也成为观察中国广告业发展的一个重要视角。

一、现代广告之前的传统广告：多源发生

广告伴随着社会分工而诞生。广告是商品经济的产物，它是伴随着社会经济的发展而发展的。广告起源最直接最重要的动因就是人们在商品交易和其他商业活动中产生了将产品/商品信息广而告之的需求。公认的现存最早的文字广告出现在公元前3000年左右，是在古埃及底比斯城散发的“广告传单”，内容是悬赏逃跑的奴隶。

传统广告在世界上的诞生与发展是多源的。在中国古代的典籍中，有许多带有广告传播性质的历史记载。《清明上河图》和《乾隆南巡图》等也直接展现了广告在当时中国的繁盛。在历史悠久的中华文化背景下，聪明勤奋的中国人在城市发展与早期商品经济的形成中，开创了丰富多彩的广告形态，可以说代表了同时期广告的最高水平。

在广告产生后相当长一段时间内，由于种种原因，中国广告以及世界其他各地的广告长期保持着初始的状态，停留在人际传播、实物展示阶段，或者借助某种户外媒

体等限定于一定区域、一定规模。这一时期的广告活动仍然只是个别行业、部分商人的行为，绝大多数的广告发布活动与商品生产者、经营者的活动基本上是三位一体的关系。尽管广告形态很多，但广告显然还停留在传统平面广告的范畴内，没有专业的广告人，更谈不上独立的广告产业。

二、印刷术、工业革命与现代广告：欧洲突破

中国在很长的一段时间里，传统广告最为兴旺发达。而后，随着资本主义在环地中海和环大西洋地区诞生，市场作为一种主要的力量，推动了大众媒介和商品经济的快速发展，现代广告开始在欧洲出现。活字印刷术最早在1045年前后由毕昇发明，但真正作为一种诱导性因素引发“多米诺骨牌”效应，还是要到1450年德国人约翰内斯·谷登堡（Johannes Gutenberg）采用铅和其他金属的合金铸成了字母之后。

“在古典时期的江湖术向不久前消失的旧式广告过渡的过程中，工业革命将自身的经济意义赋予了现代广告。19世纪，虽然在马戏团灯火中卖弄绝技的表演仍为主流，但广告人员已经不再用江湖郎中的哗众手法了。”借助大众媒体的现代广告的诞生与发展与工业化所带来的大规模生产密切相关。曾有学者对当时英国工业革命的中心城市之一曼彻斯特进行了调查，结果显示工人的日生产效率在半个世纪内平均提升了20多倍。越来越多的工厂涌现出来，越来越多的新产品也大批量地生产出来。技术革新引发的生产力革命重新建构了人与物之间的关系，同时也引发了新的问题，需要相应的社会创新来与之相匹配。作为一种社会创新的大众传媒工具，现代广告由此诞生。

轮转印刷机显然使印刷载体达到了人力印刷达不到的庞大发行量，但是，从广告这一方面来看，却是进步少，停滞多。市场和企业的需求有了，大众媒体也有了相当的规模，并逐步被改造成为广告媒体。以当时广告最为发达的英国为例，从1712年到1803年，英国政府对报纸杂志上的每一则广告征税1先令，从1803年直到1856年，税负提高到3.5先令。

广告走向20世纪初期的胜利经历了一番艰苦的长征，原因是多方面的。现代广告运作体系所需要的相应的思维、制度等依然还停留在传统时代，甚至在很多学术领域，广告也往往被视为一种被批判的对象，这成为阻碍广告业进一步突破与发展的重要因素。广告的发展绝非只是技术与经济变革的产物，它的发展嵌入更广阔的社会文化系统、民众认知、政策等多个方面。在当时的世界贸易中心伦敦，“绅士”是不能与广告有任何关系的。在巴黎，从事广告业往往意味着放弃名声和社会地位。相较于广告这一新事物的接受，当时人们更多的是对广告所带来的一个全然不同于传统和过去的体系和制度的担心。这种体系和制度的更迭，需要时间和多方面因素的综合作用。

三、广告专业化与现代广告公司的成熟：美国模式

在美国历史上，最早的名副其实的广告公司于1841年在费城成立。以集群形式出现的广告代理商兴起于19世纪五六十年代的费城、波士顿、芝加哥，尤其是在纽约的

下曼哈顿区和附近街道，这些地方成了出版公司集中的地区。现代广告代理公司的演进经历了从掮客到公司、从中介到专业、从市场到组织的变化。在现代资本主义生产的大环节中，广告公司扮演了不可或缺的角色，它们用广告完成了将产品转化为商品的过程，这意味着广告行业开始作为一个全新的职业，以一种正统的生意人的姿态开始了其专业化的历程——专注于管理经济风险以及理性地追求收益，并代表了新的效率与生产力。这个时期对于现代广告的发展来说，无疑是一个关键节点，它标志着广告行业开始了漫长的职业化、专业化和组织化征程。

按照企业史研究学者小艾尔弗雷德·钱德勒（Alfred Chandler）在《看得见的手》和《规模与范围：工业资本主义的原动力》中的观点，广告公司这一独特组织产生并成熟的过程，恰恰体现了广告公司可以提高规模经济效益和“范围经济”的效率。广告公司将职业分工、团队合作、整体架构、流水线生产等一系列的特点吸纳为一体。广告公司成为人的要素与工业制度全面结合的一个重要场所，成为一个生产创意产品的智力工厂，成为连接现代工业生产与社会消费的一个关键中介。

1. 美国广告行业的实践努力

1841 年，沃尔尼·帕尔默（Volney Palmer）在美国费城开办了第一家广告代理公司，并自称是“报纸广告代理人”，这宣告了广告代理业的诞生。1865 年，乔治·罗威尔（George Rowell）在波士顿成立了一个具有划时代意义的广告代理公司，专门从事“广告批发代理”的业务，经营范围从报纸扩展到所有媒体，并且是第一个向媒体垫付费用的代理公司。与此同时，他们还编辑了《美国报纸索引》，公开了当时美国 5411 家报纸的各种运营数据，包括发行量。自此，广告代理公司脱离了报纸的身份独立存在。1869 年，艾尔父子广告公司（N. W. Ayer & Son）成立。1890 年左右，他们要求客户自己从媒介购买版面，然后按实际的媒介购买价格再加上一定比例的佣金支付广告费，该公司成为第一家按照“版面纯成本”收取代理费的广告公司。此外，他们还为客户设计、撰写文案，建议和安排合适的媒介，并制作广告，可谓“现代广告公司的先驱”。

随着广告行业的发展，诸多广告职业类别开始出现。广告文案写作成为一种专门的职业，并且克劳德·C. 霍普金斯（Claude C. Hopkins）开始努力建构一种科学的广告范式。广告公司的分工更加细致：调查开始成为广告公司的日常部门之一和专业运作流程中的重要一环，除此之外，有关艺术表现方面的商品设计、广告设计、装潢设计等，以及有关科学推销方面的推销谈判、销售员培训、销售战略制订等，形成了广告公司的主要架构。

第二次世界大战之后，大众媒体的快速发展、工业技术的不断进步推动美国广告业进入了繁荣时期，一批优秀的广告人和广告公司开始出现。他们的作品和理念对整个广告行业产生了深远的影响，在很大程度上也建构了广告学的知识体系和方法论工具。广告公司基本上形成了稳定的组织结构、职业分工与生产流程。在大卫·奥格威（David Ogilvy）、李奥·贝纳（Leo Burnett）等广告人的推动下，“品牌”“创意”“洞察”“产品戏剧性”“文案”“媒介”等词一起建构起了现代广告行业的话语体系。20 世纪 60 年代，威廉·伯恩巴克（William Bernbach）及其所属的 DDB（Doyle Dane Bernbch）广告公司所引发的广告创意革命，使得寻求“大创意”开始成为广告业的共识。个性化表达的工作方式开始被越来越多的广告公司所接受，“先文案，后设计”的两步走的工作模式让位于文案人员与美术人员协同工作，这也是对广告专业化程度不断提高的一种主动适应。

2. 大学等研究力量的加入

一些大学参与到广告专业知识的建构中。行为主义的创始人约翰·华生（John B. Watson）在 1914 年出版了自己的《行为：比较心理学导论》一书，并于 1922 年离开约翰·霍普金斯大学，加入智威汤逊广告公司，指导该公司的研究工作。艾奥瓦大学教员、心理学博士丹尼尔·斯塔奇（Daniel Starch）在 1924 年也成为美国广告代理公司协会的研究负责人。学界的参与成为现代广告业发展初期的一种关键力量，广告学也被纳入学科规制范围，传播学、心理学、营销学等学科开始成为推动广告专业化发展的重要智慧来源。

3. 广告公司的组织与自律

19 世纪 70 年代以来，美国广告行业规范日趋完善。1888 年，乔治·罗威尔创办了美国第一份广告行业杂志——《印刷者油墨》，从此广告业有了自己的喉舌。1900 年，美国广告俱乐部联盟努力把美国的广告行业联合起来，并通过道德规范来进行职业界定。随着联邦政府采取调节措施，颁布《1906 年纯净食品与药品法》来保障消费者的利益，这种做法的意义就变得更大。1914 年，俱乐部通过了作为规范条例的《实践标准》，该标准立足于高度象征性的观点：把广告看成“公共服务”，这是一种对“消费利益”负责的服务行为。同年，广告公司、客户与出版商创立了发行公信会，这是一家由自我调节思想启发而来的非营利机构，旨在收集媒体方面的所有信息，公布被核实的发行量。1917 年，不少于 300 家的广告代理公司联合起来，组成了取代美国广告俱乐部联盟的美国广告代理协会（American Association of Advertising Agencies，简称 4A），这就是百年来影响广告业的“4A”的来源。

第三节 中国广告业生态圈和发展趋势

一、中国广告业概况

21 世纪以来，我国广告产业面临我国在国际的经济地位攀升和国内新兴技术勃兴带来的双重环境变迁。这种双重环境变迁下形成的多重叠加效应，不仅不断驱动广告产业创新发展，也不可避免地增加了产业发展的不稳定性和不确定性，由此造成的持续性影响在可预见的未来仍将长期存在。鉴于此，首先回顾一下我国广告业发展历程。

1. 中国广告业发展历程

如前所述，广告活动作为一种信息传达方式，其最初出现的时候，仅仅是作为商品经济的辅助手段，起着告知、劝服等传播作用。因此，古代的广告活动在一定意义上还谈不上具有产业性质。“从某种意义上讲，广告经营中介是广告得以产业化的标志”，广告代理公司的出现加速了广告现代化的进程，现代广告公司的产生和持续发展标志着广告产业的形成。

在中国，广告活动的产业化比西方国家要晚。直到19世纪下半叶，中国才出现专门从事广告经营活动的广告公司或人员。改革开放以来，一方面企业经营更具主动性和灵活性，市场竞争更趋激烈；另一方面社会财富大大增加，卖方市场转变为买方市场，广告的重要性才凸显出来。随着国家经济走上快速发展的道路，传统大众媒体得到了蓬勃发展，市场经济发达，广告样式日益丰富，广告营业额呈直线式增长，广告业成为国家财政收入的重要来源之一，广告业也形成独立的产业部门。1993年，《关于加快广告业发展的规划纲要》出台，广告产业的性质和地位得以重申，广告产业逐渐成为国民经济中不可或缺的一部分。

1994年，中国互联网正式接入国际互联网，用以增强产品和服务意识的新技术从根本上改变了企业的经营方式。广告模式正在从传统的广告媒介转向以数字为中心的方式。2008年，中国互联网用户数量首次超过美国，成为全球网民最多的国家。随着互联网的普及，中国传统媒体消费者大规模迁徙到互联网虚拟空间，在线信息社会系统开始形成，之前一直青睐传统广告模式的企业开始把更多的广告预算投放到互联网媒体上。广告主基于目标市场媒介接触和消费习惯的在线化、数字化、移动化、场景化及互联网广告的比较竞争优势，扩大了互联网广告需求。2020年，中国互联网广告全年营收4971.61亿元（不含港澳台地区广告营收），环比增幅为13.85%。

自1997年首条互联网广告在中国内地诞生以来，以互联网广告为代表的数字广告经历着从单向展示到深度互动的重大转变。2013年被定义为“大数据元年”，中国广告产业开始意识到大数据的巨大潜力。越来越多的广告公司将大数据整合进广告实践，以提高营销传播效率，满足企业“品效合一”的广告需求。从大众传播时代到数字传播时代，广告产业组织主体以专业化手段积极响应和有效满足市场主体的广告需求，促进了中国广告产业的蓬勃发展。2011年，中国成为全球第二大广告市场。中国广告市场规模从1981年的1.18亿元扩张到2019年的8674亿元，广告经营额的GDP占比从1981年的0.024%攀升到2019年的0.88%，广告经营单位从1981年的1160户增至2019年的161.31万户，广告从业人员由1981年的1.62万人激增到2019年的593.5万人。从理论与历史的双重视角可以判定，不断释放、扩大和满足需求是中国广告产业发展的基石。

2. 中国广告业发展现状

2012—2021这10年间，中国广告产业在全球的引领地位进一步确立，具体表现如下。

（1）产业规模大幅增长，10年间增加了超过2.5倍。

《2013中国广告年鉴》显示，2012年，全国广告经营额约为4698亿元。而在2021年，全国广告业事业单位和规模以上企业的广告业务收入首次突破1万亿元，达到11799亿元①，十年间增幅超过2.5倍。

① 国家市场监督管理总局广告监督管理司．2021年度中国广告业发展指数发布［EB/OL］．（2022-07-04）［2022-11-08］．https://www.samr.gov.cn/ggjgs/sjdt/gzdt/202207/t20220714_348626.html.

（2）稳居全球第二大广告市场，在全球广告产业中的地位进一步确立。

Statista统计数据显示，2012年全球广告经营额约为4070亿美元，2021年这一规模提升至7724亿美元[①]。这一时期，中国广告产业在全球广告经营额中的占比则从18.3%显著提升至23.7%，增幅达5.4个百分点，中国成为仅次于美国的全球第二大广告市场，表明中国广告产业整体发展实力的进一步增强，在全球广告市场中的重要性不断提升，处于引领地位。

（3）创意水平显著提高，在全球创意领域具有不可忽视的地位。

十年来，我国广告创意的质量和水平发生显著变化，包括在国际赛事中屡获殊荣。以全球广告和创意界最具影响力的“戛纳奖”为例，剔除疫情因素，2012年我国共获得16个奖项，2019年这一数据增长至22个，我国广告人的专业能力被国际普遍关注且认可，在全球创意领域已经占据了不可忽视的地位。

（4）产业数字化程度大幅提高，增速全球领先。

一方面，我国数字广告产业规模在这十年间实现了大幅增长，在全球数字广告中的占比也从2012年的11.6%提升至2020年的23.3%，增长了11.7个百分点（美国同期增幅约为4.9个百分点）。另一方面，2012年，我国数字广告渗透率仅为16%，远低于美国和全球平均水平，但在2021年，这一数据显著跃升至79.8%，不仅超过了全球63.6%的平均水平，也比美国的渗透率高出10.4个百分点。经过十年的发展，我国广告产业的数字化程度已经走在了全球前列的位置。

二、中国广告业生态圈

1. 中国广告业生态圈的构成

随着人工智能和数字化技术的发展，中国广告业生态圈发生了重要的变化。新的广告行业的主要参与主体可分为以下三大类。

（1）新广告内容创作者。

这个类别包括负责生成广告信息的实体。这些实体可能是创意机构、营销公司，也可能是个人创作者，他们设计和开发创新而吸引人的广告内容。长期以来，广告代理商一直是广告生态系统中担任这一角色的唯一参与者。然而，现在消费者也开始以用户生成品牌内容、电子口碑、社交媒体影响营销等形式参与广告内容的创作。正如刘玉萍－汤普金斯（Yuping Liu-Thompkins）等人（2020）指出的，用户现在还扮演创作者、元声使者（Metavoicers）和内容传播者的角色，特别是在赢得媒体（earned media）中，消费者的参与变得尤为重要，因为赢得媒体与革命性的“新消费者”概念相关，将消费者视为主动参与生成和分享广告内容的贡献者。在这一领域中的另一个新兴参与者是提供AI工具用于自动化广告信息创作的技术公司。

---

① Statista.Advertising media owners revenue worldwide from 2012 to 2027［EB/OL］.［2022-11-14］,https://www.statista.com/statistics/236943/global-advertising-spending/.

（2）新媒体平台和内容提供商。

这个部分涉及媒体公司和内容提供商，它们是广告传递的渠道。这个类别不仅包括传统的媒体公司，还包括网站、搜索引擎、社交媒体、电子商务网站和移动应用等，它们都可以作为数据收集点和聚合器，以及广告投放的机制。这些不同类型的广告平台现在通过多种设备和物联网供消费者访问。

其中新媒体平台公司，如百度和必应这样的搜索引擎，微信、微博、抖音和快手等社交媒体平台，爱奇艺和腾讯视频等在线视频分享平台，一直被视为科技公司而不是广告公司。然而，2019 年美国财经网站“市场观察”（MarketWatch）的数据显示，以上公司的绝大部分收入来自广告。这些新型的媒体和广告公司在全球广告市场上具有越来越大的影响力，并已成为事实上的市场领导者。

（3）新广告技术基础设施提供商。

这个类别是广告业务中的新类别，代表着一种新类型的广告公司。该类别包括以下三种类型的公司：第一种是硬件公司，这些公司开发、制造和销售消费者访问的媒体和各种物联网产品（例如智能冰箱、智能手机、智能手表）的电子设备，这些设备充当数据收集点；第二种是广告技术公司，这些公司为计算广告提供各种技术支持；第三种是数据聚合 / 挖掘 / 算法公司，这些公司为程序化广告和基于人工智能的智能广告提供技术支持。这种划分反映了当代广告行业的现状，由于技术进步、数字营销的兴起以及数据驱动方法在吸引和与消费者互动方面的重要性日益凸显，广告行业发生了显著变化。

除了以上新广告行业中的三类主要参与者（重新定义的广告行业），还有其他关键角色，包括广告商、重新定义的消费者、消费者权益代言人（consumer advocate）和重新定义的政府监管部门。最终，新的广告行业和消费者之间存在一个双向的数据交换连接，用于广告内容的创作和传递。根本上，广告生态系统和主要参与方如图 1-3 所示。

2. 中国广告业生态圈的特征

《中国广告业发展指数报告（2022 年度）》显示，2022 年中国广告业发展总体稳定，韧性显现。广告业数字化转型进一步加速，向价值链高端延伸。整个广告业规模扩大，实现数字化转型升级，广告业生态圈呈现以下三大特征。

（1）广告主需求和受众角色的变化。

当下的广告产业链处在一种快速、复杂、巨大的变革之中，深层原因体现在两个方面：广告主的需求以及受众的技术赋权。伴随着新技术界面的出现，广告主具备了直达受众的能力，以往整合营销传播所倡导的“营销即传播，传播即营销”理念开始真正成为现实，广告主对于更高维度的品牌定位和系统战略的需求开始凸显。而受众角色的变化体现在传播权力的下沉中，技术的赋权使得他们可以更充分地生产、传播内容来表达自己，满足自己的各层次需求和欲望。此外，他们也在从理性的“经济人”成为“文化人”和“社会人”，从“消费者”成为“生活者”。具体来看，传统广告产

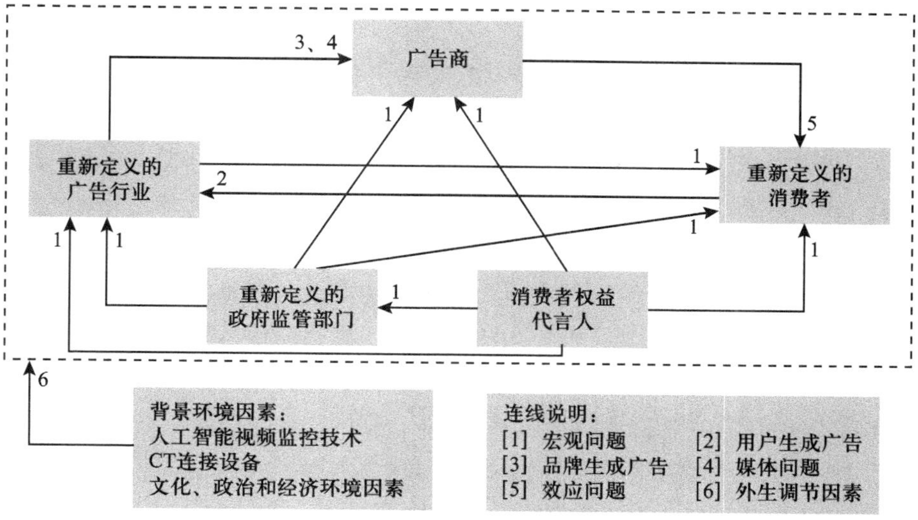

图 1-3　广告的生态系统和主要参与方

资料来源：HELBERGER N，HUH J，MILNE G，et al. Macro and exogenous factors in computational advertising：key issues and new research directions［J］. Journal of Advertising，2020，49（4）：377–393.

业链各个主体之间的边界在互联网技术等多重因素的冲击下逐渐模糊。在广告主、广告媒介、广告公司的三者框架中，裂变出诸多新兴主体。万物皆媒的“泛媒体化”、不同媒体形态的融合、媒体与广告公司的跨界等现象屡见不鲜。

（2）技术化和跨界。

纵观历史，互联网带来的改变远超以往媒介对广告业的影响，互联网的最大冲击绝非只是视听层面的“富媒体”变革，而是重构了人们的生活空间和企业所处的商业空间，互联网广告生态圈的价值开始凸显。与此同时，原有的以“广告主—广告公司—广告媒介”为主体的广告世界开始崩塌，面向受众客体的单向传播模式和结构开始被更加多元的产业链和价值链所取代。

从作品层面来看，广告形态发生了巨大变化，越来越不像传统的广告，广告与很多内容之间的边界开始消失。广告业的边界正在不断拓宽。广告的定义已经超越了以往的付费的大众传播内容，成为能让客户的产品和服务达到家喻户晓目的的所有方式。广告公司本身对自己的理解也逐渐超越了作为“乙方”的服务者角色。

从广告产业内部来看，在这个充满可能性的时代，广告公司开始尝试以创造性的思维方式与甲方平等沟通，甚至以“甲方思维”来完成身份的跨界。同时，广告公司也凭借第三方的数据资源，正在完成从传统的广告公司到媒体平台和数据计算平台的跨界。

与此同时，随着数字营销大潮的到来，越来越多的跨界者进入广告界，广告公司被收购的案例也越来越多。广告公司逐渐嵌入越来越多的行业领域。对于原本处于产业结构弱势地位且一直发育不良的广告公司而言，经过资本、技术、媒体、产业之间的跨界与融合，未来的发展路径更加多元。

（3）业务体系变革和生态再造。

在数字传播 2.0 时代，广告产业链的参与者更多，各自的分工与彼此的合作形式也呈现出新的特点。相比传统广告产业链，数字时代的广告产业链发生了很大的变化，更加复杂。数字时代的广告产业链需要用新的角度界定其产业构成及产业结构。数字时代的广告产业链以“大数据”为核心构建了广告交易平台，围绕该交易平台串起了新的大数据产业链。

数字广告代理商成为新的行业主体，以 BAT（百度、阿里巴巴、腾讯）为代表的互联网公司凭借数据资源成为广告公司的竞争者，移动通信运营商凭借所掌握的通信数据也成为数字广告经营活动的强有力对手，还有各种网站和数字媒体终端利用其数据资源和端口流量也在广告行业中分得一杯羹。其中，除了数字广告代理商外，后几者都不是以广告公司的名义存在的，但是它们因为掌握了大数据资源和服务能力，因此在这一时代走到了广告经营活动的前列，成为重要参与主体。

尽管如此，传统广告公司仍然占据着广告经营单位数量上的极大份额，它们与新兴的数字广告公司、互联网巨头、数字广告服务商、各种网络新媒体机构等一起构成了数字传播 2.0 时代新的广告产业生态格局。与此同时，广告购买方式更加多元，价值流动表现为多重价值链条构成的价值网络。另外，广告产业链条上各构成要素的交互性更为紧密，数据、信息的互通共享成为常态。

三、中国广告业发展趋势

进入 20 世纪 90 年代中后期，广告传播逐渐实现数字化，广告产业结构也因此发生改变，到目前为止，这种改变还在持续进行中。

广告业作为一种对媒体形态有很强依附性的产业，历史上经历了多次技术革命。印刷技术的发明催生了报纸、杂志等纸媒，使广告脱离原始口头叫卖、实物陈列等形式而开启纸媒传播时代。电子技术的兴起，产生了电视、广播等电子媒体，赋予广告传播声光电的色彩。数字技术是广告产业发展过程中所经历的第三次技术革命，这次革命对广告产业发展的影响最大，引发整个传播领域的全方位变革，给广告产业的发展带来颠覆性的改变。人工智能与大数据的深度融合使广告凸显出新传播语境下的精准性、交互性、整合性和沉浸式体验性特征。这也预示着未来中国广告业的重要发展趋势。

1. 数字媒体使得广告传播媒体形式更多样

数字技术的发展促使多种数字媒体的诞生，网络、手机、博客、微信、网游、网购、短视频等数字媒体已成为大众生活的重要部分，其中网络和手机是新媒体传播得以实现的基础设施和终端设备。依附这些数字媒体，广告形态也日益丰富和多样化。与此同时，数字新媒体的出现也打破了报纸、杂志、广播、电视等传统媒体对广告发布的垄断地位。传统媒体与新媒体之间的沟通与交流不断增强，形成了多种媒体并存的格局。

2. 信息传播转变为双向或多向，广告营销实现“互动”和“精准”

数字传播时代，信息流动不再是单向的。“在数字时代，广告业最大的变化是依托大数据而不是媒体进行信息的交流沟通。大数据是未来广告业的核心与基础”[①]。通过依托数字媒体和无线终端技术，广告业迎来新型传播形式，精准传播和互动营销成为广告产业新的增长点。

3. 广告产业生存形态与产业形态发生重大改变

数字技术的发展直接导致广告产业的生存形态与产业形态发生改变。张金海教授提出专业数据库将成为数字技术背景下未来广告生存的终极形态。另外，由于以数字形式传播，文字、声音、图像、视频都可以转换成统一的形式，广告传播得以实现多媒体的融合；数字传播的超时空性也使得这一时代的广告信息传播在时空范围上实现了根本性的突破。数字传播从根本上改变了广告主的需求，需求决定供给，因此广告市场和广告产业业态必将发生相应变化。

4. 广告将成为泛在化的沉浸式营销娱乐

基于大数据的智能化广告的核心价值在于效率、效果与效能。数据的智能化赋予了广告几何级的效能倍增效应。大数据、数字孪生技术和人工智能的三位一体，成为广告智能化的核心构成要素，标志着未来智能化广告的发展趋势。沉浸式媒体的演进，引领了广告场景的物理空间与虚拟空间的多维交互体验。基于 AI 技术的网络媒体的虚拟空间化构建，不仅重构了沉浸式体验方式和广告互动场景，带来了视听逼真、交互流畅的体验方式，而且创造了广告传播的全新价值维度，即虚拟化的沉浸式体验。

5. 区块链赋能广告实现程序化购买

数据孤岛[②]和流量造假问题是当前以数据为驱动、以流量购买为主要交易模式的数字广告发展的两个重要难题。基于区块链技术的隐私计算可以实现用户数据在流通过程中的可用不可见，不同平台间的用户数据可以实现安全共享，从而打破数据孤岛，进一步提高广告投放的精准性。同时，区块链智能合约及可追溯的特点在解决数字广告流量造假问题上也大有可为。

6. AR/VR 赋能沉浸式广告体验

AR 与 VR 技术虽诞生已久，但在广告领域的应用热度一直不高，主要原因在于 AR 与 VR 设备的普及率过低，广告受众太少。元宇宙[③]的兴起必然带来虚拟交互技术设备的快速发展与普及应用。尤其在数字广告领域，AR/VR 广告给用户带来的沉浸式体验感受让用户仿佛真实地触及了产品，在这个过程中，用户不是在被动地观察，而是深入参与。场景化、空间化的数字广告创意将在 AR/VR 的加持下快速发展。

总体来说，在大数据时代，广告无论是生存形态、传播形态还是运作形态，都发

---

① 陈刚．智能化广告时代正全面到来［N］．中国工商报，2017-01-10.

② 数据孤岛——数据和信息在不同部门独立存储、独立维护，彼此间相互孤立，使得一些相同的数据被赋予了不同含义。《数字政府 2.0：数据智能助力治理现代化》第四章，出处：张建锋．数字政府 2.0：数据智能助力治理现代化［M］．北京：中信出版社，2019.

③ 元宇宙（Metaverse）是人类运用数字技术构建的，由现实世界映射或超越现实世界，可与现实世界交互的虚拟世界，具备新型社会体系的数字生活空间。

生了并将继续发生急剧的变化。在大数据背景下，广告产业生态格局正在重构。对于广告公司而言，这必定带来新的机遇和挑战。广告公司只有在数据大潮中不断摸索并构筑起成熟的商业模式，才能立于不败之地。

第四节　数字化时代的广告诠释

一、广告的内涵界定

1. 广告定义的提出

随着社会经济的发展和广告产业的变迁，对于广告这一概念的诠释也发生了变化。早在 1890 年以前，广告只是被视为一种起告知作用、与新闻报道类似的传播手段。1905 年，有“美国广告之父”之称的约翰·肯尼迪（John Kennedy）提出，广告是印在纸上的推销术，第一次突出了广告的营销属性。随着新媒体的发展，广告定义也随之演变，具体表现为“印刷”被“大众媒体”取代。2002 年，杰夫·理查兹（Jef Richards）和凯瑟琳·库兰（Catharine Curran）提出经典的广告定义——“由确定的出资人，通过大众媒介来劝服和影响受众的非人际传播活动。”其代表了营销界和广告教科书的观点，得到大多数学者的认可。这一定义突出了广告在商业活动中的推销角色，符合当时的经济发展水平和市场学研究进程。

据此，传统广告定义的核心内容包括：①广告（一般指商业广告）是有偿的（这是与新闻、公告的重要区别）；②广告通过一定的媒介进行传播；③广告传播的不单单是关于有形产品的信息，还包括服务和观念的信息；④广告是由一系列有组织的活动构成的；⑤广告是非人员的信息传播活动；⑥广告是劝服性的信息传播活动。

大数据技术和智能算法的应用对广告行业产生了巨大影响。2008 年，雅虎研究院资深研究员兼副总裁安德烈·布罗德（Andrei Broder）首次提出计算广告（computational advertising）这一概念。自此，学界和业界开始探索和论证计算广告的概念界定、组成部分、演化过程、理论范式、实践路径以及学科体系。2020 年，许智修（Jisu Huh）和爱德华·马尔特豪斯（Edward Malthouse）在其发表的论文中提出计算广告及其主要特征。计算广告是一种广泛的、数据驱动的广告方法，依赖或通过增强的计算能力、数学模型 / 算法和技术基础设施，针对个体创建和传递定向信息，并监测 / 监视个人的行为。这种方法利用数据分析和机器学习算法的能力来优化广告活动、个性化内容，并实时追踪广告策略的效果。通过利用计算能力和数据驱动的洞见，计算广告旨在提高广告效率、效果和相关性。计算广告包括以下几个方面的特征：①个体可寻址（individually addressable）。广告意味着展示的广告信息可以根据每个独特的用户和上下文进行定位和个性化。②数据驱动（data-driven）。决定是否以及何时进行广告曝光的定向决策以及广告个性化的本质，可以通过个体消费者的数据和上下文来进行确定。③互动（interactive）。广告商、消费者和其他消费者常常在接触点进行多元沟通。④连续（continuous）。一些品牌通过诸如语音激活系统、可穿戴设备、增强现实以及连接的汽车和家电等方式，实现与顾客的持续互动，而不仅仅是零散的品牌信息曝光。⑤可衡量（measurable）。观察和记录一个消费者行为反应变得可能，从而将这一消费者行为反应发展成为接触点。国内学者段淳林和杨恒（2018）指出，计算广告是以数据为基础、以算法为手段、以用户为中心的智能营销方式，它在数据的实时高效计算下，进行用户场景画像，并快速投放、精准匹配及优化用户的一系列需求。《计算广告》一书的作者刘鹏和王超认为，在互联网环境中，由于大量直接效果需求的产生，广告的表现形式越来越丰富和灵活。因此，一切付费的信息、产品或服务的传播渠道，都是广告。广告的根本目的是广告主通过媒体达到低成本的用户接触。也就是说，按某种市场意图接触相应的人群，进而影响其中的潜在用户，使他们选择广告主产品的概率增加，或者对产品性价比的苛求程度降低，这才是广告的目的。

随着智能技术对广告行业的影响，人脸识别、语音交互、智能推送等广告形式大量涌现。智能广告这一概念被提及，是作为广告业未来的重要发展趋势之一。郑新刚（2019）指出，智能广告是依托智能互联网，运用大数据和人工智能等技术，针对特定用户及其所处的环境，在广告的创意、制作、投放、传播和互动诸环节实现计算化、自动化、精准化和智能化的广告活动。与此同时，段淳林和宋成（2020）则认为，智能广告是以数据驱动为基础，以用户需求为中心，利用人工智能技术实现广告内容的智能化生产、传播、互动和反馈，并在算法模型的智能决策和实时优化下，精准匹配用户生活场景、个性化满足消费者生活信息需要的品牌传播活动。

总体来说，发展至今，学界和业界一直在使用多种紧密相关但又存在一定区别的术语，如数字广告、互联网广告、网络广告、在线广告、程序化广告、智能广告等。这些术语交织关联，主要与技术变革和广告演变的历程有关。学者们对数字化时代的广告的核心内涵进行了初步界定，达成了部分共识，如数字化、互联网、数字媒体、消费者、传播等共性关键词。根本来说，现有广告定义明确了广告活动应包括两个关键点：第一，广告活动包括两个主动参与方，即出资人（sponsor）和媒体（medium）。另外，广告还有一个被动的参与方，即受众（audience）。实际上，出资人、媒体和受众这三者的利益博弈关系是广告活动的主线，这一主线将贯穿于商业和产品形态的整个演化过程。第二，广告必须是有偿的、非人际的信息传播活动。这两个关键点，前者使广告的目标变得明确，后者可以囊括在线广告的内涵和外延，使这一目标可以用计算的方式来优化。

2. 广告定义的演变与前沿

（1）广告定义演变。

美国市场营销协会（American Marketing Association，AMA）从 1960 年开始，就关注可识别的出资人、付费、大众媒体、非人际传播、说服、产品、服务或想法等要素。美国广告学会前主席埃丝特·索尔森（Esther Thorson）和谢利·罗杰斯（Shelly Rogers）在 2019 年编写第 2 版《广告学理论》时，仍然沿用了杰夫·理查兹和凯瑟琳·库兰的经典定义。部分创新来自莱肯比（Leckenby）和李海容（Hairong Li），他们在 2000 年提出互联网广告都是互动广告，广告即将出现“未付费、不以说服为中心，消费者与广告主双向互动”等特征。现有经典广告定义具体如表 1–1 所示。

表 1–1　广告的书本定义

文献	来源	信息	渠道	效果	媒介与否	目标
美国市场营销协会 AMA（1960）	可识别的出资人	付费	—	—	非人际信息	—
邓恩 Dunn（1969）	可识别的出资人	付费	通过多种媒体	—	非人际信息	—
科恩 Cohen（1972）	可识别的出资人	付费	—	—	非人际表达或促销	想法、货物或服务
考夫曼 Kauffman（1980）	可识别的出资人	付费	—	—	非人际表达	货物、服务或想法
波伦 Bolen（1981）	可识别的出资人	付费	—	通知和说服	非人际的控制形式	想法、货物或服务
邓恩和巴本 Dunn & Barban（1986）	可识别的出资人	付费	通过大众媒介	说服	非人际信息	—
波维和瑟尔 Bovee & Thill（1992）	可识别的出资人	—	通过大众媒介	说服	非人际信息	
威廉・阿伦斯（William Arens)（1996）	可识别的出资人	付费	通过大众媒介	说服	非人际传播	产品（货物或服务）或想法
比顿等 Bearden et al.（1998）	可识别的出资人	付费	通过大众媒介	促进接受货物、服务、人/想法	非人际传播	货物、服务、人或想法
乔治・贝尔奇（Geroge Belch）和迈克尔・贝尔奇（Micheal Belch）	可识别的出资人	付费	—	—	非人际传播	组织、产品、服务或想法
麦卡锡 McCarthy（1999）	可识别的出资人	付费	—	—	非人际传播	想法、货物或服务
William. G. Zikmund（威廉・G. 齐克芒德）& 迈克尔・达米科（Micheal d'Amico）	可识别的出资人	付费	非人际媒介策略	信息的或说服的	非人际媒介	组织或产品
范登伯格和卡茨 Vanden Bergh & Katz（1999）	可识别的出资人	付费	—	影响一个受众	非人际媒介	产品、货物或服务

续表

文献	来源	信息	渠道	效果	媒介与否	目标
菲利普·科特勒（Philip Kotler）和阿姆斯特朗（Armstrong）（2000）	可识别的出资人	付费	—	—	非人际表达和促销	想法、货物或服务
兰姆等 Lamb et al.（2000）	营销者	付费	单向大众传播	—	非个人的	产品或组织
奥吉恩等 O’Guinn et al.（2000）	—	付费	大众媒介尝试	说服	—	—
莱肯比和李海容 Leckenby & Li（2000）	可识别的出资人	付费 未付费	通过媒介途径	—	消费者和广告主双向行动	产品、服务或想法
理查兹和库兰 Richards & Curran（2002）	可识别的来源	付费	—	说服接收者当下或未来采取行动	传播的媒介形式	—
纳恩和费伯 Nan & Faber（2004）	有信赖度的	情感/理性 重复/显性	经协调的媒体	影响要依个人特征	高度噪声	中等程度用户回应
美国营销学会 AMA（2006）	—	付费	大众媒体时间空间	告知或说服	安排在购的媒体	产品、服务、组织和观念

资料来源：RODGERS S，THORSON E，Advertising Theories［M］. 2nd，ed. New York：Routledge Taylor and Francis Group，2019：3-25.

（2）广告定义的前沿。

当社交媒体赋权用户信息自组织与传播并形成聚合之后，越来越多的品牌积极加入社交媒体，营造新体验，而不是单纯发布信息说服用户在未来采取行动。品牌方和广告商接受了新媒体，广告业获科技加持得以升级。随之而来，广告的定义需要发生相应的变化。

与此同时，在广告定义演变的背后，多数学者认识到基于大众媒体信息分发上的传播学结构的广告定义已发展到顶点，未来广告应该向更为广泛的品牌营销传播方向靠拢，数字化是大势所趋，具体如表 1-2 所示。如继唐·舒尔茨（Don Schultz）之后，斯德哥尔摩经济学院的迈克尔·达兰（Michael Dahlen）和萨拉·罗森格伦（Sara Rosengren）提出广告可以是品牌发起的传播，意图是影响人。

表 1–2　美国广告学会期刊对“广告未来”的定义及国内学者最新定义

文献	来源	信息	渠道	效果	媒介与否	目标
达兰和罗森格伦 Dahlen & Rosengren（2016）	品牌发起	传播	—	意图影响人	—	—
马丁·伊森（Martin Eisend）（2016）	品牌相关	传播	—	积极品牌的反应	—	—
拉兹聂克（2016）	品牌发起	传播	价值接触点	意图影响人	—	—
罗兰·拉斯特（Roland Rust）（2016）	品牌或消费者	—	交互双向传播	单个消费者反馈效应	口碑传播中心	公司
斯特怀特（2016）	品牌	—	赢得 / 自有媒体加强	说服和产生经济利益	口语传播加强	组织机构产品服务
吉塔·吉哈（2016）	—	传播	—	说服消费者	—	产品、服务和品牌
许智修（2016）	可识别来源	付费	媒介	受控制地说服	非人际传播	组织或个人
陈刚，潘洪亮（2016）	可识别来源	有沟通力的内容	交流互动	生活者发生认知情感行为改变	—	组织或生活者管理
马斯豪和李海容（2017）	品牌发起和消费者主导	传播	数字化接触点	行为、对话、环境与体验	付费与非付费	—
丁俊杰（2019）	品牌方	任何事物	参与者分享	家喻户晓	—	产品、服务和观念
顾明毅，姜智彬，李海容（2018）	品牌发起或品牌相关	信息	用户媒介行为	意图产生联结或互动	—	消费者与品牌
黄合水，方菲（2019）	—	信息	—	传播	—	商业（观念）

资料来源：顾明毅．未来广告：中国广告业未来发展与数字营销传播前瞻（2025—2035）[M]．上海：上海远东出版社，2022：27.

国内外广告学专家对未来广告定义的观点可以简述如下：倾向于弱化“可识别的出资人”，除了品牌发起者，还要纳入“消费者来源”；不再要求“付费”的采购媒体，正视赢得媒体与非付费品牌关联的传播效应；认同减少“大众媒体”依赖，突出赢得和自有媒体，突出交互和双向传播；对“说服”消费者发生分歧，许多广告专家认为

"说服"无视消费者在社交媒体赋权后的互动沟通模式，削弱了行业优势，降低了行业竞争力，建议重点关注品牌影响力和品牌反应；"人际传播"被接纳，品牌口碑传播受到前沿学者重视。

（3）数字化时代广告定义的创新趋势。

数字技术和广告行业的发展促使广告定义发生重大变化。广告行业的重大变化应作为定义分析的前置条件。延续国外唐·舒尔茨（Don Schultz）的理论和研究，国内陈刚和丁俊杰预见广告"未付费、双向互动、不聚焦说服效果"，将作为未来广告创新的条件。

条件一，付费购买媒体的广告业传统基础发生改变。广告在传统上一直发挥着对新闻业的财务支持作用。例如，最近20年，报纸收入90%依靠广告收入，消费者订阅、购买收入占报纸收入不到10%。这种媒体强势垄断时代的商业模式正在动摇。审视过去，广告一直在为使用媒体的消费者向媒体付费，支撑媒体提供了高出自身5~10倍的消费者媒体使用价值。传统媒体如果失去广告收入，就会损失原有收入的九成以上，媒体运营将难以为继。

条件二，人际传播将被纳入新广告定义。人际传播是社交媒体的基础，也是新媒体技术赋予个体的新能力。社交媒体的人际传播效果不断超越大众媒体，这已从单个消费者媒体使用时长和信任提升上得到证实。新媒体的人际传播趋势极为显著，而微信朋友圈就是典型的人际传播（单人级社交网络）平台。在朋友圈中，广告不仅可以获得点赞（弱人际传播），还可以引发评论（强人际传播）。未来广告是大众传播主导还是人际传播主导，只需依据用户媒体行为做选择。面向未来，新定义将不再以购买媒体用户流量为中心，而是以有效用户媒体行为互动为主要内容。

条件三，当代社交媒体赋权消费者升级。以往消费者使用媒体的第一目的是获取新闻、接受教育、娱乐、监测环境和联结社会，第二目的是接收广告商业信息。而今媒体选择丰富，用户搜索形成习惯，社交媒体充分发达，"媒体信任"走向衰落，消费者的注意力资源有限且集中在媒体的内在逻辑性也减弱了。消费者的媒体需求不断升级，新消费者更愿意在他们想获得商品信息的时候获得商品信息。20世纪由传播学和营销学引领的广告结构与数字品牌营销的渠道技术持续地分解、重组，形成生态聚合。数字营销时代，品牌方历来试图控制、影响、计算受众涉入（involve）、测量受众互动（interactivity）、驱动用户参与浸合（engagement）。回归广告本质，如果从消费者视角看，其将接收广告作为媒介使用的第二目标，那么品牌一直是在浸合受众媒介信息使用行为，这将实际地改变广告定义的中心和结构。

3. 数字化时代广告的特征

新技术不断升级迭代，在丰富广告表现形式的同时，使得数字化时代的广告呈现出交互性、精准性和实时性的特征，具体如下。

（1）交互性。

这是最显著的特征。相比于信息单向传播的传统广告，融入了交互属性、实现信息互动传播的数字广告更容易获得成功。考虑到数字时代的广告具备吸引更多消费者的能力，如果广告主希望通过广告获得最大化的传播效果，就必须以具有交互性的方式与消费者或受众进行交流。

（2）精准性。

这一特征属于“效果”的范畴，强调传播效果的精准化、精准度等，即广告主或媒体主通过相关手段或方式，在特定条件下实现广告的精准化，包括精准生产内容、精准投放广告、精准识别用户、精准监测与反馈数据、精准判断风险等。这一特征的实现离不开大数据、人工智能等数字技术、数字手段的支持，它们共同驱动广告在整个传播链路中不断提升精准化水平。

（3）实时性。

传统广告活动存在周期跨度较长的特点，特别是广告效果的反馈通常存在明显的时滞。而在各类数字技术支持下的广告则显著提升了创意制作、内容分发、效果反馈等全流程、全环节的效率，形成了及时反馈、实时优化、动态调整等优势。

二、广告的类型划分

1. 依据活动目标和广告主类型

（1）品牌广告。

传统媒体广告主希望实现营销效果时，通常会通过品牌做出声量，再通过搜索、电话、邮件等渠道做效果转化创造独特、良好的品牌产品形象，目的在于提升较长时期内的离线转化率。这种广告类型通常被称为“品牌广告”（brand advertising）。这种类型的广告主多为规模较大的品牌商。

品牌广告是以提升品牌知晓度为主要目的的广告，它需要广告触达尽可能多的目标人群，一直以来都是广告市场上非常重要的一种广告类型。现实中，大多数的品牌广告主在扩大覆盖目标人群的同时也希望能获得较好的短期转化效果，可以说广告主会对广告有品效合一的期望。

（2）效果广告。

与品牌广告相对应，效果广告（performing advertising）是被广泛提及的广告类型之一。这类广告更在意广告投放的短期转化，通过点击量、注册量、下载量、咨询量、产品售卖量等指标的变化情况来判断广告的投放效果。游戏类和电商类客户是效果广告的典型客户。效果广告是指短期内明确用户转化行为诉求的广告，客户群以中小广告主居多。效果广告中可衡量的用户转化行为可以是点击、下载、注册、电话、在线咨询、捐赠或者购买等。

在实际的广告操作中，大企业一般将品牌广告和效果广告相结合使用。通过品牌广告来建立消费者对产品的早期认识，通过效果广告促进消费者最终购买产品。数据表明，在效果广告投放中，品牌知名度高的企业获得的销售转化率高于其他同类型企业。传统广告产品中，大量投送和优化效果广告的能力显然是不足的。对短期效果的追求要求广告被精准地推送至目标人群。互联网广告兼有品牌和效果两方面功能。不过，互联网广告行业的高速发展主要是依靠效果广告市场带来的巨大红利。

2. 依据广告投放的媒体

（1）传统媒体广告。

从技术层面，按照承载广告的媒体形式，传统媒体广告可以被划分为印刷媒体广告、电波媒体广告、户外广告和售点广告。

印刷媒体广告是指以排版印刷技术为手段，以文字和图形作为信息传播元素的视觉媒体广告形式。它包括报纸、杂志、传单、招贴、函件、宣传册等多种形式。

电波媒体广告是利用电波媒体传递广告信息的广告形式。电波媒体广告主要分为两大类：一类是广播电台播送的广告，称为广播广告；另一类是电视台播送的广告，称为电视广告。

户外广告，根据我国《户外广告登记管理规定》，是指利用户外场所、空间、设施等发布的广告形式。按照户外媒体的表现形式划分，户外广告可分为平面和立体两大类。其中，平面户外广告有路牌广告、招贴广告、壁面广告、海报、条幅等，立体户外广告有霓虹灯、广告柱、广告塔以及灯箱广告等。户外广告因其对地区和消费者的选择性强、覆盖范围有限、发布时段长、广告表现形式丰富多样等特点受到很多广告主的青睐。

售点广告是借助于购买现场进行展示的广告形式。凡是在商业空间、购买场所、零售商店的周围、内部以及在商品陈设的地方所设置的广告物都属于售点广告。如商店的牌匾，店面的橱窗，店外悬挂的充气广告、条幅，商店内部的装饰、陈设、招贴广告、服务指示，店内发放的广告刊物，进行的广告表演以及广播、录像电子广告牌广告等。

（2）在线广告。

在线广告，也称网络广告、互联网广告，指的是在线媒体上投放的广告。与传统广告不同的是，在线广告在其短短几十年的发展过程中，已经形成了以人群为投放目标、以产品为导向的技术型投放模式。它不仅为广告主带来了以准确接触目标受众为方法论的全新营销渠道，也为互联网免费产品和媒体找到了规模化变现的手段。

在线广告的呈现形式主要有旗帜广告、插播式广告/弹出式广告、文本链接广告（text ads）、电子邮件广告、关键字广告（keyword ads）、互动游戏式广告（interactive games）、即时通信广告、电子杂志广告、墙纸式广告等。

3. 依据广告的受众类型

（1）消费者广告。

所谓消费者是指那些购买产品自用或供他人使用的人，以消费者为诉求对象的广告我们称为消费者广告。我们每天通过大众媒体所看到的绝大多数广告都属于消费者广告。商业广告中的消费者广告根据其出资人的不同又可以分为制造商消费者广告和零售商广告。

（2）工商广告。

工商产品与消费品的区别不在于商品本身而在于消费者购买产品的目的。工商广告可以分为同业广告、专业广告、工业品广告、农业广告。工商广告需要说服的目标受众有些是特定领域内的专家，有些是职业经理人或是商场上经验丰富的行家里手，他们的购买决策过程更加复杂，决策者有时甚至是一个由多人组成的团队。因此，工商广告在投放媒介上更集中于行业媒体，而在广告表现上多采用理性诉求的方式。

4. 依据产品生命周期阶段

由于产品在不同生命周期阶段具有不同的市场营销策略、竞争状态和消费需求，因此导致广告在不同阶段的目标、诉求重点、媒体选用和实施策略也都有所不同。这一类型划分源于 1925 年奥托·克莱普纳（Otto Kleppner）在其著作《广告教程》（*Advertising Procedure*）中提出的“广告螺旋理论”。根据这一理论，企业在不同的市场情况下，应该采取不同的广告策略，可以区分为开拓、竞争、维持三个阶段。

开拓期广告又称报道式广告，是指在新产品刚进入市场期间所做的广告。开拓期广告主要介绍新产品的性能、特点、使用方法等，回答“我为什么购买”这类问题，以创造消费者对新产品的初步需求，得到市场的认可。

竞争期广告又称劝导式广告，是指在产品成长期、成熟期所做的广告。竞争期广告主要介绍企业及商品与众不同的优点、特点，回答“我买哪一种同类产品”的问题，引导消费者认牌选购，进一步巩固和扩大市场份额，强化企业及产品的声誉。

维持期广告又称提醒式广告，是指在产品衰退期所做的广告。维持期广告主要介绍产品的售前、售后服务和品牌商标，以维持企业或产品在消费者心中的印象，提醒消费者继续购买使用本产品，尽量延长产品生命周期。

三、广告的性质和功能

1. 广告的性质

从传播学角度来看，广告是一种有效的现代传播方式或传播活动。广告主在进行广告活动时，应该重点说明所销售的商品或所提供的服务可以满足消费者哪些方面的需求，或者对消费者有什么样的好处。

随着数字技术的发展，广告变成由品牌方发起或由消费者发起，意图通过由付费、赢得或自有媒介连接构成的网络以影响大众的传播活动。消费者的角色主要有三类：创作者（creators）、元声使者（metavoicer）和培育者（propagator）[①]。广告学、营销学和计算机科学或信息技术或管理信息系统三大学科领域的交叉，具体如图 1–4 所示。

在新的计算广告生态系统中，任何从消费者数据和广告中获得收益的商业实体都应被视为新广告行业的一部分。一切付费的信息、产品或服务的传播渠道，都是广告渠道。

① LIU Y P，MASLOWSKAB E，REN C Y Q，et al. Creating, metavoicing, and propagating：a road map for understanding user roles in computational advertising［J］. Journal of Advertising. 2020，49（4）：394–410.

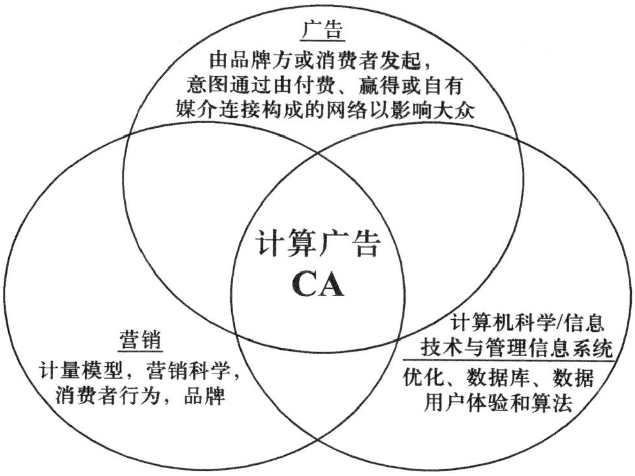

图 1-4　广告与其他学科的关系

资料来源：HUH J，MALTHOUSE E C. Advancing computational advertising：conceptualization of the field and future directions［J］. Journal of Advertising，2020，49（4）：367-376.

2. **广告的功能**

从宏观角度来看，广告有两大主要功能，即经济功能和社会功能。前者认为广告刺激社会整体需求，是企业竞争的重要手段之一。后者则体现为广告通过传播新的社会观念以提倡新的生活方式和消费方式。

从微观角度来看，广告有两大基本功能——传播功能和营销功能。

①传播功能。这个功能确认了广告的身份——告知和劝服是广告的两大基本任务。对于企业来说，广告是了解市场信息的渠道；对广告消费者来说，广告则是商品信息的来源。广告既为物流、商流服务，同时也对物流和商流起到一定的引导作用。广告的传播功能是广告的基本功能，应该基于传播指标而不是销售指标。

②营销功能。这个功能明确了广告的角色，广告是营销的排头兵。广告是驱动消费者购买的重要引擎。广告的目的是打动消费者，意图将人们的想法、产品企业的想法和消费者的消费共通起来，以实现交换。

作为营销工具来说，广告的功能表现在：①表明产品的身份，使该产品与其他产品区别开来；②传播有关产品及其特点与销售地点的信息；③引导消费者试用新产品并建议重复使用；④刺激产品流通；⑤增加产品的使用量；⑥建立价值、品牌偏好和品牌忠诚度；⑦降低整体销售成本。

曾被称为“广告怪杰”的大卫·奥格威（David Ogilvy）在《一个广告人的自白》中曾引用利弗兄弟公司前董事长海沃思勋爵（Lord Heyworth）的话：“随着广告的实施，带来的是节省的效果。”总体来说，广告活动是沟通生产与消费的一座桥梁。很多人把广告称为“说服艺术”。在销售方面，它使资金周转加速，因而使零售价得以降低而不致影响零售商人的利润。

◆ 本章小结

作为一门学科，广告将营销学、数据科学、心理学等多学科概念结合起来的。其次，在数字化背景下，由于大数据和人工智能技术的应用，广告的内涵和实现方式发生了根本变化。

本章阐述了广告市场的基本概念，介绍了传播环境的变化，广告的定义、演进和发展趋势。

本章首先介绍了数字化时代营销传播环境的新变化，即注意力经济、碎片化和数字媒体。其次，回顾现代广告业的发展历程，从历史角度思考广告学科与社会、营销学、行为心理和数据科学等之间的关系，使学生理解现代广告业和广告公司的发展脉络和进程。在此基础上，让学生从历史角度和产业角度理解中国广告业的发展历程。最后，介绍数字时代背景下的广告诠释，包括现代广告的定义起源、发展和前沿变化，体现了广告实践的变化和市场学的演变过程，同时介绍了广告的性质、功能和类型划分。

◆ 关键术语

注意力稀缺 attention scarcity; 碎片化 fragmentation；数字媒体 digital media；现代广告公司 modern advertising agency；计算广告 computational advertising；个体可寻址 individually addressable；数据驱动 data driven；数字广告 digital advertising；品牌广告 brand advertising；效果广告 performing advertising；富媒体广告 rich media advertisement；文本链接广告 text ads；关键字广告 keyword ads；互动游戏式广告 interactive games

◆ 复习思考题

（1）从企业营销的角度如何对广告进行界定？

（2）简述现代广告业发展逻辑。

（3）简述中国广告业发展现状与趋势。

（4）传统广告定义包含哪些核心内容？

（5）未来广告定义将会有怎样的创新趋势？

（6）简述广告的几种类型划分。

（7）数字化时代广告的特征和优势有哪些？

◆ 参考文献

1. 丁俊杰．中国广告公司四十年［M］．北京：中国人民大学出版社，2014.

2. 丁俊杰，康瑾．现代广告通论［M］．4 版．北京：中国传媒大学出版社，2019.

3. 段淳林，张庆园．计算广告［M］．北京：人民出版社，2019.
4. 李春玲．中国广告产业结构演进研究［M］．北京：化学工业出版社，2019.
5. 姜帆．数字传播媒体下的广告发展研究［M］．北京：中国传媒大学出版社，2018.
6. 顾明毅．未来广告：中国广告业未来发展与数字营销传播前瞻（2025—2035）［M］．上海：上海远东出版社，2022.
7. 张亚东．在线广告：互联网广告系统的架构及算法［M］．北京：清华大学出版社，2019.
8. 王艺，李列锋．广告学［M］．2 版．广州：暨南大学出版社，2017.
9. 曾巧，王水．共生：中国数字营销猛进史［M］．北京：电子工业出版社，2021.
10. 田明华．广告学［M］．2 版．北京：清华大学出版社，2020.
11. 彭雷清．内容营销：新媒体时代如何提升用户转化率［M］．北京：中国经济出版社，2018.
12. 朱海松．碎片化传播：网络舆论背后的传播规律与认知方法［M］．北京：机械工业出版社，2020.
13. 朱江丽．全媒体整合广告策略与案例分析［M］．北京：中国人民大学出版社，2016.
14. 杨志杰，李思达．数字化广告运营：智能营销时代的精准投放法则［M］．北京：人民邮电出版社，2018.
15. 章洁．数字媒体概论［M］．北京：人民邮电出版社，2018.
16. 杨名皓．奥格威谈广告：数字时代的广告秘密［M］．北京：中信出版社，2019.
17. 阳翼．大数据时代的营销［M］．2 版．北京：中国人民大学出版社，2021.
18. 阳翼．人工智能营销［M］．北京：中国人民大学出版社，2019.
19. 阳翼．大数据时代的营销传播［M］．北京：社会科学文献出版社，2016.
20. 薛可，陈俊，余明阳．整合营销传播学：移动互联网时代的 IMC 新论［M］．上海：上海交通大学出版社，2019.
21. 秦臻．中外广告简史［M］．重庆：重庆大学出版社，2021.
22. 高阳．新媒体的逻辑：内容生产与商业变现［M］．北京：社会科学文献出版社，2020.
23. 陈钦兰，周飞，陈小燕，等．新媒体营销：数字、工具与运营［M］．北京：机械工业出版社，2023.
24. 高腾飞，曲韵．数字广告的核心内涵、研究进展及分析框架：基于 Web of Science 数据库的分析［J］．新闻与传播评论．2023，76（02）：82–95.
25. LIU Y P，MASLOWSKAB E，RENC Y Q，et al. Creating，metavoicing，and propagating：a road map for understanding user roles in computational advertising［J］. Journal of Advertising，2020，49（4）：394–410.
26. HUH J，MALTHOUSE E C. Advancing computational advertising：conceptualization of the field and future directions［J］. Journal of Advertising，2020，49（4）：367–376.
27. SCHULTZ D. The future of advertising or whatever we're going to call it［J］. Journal of Advertising，2016，45（3）：276–285.
28. 姚曦，商超余．中国广告业发展的内生动力、首要任务及创新路径［J］．武汉大学学报（哲学社会科学版），2022，75（1）：68–78.
29. 易加斌，徐迪．大数据对商业模式创新的影响机理：一个分析框架［J］．科技进步与对策，2018，35（3）：15–21.

30. 刘珊，黄升民．5G 时代中国传媒产业的解构与重构［J］．现代传播，2020（5）：1–6.
31. 黄合水，方菲．广告的演变及其本质：基于 1622 条教科书广告定义的语义网络分析［J］．新闻与传播研究，2019，26（12）：84–96.

◆ 章末案例

数字时代的广告内容智能化生产

人工智能技术推动了广告内容生产的智能化。在传统广告运作模式中，广告内容生产主要包括广告创意和广告表现两个过程。广告创意是将经过市场调查与消费者洞察、竞争分析与战略定位等诉求点进行概念化提炼。广告表现是将创意概念转化为文字、图片或视频等可视化信息。传统广告内容生产虽然也依托一些必要的技术手段（如相机、计算机、图形设计软件等），但更多基于人的认知、洞察与智慧。随着大数据、云计算、物联网等人工智能技术的创新应用，广告业务运作流程被重构，其中超级规模化的个性化传播成为智能广告运作追求的最高标准。在智能广告传播环境中，消费者洞察、程序化购买与个性化投放越来越自动化，快速匹配目标用户的时效性要求压缩了广告内容生产时间，对具有话题性和沟通性的高质量广告内容需求越来越急迫。广告内容智能化生产的核心内涵是指生产者综合协同自身的创意表达能力（智力）与计算机的智能计算能力（算力），以颗粒化用户为中心的生产—分发—反馈—再生产—再分发—再反馈的动态优化式内容生产。要厘清这一概念的深层逻辑，需要通过“快速响应”、“持续生产”、“人机协同”三个关键词来理解。

在现代广告传播中，“说什么”与“如何说”是广告内容生产的两个核心要素。“说什么”的实质是明确广告诉求点，诉求点提炼一般是企业对营销战略、产品功能、消费者需求与行为洞察、竞争对手综合分析的结果；“如何说”是将诉求点转化为吸引受众注意、易于理解并且与竞争对手具有明显差异化的创意内容。在传统媒体环境中诞生的固有刺激法、USP 理论、品牌形象论、品牌个性论、定位等经典理论强调广告内容表达的艺术性与创造性，要求广告内容具有较高的创意水准和艺术审美特征。这种生产理念的核心是广告内容生产时效性让位于广告传播有效性，即广告内容生产者在较长时间跨度中精心打造兼具策略精准性与艺术审美性的广告作品。另外，由于传统媒体时代的广告效果反馈具有延迟性，广告作品被投放之后，一般会在较长时间内反复刊播，消费者在长时段里接触同一广告内容后容易对品牌产生一致性形象认知。由于广告生产周期较长，广告诉求精准、艺术审美品质高，同时也富含情感属性与人性关怀，传统广告不仅承担营销信息沟通的职能，也发挥了社会减压阀以及舆论导向作用，这在公益广告中体现得更明显。在数字社会中，智能广告内容生产是在对特定消费者的行为与心理进行评估之后，依据精准化、个性化原则完成广告展示页面与落地页的设计与制作，这种内容生产方式强调生产时效性。在动态优化理念支配下，广告内容始终处于流动状态。换言之，决定智能广告生产与投放的不是远期品牌传播目标，而是不断变化的即时数据反馈。在追求即时传播效果的压力下，广告内容表现更倾向于采取引人注目的标题、夸张的语言修辞、出格的视觉图像来提高用户点击率，这使得智能广告内容生产强化了以短期效果为导向的工具理性，广告庸俗化现象越来越明显，广告的艺术品质与沟通能力不断下降。

在现代社会中，广告生产实践介入社会生活的过程也是改造社会日常生活实践的过程。民国报人戈公振对于广告具有超越工具层面的宏观社会效果早有察觉，他认为："广告为商业发展之史乘，亦即文化进步之记录""广告不仅为工商界推销出品之一种手段，实负有宣传文化与教育群众之使命也"。随着社会发展与广告运作机制的科学化，广告在社会分裂和群体疏远中发挥着较大作用。如美国学者约瑟夫·塔洛（Joseph Turow）在《分割美国：广告主与新媒介世界》一书中指出，广告的目标群体传播策略影响了媒体内容生产机制。广告主越来越倾向选择阶层塑成型媒介而不是社会塑成型媒介，广告公司和媒介共同为受众提供专属内容，使具有相似背景的人"产生一种紧密的共同体的感觉"，同时也"强化了不同背景、不同收入阶层与不同生活形态的人们之间的怀疑、冷漠和疏远"。约瑟夫·塔洛的研究主要基于 20 世纪 70 代年至 90 年代的美国社会状况，当时互联网尚未真正走进社会大众，大众传播仍然流行，针对某一特定受众的"点射"并未实现。在智能广告传播中，智能广告的个性化精准传播不可避免地造成了社会大众对于同一品牌产生的差异化形象感知。另外，广告生产的个性化导致广告内容的碎片化呈现，用户在接触这些为他定制生产的个人化广告内容时，必将窄化个人的广告接触面，从而"强化用户既有购买习惯"，这也进一步导致广告在不同群体中共同阅读和视听仪式功能的弱化，最终广告的社会整合功能日渐弱化。

资料来源：袁建．广告内容智能化生产的核心内涵、实现路径与负面效应［J］．传媒观察，2022（5）：84–90.

案例思考题

（1）数字化时代广告的核心内容是什么？

（2）数字化时代背景下，广告内容是如何生产出来的？这与传统广告内容生产有什么区别？

（3）数字化时代背景下，广告内容智能化生产可能会带来哪些负面效应？

第二章 广告理论发展

学习目标

广告营销实践与广告学理论是互动发展的。世界营销的发展历程包括被动营销、主动营销和互动营销，相应地，世界媒体的发展历程包括大众媒体、分众媒体和个众媒体。可以说，广告理论既是实践探索中的总结与发现，也成为指导实践的重要利器。如何才能取得好的广告效果，在理论上有各种各样的概括和归纳，从而形成相应的广告理论。本章对广告理论进行介绍，通过本章的学习，应该达到如下目标。

◎理解传统广告理论的发生背景和核心内容。

◎掌握定位理论的演变和内容。

◎掌握整合营销传播理论的演变和内容。

◎理解技术变革下的广告理论。

◎了解计算广告，理解计算广告的核心问题。

引导案例

计算广告下的用户画像技术

技术的纵深发展深刻影响着广告业，尤其是用户画像技术在计算广告中的应用颠覆了传统广告洞察用户的方式，重塑着广告活动的运作流程，广告产业开始走向智能化。计算广告的核心问题，是基于一系列用户与环境的组合找到最合适的广告投放策略实现广告收益的最大化。在此过程中，用户画像作为一个核心变量，为广告主、媒体平台在产品开发运营、广告内容制作及个性化推送等方面提供了指向，使广告流程变得更加有序。没有精准有效的用户画像，实现产品广告与用户的情境匹配就无从谈起。以数据为基础和依据的用户画像技术展现出了强大的驱动力，在计算广告的智能决策和组织运作中发挥着重要作用。

构建用户画像的过程本质上就是通过将单个行为主体的所有信息标签集合后抽象出用户的商业全貌，对用户信息进行标签化管理的过程。平台、广告主根据具体的业务内容与业务目标的差异，对标签体系有着不同的组织方式，标签体系要讲求实用性和适用性，基于特定的场景进行业务决策。广告效果从过去的无形且滞后变革为如今的有形且精准。精准化、可视化的广告效果，为品牌优化广告资源配置、细分广告市场以及后续的广告投放提供了科学的参考依据。

资料来源：根据“吉峰，许淑亚．驱动、困境与展望：论用户画像技术在计算广告中的应用［J］．教育传媒研究，2023（2）：59–64”编写。

系统的广告理论随着19世纪末至20世纪初的工业大生产姗姗而来。当时的麦迪逊大道（Madison Avenue）是纽约曼哈顿区的一条著名大街，美国许多广告公司的总部都集中在这条街上。由马丁·迈耶（Martin Mayer）所著的《麦迪逊大道：不可思议的美国广告业和广告人》使得麦迪逊大道成为“广告”的代名词。随着数字化时代的到来，传统广告公司的生存空间正在被挤占，营销界和广告界的竞争变得越来越激烈，越来越多元化。在这场营销革命中，百度、谷歌、腾讯等互联网公司、数据分析公司是引领者，甚至有些媒体预言，麦迪逊大道将失去广告业中心的地位，硅谷将成为新的广告业中心。

在系统的广告理论产生之前是所谓的“前理论”时期。也就是说在20世纪以前，市场处于买方市场，以产品导向为主。广告只存在于报刊，充当把产品信息传递给广告消费者的小角色。此时广告的信息内容和传播态度较为中立，且传播对象不确定，没有特定的人群细分。

直到20世纪，系统广告理论形成并不断发展起来。其主要经历了三个重要时期，首先是20世纪初期广告理论的形成。广告学作为独立学科，以1903年美国心理学家瓦尔特·狄尔·斯科特（Walter Dill Scott）《广告原理》和1908年美国经济学家丹尼尔·斯塔奇（Daniel Starch）《广告大纲》等相关的广告学专著的问世为重要里程碑事件。随后经由广告人的努力和实践，广告理论不断丰富和成熟，形成了一系列重要理论观点，包括硬性与软性推销（20世纪20年代至30年代）、独特销售主张（20世纪30年代至40年代）、ROI理论（20世纪50年代至60年代）、品牌形象（20世纪60年代）、定位（20世纪60年代至70年代）、企业识别系统（20世纪80年代），以及整合营销传播（20世纪90年代）。进入21世纪，技术变革引发了广告理论创新，如协商品牌理论、浸合理论和创意传播理论。与此同时，伴随着互联网和数字技术的发展，媒介霸权时代结束，广告理论发生了重大变革和重构，以精准营销、互联网广告理论和程序化交易广告理论为主的互联网广告新理论体系纷纷涌现。广告理论的发展框架如表2–1所示。

表2–1　广告理论发展框架

阶段		时期	主要广告理论	代表人物或作品
传统广告理论	形成阶段	20世纪初	广告学作为独立学科	瓦尔特·狄尔·斯科特《广告原理》，丹尼尔·斯塔奇《广告大纲》
	发展与成熟阶段	20世纪20年代至30年代	理性与感性诉求/硬性与软性推销	阿尔伯特·拉斯克尔、克劳德·霍普金斯 雷蒙·罗必凯

续表

阶段		时期	主要广告理论	代表人物或作品
传统广告理论	发展与成熟阶段	20 世纪 30 年代至 40 年代	独特销售主张（USP）	罗塞·里夫斯《广告现实》
		20 世纪 50 年代至 60 年代	创意革命时代（ROI）	威廉·伯恩巴克
		20 世纪 60 年代	品牌形象理论（BI）	大卫·奥格威《一个广告人的自白》
		20 世纪 60 年代至 70 年代	定位理论（positioning）	艾·里斯、杰克·特劳特
		20 世纪 80 年代	企业识别系统（CIS）	—
		20 世纪 90 年代	整合营销传播（IMC）	唐·舒尔茨《整合营销传播：因整合而有效》
技术变革引发的广告理论创新	创新和发展阶段	21 世纪初	协商品牌理论	唐·舒尔茨
			浸合理论	爱德华·马特豪斯
			创意传播理论	陈刚
互联网广告理论	变革与重构阶段	21 世纪	互联网广告基础理论 程序化交易广告基础理论	菲利普·科特勤和杰夫·萨宾 安德雷·布罗德

第一节　传统广告理论

20 世纪的头两个十年里，几个较发达的资本主义国家在相继完成了工业革命的基础上，引进了管理科学，使得许多大企业的生产率在短期内迅速提高，过去的卖方市场逐渐转变为买方市场，产品销售问题开始成为企业面临的重要课题。20 世纪 30 年代初的世界经济危机所导致的失业和购买力下降，使得生产过剩问题变得更为突出。市场学正是在这种情况下兴起和发展的，推销和销售促进成为市场学研究的焦点。广告作为销售促进的方法之一，开始受到企业重视。20 世纪 20 年代至 30 年代，硬性推销和软性推销成为主流。

硬性推销是理性诉求派，其观点是“先发制人”，即广告应当先行提出优于同类产品的某项与众不同的产品特征。广告界传奇人物大卫·肯尼迪（David Kennedy）提出“广告是印在纸上的推销术”的观点，认为广告的内容应当像一个挨门逐户推销的销售那样，讲清楚为什么顾客值得花钱购买某种产品，一个好的广告是简洁而合情合理的销售工具，主推“硬性推销”（又称为“原因追究法”）。真正把广告这种推销术变成一门科学的是与大卫·肯尼迪（David Kennedy）一起被称为“硬销售派”或“原因追究法派”的阿尔伯特·拉斯克尔（Albert Lasker，创造现代广告的六位巨人之一，现代广告之父）和克劳德·霍普金斯（Claude C. Hopkins，现代广告奠基人之一），他们也是硬性推销的代表人物。硬性推销的重要特征是用“销售量”作为测量广告价值的指标。

软性推销被视为感性诉求或情感氛围销售派，代表人物是雷蒙·罗必凯（Raymond Rubicam），其观点是广告建立在消费者拥有产品或把产品当作礼物馈赠给亲人、情人、同学、朋友等时所获得的快乐或满足感上；广告诉诸消费者的感情或感觉，围绕暗示和联想来传递产品的完美印象，赞美产品给消费者带来的喜悦心情。

相关链接

USP理论是在新的市场条件下对硬性销售这一理论主张的继承和发展。第二次世界大战后，社会生产力得到迅速恢复和发展，产品的同质化程度也在日益加剧，逐渐形成以买主为优势地位的买方市场。在这种态势下，简单的购买理由陈述（硬性推销）和微弱的情感心理刺激（软性推销）在说明和诱导消费者做出购买决策上显得不再那么有效。在此基础上，USP理论这一强调“独特”的广告理论形成。“独特”即建立个性化和差异化，从向消费者提供一个明确的购买理由，到提供一个明确而独特的消费主张。虽然其核心概念都是“推销”，但USP理论更强调“独特”，从产品功能和内在品质出发，寻求同类产品在宣传中尚未表现过的差异性。因此，与硬性推销、软性推销的理论主张相比，USP理论更具有科学性和有效性。从硬性推销、软性推销到USP理论的广告理论发展，符合20世纪市场变迁与市场营销学演进的历史进程，也存在密不可分的内在逻辑联系。

资料来源：张金海．20世纪广告传播理论研究［M］．武汉：武汉大学出版社，2002.

实例 2-1

软性推销经典案例是西奥多·麦克马纳斯（Theodore F. MacManus）1915年为通用汽车V-8凯迪拉克轿车创造的广告“对领导者的惩罚”：

“在人类努力的每个领域中
处于领导地位的人
必定永远生活在公众瞩目的焦点处
……
当一个人的工作成为全世界的标准时
他也成为那少数几个嫉妒别人的人的箭靶”

这则广告奠定了麦克马纳斯作为“情感氛围派”领袖的地位。除此之外，圣诞节和圣诞老人是情感氛围广告发挥到极致的情感符号。20 世纪 20 年代，可口可乐公司冬季软性饮料的销售遇到了困难。为了让可口可乐成为冬天能喝的饮料，公司想到了通过圣诞老人和圣诞节作为情感符号，“这是我解渴的礼物”“精神焕发的旅行”等，使可口可乐获得了极大的成功。

一、独特销售主张理论

1. 独特销售主张理论的产生

在广告学说史上，20 世纪 40 年代被称为“产品至上时代”，这一时期由于第二次世界大战结束带来相对和平的国际环境，各国经济迅速恢复增长，国民收入增加，市场需求旺盛，大规模工业化生产方式普遍形成。在市场竞争中，企业面临的共同问题是：如何以“独特的销售说辞”向消费者提出购买建议。与此同时，产品差异化程度提高，且市场逐渐由卖方市场向买方市场转变。在这种情况下，基于产品至上经营理念的独创性销售理论成为当时占主导地位的广告理论。

独特销售主张理论是由美国广告专家罗塞·里夫斯（Rosser Reeves）在 20 世纪 40 年代提出的一种具有广泛影响的广告理论，并在 1961 年出版的《广告的现实》（*Reality in Advertising*）一书中做了系统阐述。“独特销售主张”是 unique selling proposition，缩写为 USP。从根本上来说，广告活动要想获得成功，在运作过程中必须提出独特的商品销售主题，以实证手法突出商品的特点和商品能带给公众的独特利益。

2. 独特销售主张理论的核心内容

罗塞·里夫斯认为，要想让广告活动获得成功，就必须依靠产品的独特销售主张。具体来说，独特销售主张的核心内容包括三点：

第一，每一则广告应向消费者诉说一个“主张”（proposition），这个“主张”能让消费者明白按照广告购买产品能获得什么样的具体利益，广告实际上是一种特殊的“建议”或“劝解”；

第二，所强调的主张最好是“独一无二”（unique）的，找出品牌的“特性”，即这项利益是竞争者所没有的，或者虽然有，但未在广告中表达过的独特效用；

第三，所强调的主张应聚集在一个“卖点”（selling）上，告诉消费者“购买这样的产品将得到特殊的利益”，必须强有力，能说服消费者产生认同感，并吸引消费者前来购买。

正如玛氏（M&M’s）的经典广告“Melts inYour Mouth not in Your Hand”（只溶在口，不溶在手）即采用了 USP 理论。广告的制作者罗塞·里夫斯注意到，M&M’s 是当时美国唯一一种使用糖衣包裹的巧克力豆，具有耐高温而不易融化的特性，这是其他任何品牌巧克力豆所不具备的，也是产品自身最独特的优势（独特性主张）。

实例 2-2

罗塞·里夫斯利用USP理论的经典之作是1954年为M&M's巧克力糖果品牌提出的广告词“只溶在口，不溶在手”，突出了该品牌巧克力豆是当时美国唯一用糖衣包裹的巧克力豆，具体如图2-1所示。这一广告不仅体现了该产品与众不同之处，而且言简意赅、朗朗上口。虽然使用了半个世纪却历久弥新，也为该品牌创造了极佳的销售业绩。

资料来源：王艺．广告学［M］．48页．广州：暨南大学出版社，2010.

文案：

哪只手里是m&m's巧克力呢？

这只？脏兮兮的，肯定不是！另一只？

因为m&m's巧克力只溶于口，不溶于手。

图2-1　M&M's巧克力糖果品牌广告

3. 独特销售主张理论的假设前提和实施条件

产品定位是广告定位的基础。在产品至上的时代背景下，如何从消费者需求出发，明确为何生产、生产什么和怎样生产，以使自己的产品概念对消费者最具吸引力，从而赢得顾客、卖出产品、获得最大化利润，成为当时企业生产经营的关键。有了准确的产品定位，广告的主要任务就是向消费者传达消费此产品的独特好处或利益，把这种差异化利益根植于消费者心中。

独特销售主张理论的假设前提就是消费者都是理性人，因此广告应建立在理性诉求之上，并辅以特有的许诺和理由支持。广告就是给出一种“独具特色的销售说辞”，成功的广告定位是能够把受众的注意力集中在产品特性及其独特的消费利益点上，即好的广告诉求要聚焦于产品间的差异，并选出消费者最容易接受的特点，作为广告主题、主线或关注点。

独特销售主张理论的实施条件是产品具有差异化，其运用在很大程度上受到产品高度同质化的制约。

4. 独特销售主张理论的变化

独特销售主张理论在实践中也显现出诸多的局限和弊端：产品功能点有限，容易被竞争对手抢先应用或抄袭；对于偏情感类的产品，独特销售主张理论会出现严重的不适用感；对于企业来说，产品会更新换代，其只是品牌众多产品线中的一员，且产品只能解决短期营销问题，要用低成本让消费者长期选择企业生产的产品，必须打造高维度的品牌。因此到了20世纪90年代，达彼思（Ted BATES）公司进一步认定：USP的创造力在于揭示一个品牌的精髓，并通过强有力的说服来证实它的独特性。这时，USP策略的基点已不是罗塞·里夫斯时代强调的“针对产品的事实”，而是上升到品牌高度，强调创意来源于对“品牌精髓”（brand essence）的挖掘。品牌权益挖掘的层次包括品牌属性（attributes）、品牌利益（benefits）、品牌价值（values）、品牌个性（personality）、品牌精髓（essence）。

随着时代变化，传统独特销售主张广告适用的市场环境变了，在USP理论的基础上又有人提出ESP（emotion selling proposition）理论，即情感销售主张。它将广告诉求重点定位于情感，通过赋予产品新的价值和情感，引导顾客产生美好的消费情感体验，从情感的层面挖掘产品与消费者的连接点，与消费者进行深度沟通，借助亲和力，强化广告的影响。一个好的ESP策略的发掘和运用，首先应该对准目标消费群的心理；其次应该和品牌紧密相联；最后还要经得起时间的考验。

二、ROI理论

1. ROI理论的产生

20世纪50年代至60年代，进入创意革命时代。ROI（relevance originality impact）理论，即“关联性、原创性、震撼性”，由美国DDB广告公司创始人威廉·伯恩巴克（William Bernbach）于20世纪60年代提出。在伯恩巴克看来，在广告创意中“怎样说”的意义远远大于“说什么”。最伟大的广告工具就是创造力，其着眼点在心灵的认同、共鸣、冲击上。他的理论轴心始终指向消费者的心理及其情感思维，追求对心灵的冲击与震撼，从而引起注意、产生共鸣，最终导致行动的转变，即购买广告产品。

ROI理论指出，一个有广告本质的广告必须具备三项基本特质：关联性（relevance）、原创性（originality）、震撼性（impact）。没有关联性，广告就失去了意义；没有原创性，广告就缺乏吸引力和生命力；没有震撼力，广告就不会给消费者留下深刻印象。

2. ROI理论的核心内容

ROI理论的核心内容就是优秀广告的三项特征，具体如下。

第一，关联性。关联性要求广告创意作品要与商品信息相关、与目标对象的生活形态相关、与企业期望的公众行为相关。关联性这一特征是广告吸引力产生的首要和基础特征，是其他两个特征能够发挥作用的基础。为了强调商品特点、生动形象地表达商品的个性特征，广告常常需要为产品找一个关联体，把产品的有关特征在关联体身上反映出来。而关联体又必须具备四个特性：关联体是生活中司空见惯的；关联体是生动、形象的；关联体为大众所喜爱；关联体与商品特性的关联性强。关联体可以是生活中的事件、作为产品的物体或消费者知道的道理和观念。名人广告中的名人也是关联体，名人的个性特点应该与产品的特色相吻合。

第二，原创性。为引起消费者注意并促成其记忆产品的特质，原创性要求广告创意具有与众不同的特色，刻意求异。这种求异思维是有参照系的。广告创作的一个根本要求就是新颖，广告必须有所创新，以区别于其他的商品和广告，创新首先要突破常规的禁锢，寻找诉求的突破。

第三，震撼性。震撼性要求广告创意深入人性深处，包括视觉、听觉和心理上的冲击力，既可吸引眼球，也可增强记忆。根据目标公众的生活习惯，在恰当的时间、地点选择恰当的媒体，传播符合公众当时心境的广告信息，深入公众心灵，形成强大冲击力，从而具有打破公众漠视广告的能力。

实例 2-3

应用 ROI 理论的成功之作是伯恩巴克为大众甲壳虫汽车创作的广告。以广告“Think Small”（想想小的好处）和“Lemon（柠檬）”最为典型。第一条广告的画面简单醒目，大片空白，仅左上角一辆小小金龟车图，最底下是几行广告文案。大众车镶嵌在空旷的空白中。这是运用广告图片留白和突出产品特点的经典文案。第二条广告用来再一次证明大众公司对产品的质量要求是多么严格，从而突出大众车的小巧，体现其诚实、耐久、节省、实用、便宜的特点，如图 2–2 所示。

图 2–2　大众“甲壳虫”汽车品牌的两则广告

资料来源：丁俊杰，康瑾.现代广告学通论［M］.2 版.北京：中国传媒大学出版社，2010：41.

Think Small（想想小的好处）

文案：“我们的小车并不标新立异。许多从学院出来的家伙不屑屈身于它；加油站的小伙儿也不会问它的油箱在哪里；没有人注意它，甚至没有人看它一眼。其实，驾驶过它的人并不这样认为。因为它耗油低，不需防冻剂，能够用一套轮胎跑完 6.4 万千米（4 万英里）的路。这就是你一旦用上我们的产品就对它爱不释手的原因。当你挤进一个狭小的停车场时、当你支付你的那笔少量的保险金时、当你支付那一笔修理账单时，或者当你用你的旧大众换得一辆新大众时，请想想小的好处。”

Lemon（柠檬）

文案：“‘柠檬’（LEMON），是对一辆不满意的车子的一种标准描写。它仪器板上放杂物处的镀层受损，必须更换。或许你没注意到，但检察官科尔诺注意到了。我们设在沃尔夫斯堡的工厂有 3389 人，他们唯一的任务就是：在生产过程中的每一个阶段，都会去检验‘甲壳虫’。每辆车的避雷器都要检验（绝不做抽查），每辆车的挡风玻璃也要经过详细的检验。大众车经常会因为在某处有一点肉眼几乎看不见的微伤而无法通过。最后的检验更是严苛！‘甲壳虫’的检验员把每辆新车送上测试站，通过总计 189 处的检查点，每 50 辆甲壳虫中总会有一辆被人说‘通不过’。对一切细节如此全神贯注的结果，意味着甲壳虫汽车比其他的车子耐用而且不需要维护。我们剔除了柠檬，你得到了李子。”

一个广告想要同时实现关联性、原创性、震撼性的高要求，就必须首先明确如何解决以下几个基本问题。

（1）广告的目的是什么？有很多，如传播产品信息、销售广告产品、树立品牌形象、获得最大利润等。

（2）广告的传播对象是谁？是小孩、青年人、中老年人？是男人、女人？是工人、农民、知识分子？明确对象才能在制作广告时有的放矢，在广告创意、广告表现方面才有方向性。

（3）传播对象有什么利益点可以做广告承诺？这一点实际上就是要正确表现产品的功能、价格、服务等，使消费者能够从产品中得到实际利益和心理满足。

（4）品牌有什么特别的个性？这里主要是突出产品优点、风格等。

（5）选择什么媒体最合适？是通过报纸刊登文字广告，还是通过电视台播放图像广告，还是通过广播发布语音广告？由于广告采用不同的媒体传播，其表现形式就不一样，需要不同的创意。

（6）受众的突破口或切入口在哪里？如果广告传播对象是富裕阶层，那就从表现品质等方面着手，将产品价格定得高一些；如果传播对象是普通收入者，就从实惠入手，把价格定在普通收入者能够承受的位置。

3. ROI 理论与独特销售主张理论的关系

独特销售主张理论更强调广告的内容，即销售主张的独特性；独特销售主张理论的广告创意思路是用简单的一句话，让消费者对产品 / 品牌产生认知以及相关联想。在广告中始终如一地只强调同一个销售主张，并持续反复地进行广告曝光。

ROI 理论显然还包括了广告形式本身，而且它并没有放弃内容这一层面。伯恩巴克以与商品和消费者的相关性作为广告创作的基础，着重强调广告的原创性和冲击力，非常重视广告创作人员的想象力和创造力，要求创意人员先了解产品特性和消费者需求，然后再发挥他们的想象力，并突出强调想象的独特和新奇。

4. ROI 理论的新变化

21 世纪媒介技术迅猛发展，呈现出数字化、融合化、社会化的态势。随着广告载体的丰富、广告定义的扩展和消费者地位的提升，作为 20 世纪经典广告创意理论的 ROI 理论也不可避免地体现出一定的时代局限性。ROI 理论的局限性主要体现在两个方面：首先是体现在广告呈现的载体上，ROI 理论更多地关注广告“怎么说”，却忽视了广告“在哪说”。在眼球经济时代，在哪里设置合适的广告载体变得尤为关键，载体越丰富，其与产品的适配度越高，广告的传播效果就会越好。其次，ROI 理论缺少与消费者的互动，只是广告商单方面输出，经典的广告理论往往是站在广告主的角度，容易忽视消费者的想法和感受。在消费者话语权日益提升的今天，广告如何让消费者参与进来，成为一个新的热点问题，而这正是经典的 ROI 理论有所欠缺的地方。基于此，ROI 理论若想在新的媒介环境下继续适用，就必须与时俱进，不断地增添新的时代内容。

（1）时效性。在互联网日益发展的 21 世纪，人们接收讯息的方式日益丰富，接收讯息的速度也呈指数级提升。时效性是指广告应该紧贴社会热点，甚至可以制造热点去吸引消费者的视线，而不是说广告应当实时更新且不断地出现在人们的视野中，因为当广告多次出现在受众面前只会让消费者产生反感情绪。在各种佳节、购物节来临之时，各个品牌便打起了关注战，各种打折、满减等营销活动多种多样，目的就是最大限度地争夺受众的注意力。

（2）互动性。互动性是指当前的广告不应该是广告主的独角戏，而是要与消费者进行互动，给消费者提供独一无二的体验感。广告与消费者的互动，一方面可以增强广告的趣味性，另一方面可以更好地提升消费者对广告的关注度。从这个角度而言，互动视频广告可谓是留住观众的一个新方法。除此之外，还可以利用虚拟现实（virtual reality，VR）、增强现实（augmented reality，AR）技术多层次、多角度地增强观众观看广告的体验感和真实感，只有这样才能尽可能地提高广告的受关注度。

（3）多样性。多样性是指广告呈现方式的多样，并将其与多样的营销活动相结合。首先，它强调生活中任何一个事物都有可能成为广告的载体。此外，别具匠心的广告构思还会引发大众的热议和传播，让广告效果经过网络媒介进一步被放大，这要求设计者要突破自己的常规性思维，把不同的元素进行新的组合，挖掘新的可能。其次，广告设计者还可以基于一定的营销策略制作广告，因为广告与不同的营销手段（饥饿营销、粉丝营销等）相结合会得到新的发展。从这个角度来看，如何把握和分析消费者的心理成为新时代广告营销的命题。

三、品牌形象理论

1. 品牌形象理论的产生

早在 19 世纪末期，商标的出现就体现出早期朴素的品牌形象思想。当商标出现并成为市场的一部分的时候，就为广告打开一扇全新的门——不仅是讨论一种商品的本身，而且还要讨论一个独特的品牌。与此同时，20 世纪 30 年代至 40 年代，广告人克劳德·霍普金斯（Claude Hopkins）就提到“给每一位广告主可塑造的风格，能创造一种正确的个性，就是大大的成功”，注意到了品牌形象的重要性。

20 世纪 50 年代末期，广告不再像阿尔伯特·拉斯克（Albert Lasker）和克劳德·霍普金斯时代的广告那样有效。数据显示，85% 的广告没人看，USP 理论变得越来越没有说服力。1960 年，“营销近视症（marketing myopia）”指出企业的核心问题是满足消费者的需求而不是简单地生产产品，开启了消费者研究的时代。通过对消费者的关注和研究发现：仅从产品角度进行差异化区分越来越难，面对同质化的产品，消费者对于品牌的理性选择会减弱。面对这样的情况，企业开始尝试、探索和关注声誉和形象。

随着科技的进步，市场竞争加剧，产品之间的差异变得越来越微小。一个企业在市场中的生存与发展日益依赖于企业在人们心目中的声誉和形象，广告必须从原来的对产品独特功能的诉求转移到对品牌形象的塑造上来。产品是相似的，创意可以模仿，但品牌却有着别人难以模仿的个性。产品特性满足的是消费者在具体使用方面的要求，而品牌带来的却是一种不能替代的精神需要和心理感受。在这一背景下，市场走出“产品至上”时代，进入了“形象至上”时代。

品牌形象论（brand image）由大卫·奥格威（David Ogilvy）于 20 世纪 60 年代在《一个广告人的自白》（1961）中正式提出。作为品牌形象之父，奥格威继承了硬性推销和 USP 的精髓，并从消费者角度去重新审视（科学的广告），同时将传播技巧引入广告理论，提出创意的概念，形成了自己独有的品牌形象理论。“穿海塞威衬衫的人”广告，作为大卫·奥格威品牌形象理论的完美注脚和成功践行，也真正拉开了品牌形象理论的序幕。

实例 2-4

“穿海塞威衬衫的人”这则广告画面是一个留着整齐的小胡子、戴着眼罩、气度不凡的男子，一手撑着腰，目光炯炯地凝视右前方，他身上穿的就是海塞威衬衫。这则由俄罗斯贵族乔治·兰格尔男爵担当形象代言人的广告使得海塞威声名大振，给人一种很有价值的个人形象——年轻又稳重，非常迷人，又非常令人愉悦。将海塞威衬衫的高档、精英、独特形象表现得淋漓尽致。通过这则广告，大卫·奥格威使得沉寂了 116

年的海塞威衬衫声名大噪，销售量飙升，变成了一个尽人皆知的衬衫品牌，如图 2-3 所示。

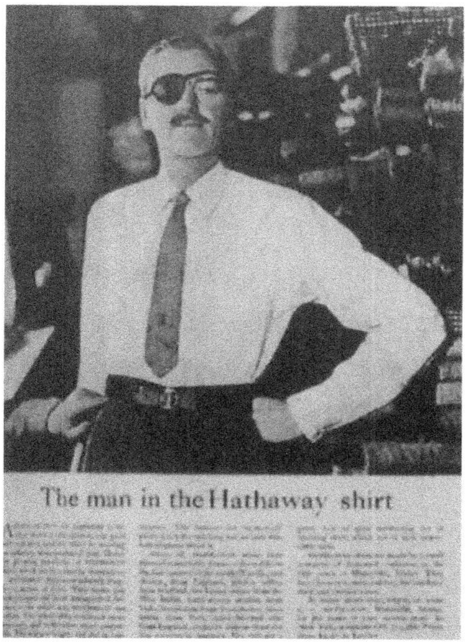

图 2-3　海塞威衬衫的广告

资料来源：蔡勇．消费者发现与主体性缺席：现代广告理论及运用史评［M］．北京：中国传媒大学出版社，2008：36.

2. 品牌形象理论的核心内容

在大卫·奥格威看来，品牌形象源自消费者对品牌的感知，是企业竞争优势的来源，决定了产品的市场地位。正如罗塞·里夫斯《实效的广告》所说的"品牌形象是感受的哲学"。

（1）消费者的反应。品牌形象的塑造程度应该从消费者角度审视，基于对消费者的洞察，充分发挥广告在品牌形象塑造过程中的作用，需要进行长期投资。消费者购买时追求的是"实质利益和精神心理利益"。消费者面临的品牌共性越多，理智选择就越少，因此会以品牌形象作为重要决策因素。

（2）广告的功能。奥格威主张，广告的重心应从商品信息转向商品形象和个性。广告的主要目标是建立、培育和发展品牌，提高品牌知名度，塑造品牌形象。通过广告中涉及的文字和非文字的标识、元素、调性、风格等，追求品牌形象的差异性，给顾客一种稳固、清晰的印象。

（3）任何一个广告都是对品牌的长期投资。品牌形象的驱动因素包括品牌标识（文字和非文字），以及定价、产品名称、包装、赞助等。目光短浅地一味搞促销、削价及其他类似降价行为，无助于维护一个好的品牌形象。广告商必须保持树立品牌形象的一致性，必须保持广告的一贯风格与形象。品牌形象的树立和成长是一个不断延伸、丰满的过程，每一则广告都是对品牌的长期投资，广告诉求重点应该具有长远性，这也反映了品牌资产累积的思想。随着消费者观念的转变，旧的品牌形象需要改变和提升。品牌形象的形成是一种战略，具有长期性和全面性，需要持续的努力。品牌形象是广告、公关、促销、商品名称和定价等因素共同作用的结果。

实例 2-5

自 1896 年通用电气公司（General Electric）的名字和标识诞生，它就一直专注于家电产品领域。通过展示在自己家中使用电炉、电热咖啡壶、电动缝纫机和电烤箱的画面，它的广告展现了使用通用电气的产品使生活更轻松、更充满乐趣的情景，从而与客户保持亲密的私人关系的良好形象，持续了 50 多年。

20 世纪 60 年代开始，通用电气发展多元业务，涉及飞机引擎设计和制造、医疗等领域。但“通用电气（General Electric）”这个名字让人自然联想到电气。消费者观念的转化远跟不上公司业务的变化。因此公司高层决定不再强调公司全称，而是采用缩写“GE”，希望一方面更新消费者对于公司的认知，同时期望让人们以此联想到高科技、现代化。随后，GE 为了让人们联想起通用公司的辉煌历程，将 GE 两个字放进电灯泡里，希望传递给消费者创新精神，也表明通用电气多年来在消费者间建立起的信赖得到了传承。

随着公司多元化业务的日益拓展，加之 GE 广告中多出现男性主角，20 世纪 70 年代后期的调研显示：消费者心目中对 GE 品牌的印象是“肥胖而冥顽不灵的男性”。通用的品牌在多大程度上成为驱动公司业务发展的内在力量，又在多大程度上成为消费者购买决策“推力”？为了改变这一形象，公司采用以 GE 为主导驱动品牌的品牌系统，如 GE 航空、GE 塑料、GE 金融、GE 发动机等，在以“GE——我们给您的生活带来美好的东西 We Bring Good Things to Life”为主题的新的广告攻势下，引入更多女性形象作为广告主角，最终 GE 在消费者心目中的形象逐渐更具现代感，直至 21 世纪的“梦想启动未来”。

品牌形象是一个不断累积、丰满的过程。经过一个多世纪的发展，GE 的广告以唯美的画面和充满人性关怀的叙事见长。GE 在整个品牌进化过程中，不断诠释着其作为科技公司的人性关怀、负责、有担当的品牌形象。与此同时，GE 从来没有放弃优良的传统和“不断改善消费者生活质量”的初衷，使得消费者对公司的符号标识和宣传口号既感到很新鲜又觉得颇为熟悉。时至今日，21 世纪的 GE 依然不断努力，保持着强劲的市场地位和优良的品牌形象。GE 的形象日益丰满，个性十分鲜明。图 2-4 展示了 GE 品牌的整个发展历程。

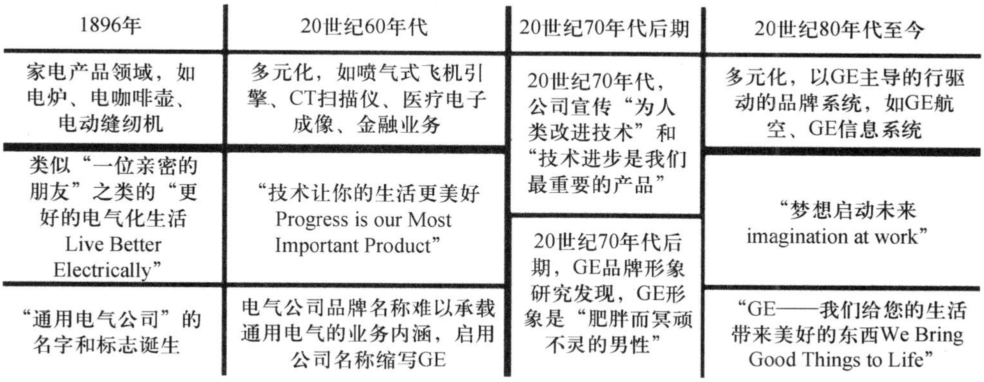

图 2–4　GE 公司的品牌形象塑造过程

资料来源：本书作者整理。

3. 品牌形象理论的意义

品牌形象理论是广告发展史上里程碑式的理论。

首先，品牌形象理论是对 USP 的继承和发扬。USP 和品牌形象应该结合，而在产品完全同质，甚至连侧面都相同的情况下，USP 会相互抵消，只留下品牌形象。无论 USP 理论还是品牌形象理论都在追求对品牌的确认。不过 USP 理论立足于理性诉求，而品牌形象论更多的是情感诉求，实际上，任何理性诉求都暗含着情感的因素。这不仅表现在产品的使用价值会使消费者产生积极的情感诉求，而且表现在产品的理性诉求往往需要由情绪的激发来补充。

其次，该理论第一次正式提出“品牌形象”，为后续品牌理论发展和定位奠定了至关重要的基础，具体如表 2–2 所示。大卫·奥格威的品牌形象理论，突出广告的品牌塑造功效，提升了广告策划的高度。但是它仅强调品牌识别功效，局限于知名度，显

表 2–2　品牌理论发展阶段

品牌观念	强调元素	理论要点	特点	提出时间
品牌标识 brand	图案、品名	不同标识代表不同产品	朴素	1960 年前
品牌形象 image	形象	形象特征、长期性、一致性	科学	20 世纪 60 年代初
品牌个性 character	个性	独特的人格魅力	艺术	20 世纪 80 年代初
品牌资产 equity	价值	关系即价值：建立忠诚度	综合	20 世纪 90 年代初
品牌识别 identity	系统价值	管理品牌系统，创建核心价值	系统	1996 年
品牌关系 relationship	关系	品牌关系是客观品牌与主观品牌的互动过程	系统	20 世纪 90 年代

资料来源：蔡勇．消费者发现与主体性缺席：现代广告理论及运用史评［M］．北京：中国传媒大学出版社，2008：79.

然不够准确。20 世纪 80 年代中后期，广告界提出品牌性格这一概念（brand character），认为品牌性格是由商品、定位和个性组成。并认为广告“说什么”时，不只是“说利益”“说形象”，更要“说个性”，即要在广告宣传中把品牌当人看待，使品牌人格化、个性化。大卫·阿克（David Aaker）在 20 世纪 90 年代初和中期先后出版了《管理品牌资产》和《创建强势品牌》，分别提出了品牌资产理论和品牌识别理论。20 世纪 90 年代以来，品牌理论的研究开始重视品牌与消费者的关系。马克思·布莱克斯顿（Max Blackston）提出了品牌关系模型以界定品牌资产。品牌关系是客观品牌与主观品牌的互动过程，它强调企业的品牌形象和消费者的品牌态度应该有机地结合在一起。

最后，从最初的品牌形象到品牌个性、品牌资产、品牌识别，再到品牌关系，目前企业普遍认识到：品牌不能离开产品或服务的核心价值，然而品牌又大大超出产品或服务的范畴，它对企业和消费者都是必需的。从销售产品到建立品牌关系，不仅反映了观念上的变化，也反映了企业营销终极目标的变化。品牌的本质是一种关系，它把产品、消费者和企业三方联系在一起。品牌关系的建立和维护才能带来品牌资产，其建立和维护也需要品牌管理。

四、定位理论

1. 定位理论的产生

定位理论产生的理论背景是消费者研究。第一个把消费者研究提到战略位置的是哈佛商学院的西奥多·列维特（Theodore Levitt），1960 年他在《哈佛商业评论》上发表了一篇名为“营销近视（Marketing Myopia）”的文章，指出企业的核心问题是满足消费者而不是简单地生产商品，这使得市场开始出现了新变化：第一，对产品销售而言，广告运作已经开始由推销产品向引导购买转变；第二，对传播方式而言，由传者向受者的单向传播变为二者双向交流；第三，对广告本身而言，广告关照的重点已经开始由过去的以企业和产品为主变为以消费者为主。可以说，西奥多·莱维特开启了消费者研究的时代，广告也开始向消费者本位上转变，因此定位概念被认为是 USP 观点发展的结果。

定位理论是信息爆炸的产物。大量的信息容易造成传播渠道堵塞，而信息仍然在以难以想象的速度增加，形成一个恶性循环：在信息已经超负荷、商品信息传播过度的社会里，一方面，要提升品牌竞争力就必须进行大量的信息传播；另一方面，信息越多就越容易造成消费者的思维混乱，反而使消费者无所适从。过多的广告产品、品牌信息与受众容量形成了尖锐的矛盾。在众多的产品和品牌中，受众购买决策所面临的问题不仅是买什么，更是接受和选择哪一个品牌。为了解决这一矛盾，美国市场营销和广告专家艾尔·里斯（Al Ries）和杰克·特劳特（Jack Trout）将定位法引入信息战略。20 世纪 70 年代初，他们在《工业市场营销》和《广告时代》发表了一系列文章，奠定了“定位”理论基础，主张在广告策略中运用定位这一新的沟通方式，创造更有效的传播，从而宣告了一个营销新时代——“定位时代”的到来。

2. **定位理论的核心内容**

（1）定位的含义。定位起始于产品，可以是一件商品、一项服务、一家公司、一个机构，甚至一个人。定位并不是要对产品本身做什么，而是对潜在顾客的心理采取行动，即把产品在潜在顾客的心中确定一个适当的位置。强调的不是改变产品、服务、企业本身，而是改变传播等要素。将定位局限在传播策略之中，这种观点被称为“传播定位”或“广告策略定位”。

（2）定位的理论主张。定位的核心是创造“心理位置”，任何一个品牌（产品、服务或企业），都必须在目标受众的心智中占据一个特定的位置，提供有别于竞争者的利益，并维持好自己的经营焦点。因此需要从顾客角度思考，关注顾客已有的认知基础（已经形成的看法）；不要尝试创造出“人们头脑中尚且没有的东西”，而是要调动顾客“头脑中已经存在的东西”，使之重新连接，从而使顾客对新的品牌及产品属性产生认知。

（3）定位的操作方法。定位的基本方法不是要创造新的、不同的东西，而是要改变人们头脑里早已存在的东西，把那些早已存在的联系重新连接到一起。第一，选择清晰、简化的信息及概念；第二，聚焦式传播，最好“一词占大脑”；第三，传播时须以竞争品牌为参照，找出差异化的概念或与竞争品牌进行对比，将顾客对竞争品牌的认知转移或延伸过来；第四，通过第一说法、第一事件、第一位置的传播技巧，迅速与竞争对手形成明显的区隔。

综上所述，定位即以品类思考，以品牌表达。企业需要在用户能记住的品类列表中，给自己的品牌找到一个位置；定位的基准是品类，定位的核心是与众不同（竞争导向）；定位的本质，是在用户心智中给自己贴上一个标签，使自己区隔于其他所有的竞争对手，从而占据一个品类。

3. **定位理论的原则**

广告是营销策略的具体表现，定位则是广告诉求的背后意图与意识形态。目前定位理论已经超越起初作为一种“传播技巧”的范畴，而演变为营销策略的一个基本步骤。定位法以“应当说什么”为其根本，一旦确定下来便广为宣传，消费者就会在需要这种利益或需要产品解决某种困难时回忆起来。广告定位应遵循以下四个原则。

（1）有效沟通。营销的终点是消费者的心灵，因此切实有效的沟通、准确把握消费者心理对于定位的成功具有重要意义。里斯和特劳特将影响传播沟通的消费者心理概括为消费者的5大思考模式：①只能接受有限的信息。突破方法：使传播的信息成为消费者的关心点。②消费者喜简厌杂。突破方法：使用尽量简化的信息。③因缺乏安全感而跟随。突破方法：利用市场调研和消费者资料，增强消费者的安全感。④品牌印象不会轻易改变。突破方法：用消费者的思考模式来启迪。⑤原有定位容易因为延伸而模糊。突破方法：制订有效品牌延伸的法则。

（2）产品分析。产品信息在广告宣传的过程中经历的三个阶段为：一是产品信息，指尚未经过广告化处理、处于自然状态的产品，它是广告策划要研究的对象；二是广告信息，指经过广告策划后重新塑造出的产品形象，它不完全等同于自然状态下的产品，而是经过广告化处理和广告策划的任务和结果；三是接收信息，指经过广告宣传后在社会消费者头脑中感知而存在的产品形象，它不一定是产品的自然形象或广告力图塑造的形象，而是消费者结合自身经验和感受而形成的产品印象。广告定位就是寻找市场空隙，寻找未被其他品牌产品占据消费者大脑的产品利益点。因此，审慎地分析产品，掌握消费者的心智，有助于准确广告定位。一般来说，产品分析越具体、越透彻就越容易找到产品的卖点，广告定位就越准确。

（3）明确一个利益点。在信息社会中，任何信息的有效传播条件是减少信息量。从定位角度看，广告只有一个利益点在消费者心中最清晰、最有效。现实中许多产品的广告定位追求大而全，想在有限空间内塞进所有利益点，结果适得其反。广告定位是一个点而不是一个面。市场营销中最强有力的战略是通过定位将焦点集中在一个简单的名词或概念上，使自己的品牌在潜在顾客的头脑中拥有一个独特的概念，以及一个独特的、无法被其他品牌取代的位置。广告应将火力集中在一个狭窄的目标上，在传播中不被其他信息淹没的办法就是集中力量于一点。

（4）抢占先位。定位理论明确指出广告要向消费者的心智进军，要使品牌、产品或企业在目标顾客的头脑里占据一席之地，其目标就是要使某一品牌、产品或企业在目标消费者的大脑中占据有利的位置。定位理论完全以消费者的心智为起点，从消费者出发，强调通过在消费者心理上实现差异化，来建立品牌的独特个性。这样的定位一旦建立，无论何时何地，只要消费者产生了相关的需求，首先就会想到广告中的这个品牌、这家公司或产品，达到“先入为主”的效果。定位最终的结果就是在消费者心目中占据无法取代的位置，让产品或品牌形象深植于消费者脑海。利用“第一说法、第一事件、第一位置”等为广告创造出独有的位置，因为创造第一，才能在消费者心中产生难以忘怀的、不易混淆的优势效果。从心理学的角度看，人们容易记住位居第一的事物。里斯和特劳特指出，如果市场上已有一种强有力的头号品牌，创造“第一”的方法就是找出公司的品牌在其他方面可以成为“第一”的优势，要在消费者头脑中探求一个还没有被其他人占领的空白领地。

4. 定位理论的情形

在现实广告实践中，定位具有三种情形：第一种，领导者定位——占据一个品类，首选标签成为品类领导者；第二种，细分定位——将大品类细分成小品类，老品类细分出新品类，品牌去占领这个新的小品类；第三种，比附定位——小品牌比附大品牌，小品类比附大品类。需要明确的是，比附定位并不适用于所有情况，在定位时以竞争者为参照物通常基于以下理由：一是竞争对手是市场的领导者，实力雄厚，无法与之正面竞争；二是竞争者可能已经树立了稳固的形象，依附竞争者，可以传送与之相关的信息。有时消费者并不在乎你的产品究竟如何，只关心你同某一特定竞争者相比怎么样，因为对于产品的价值和质量，消费者很难定量感知，此时采用比附定位就是合适的。

最终，定位 = 差异化标签 + 品类。以下实例 2–7 是应用比附定位的经典案例。

实例 2-6

广告史上的经典之作，艾维斯（Avis）租车的“我们是老二”，长期以来被视为经典的定位案例。图 2-5 是艾维斯租车公司当时投放的两则广告。美国艾维斯租车公司在市场上排在第二位，第一位是赫茨（Herz）公司。当时的情形是：你来到租车的指定场所时，在前面排着的都是赫茨公司的车。如果你想租艾维斯的车，要绕到后面去。艾维斯“参照业内领先品牌（赫茨公司）进行对比定位”的方法，其定位依据是“神奇的 7”定律，即如果想要消费者记住你的品牌，必须使你的品牌进入“神奇的 7”的阶梯里，且越靠近第一越好。具体来说：它把自己和位居第一的赫茨公司挂上钩，这是最基本的。如果它不提“屈居第二”，就没有多少人会注意到第二是谁，因为人们一般只记住第一；艾维斯一旦和第一挂上钩，既便于人们记忆，又通过彰显自己的特点（工作态度方面是第一）来获得竞争优势。凭借品牌定位，使自己在消费者心智中占据独特位置。这种诚实又不失上进的风格一下在顾客心中赢得了一席之地，并且使艾维斯出租车公司以弱胜强，迅速发展壮大起来。

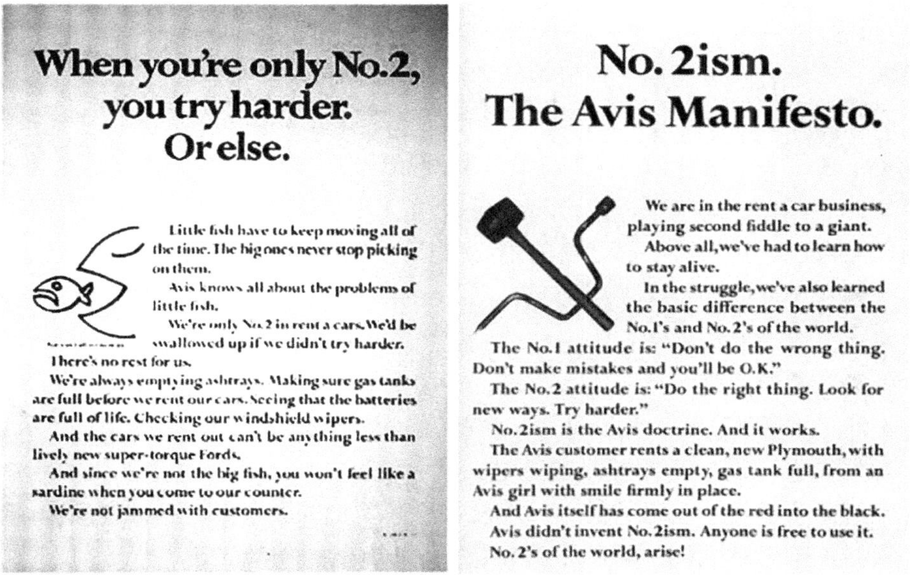

图 2-5　艾维斯租车的定位广告

资料来源：丁俊杰，康瑾．现代广告学通论［M］．2 版．北京：中国传媒大学出版社，2010：40.

5. 定位理论的挑战和新变化

（1）定位理论的挑战。

新媒体和互联网时代的新环境对消费者行为和企业营销策略都产生了巨大影响，

在新环境下，如果没有产品、渠道和媒体来支撑就很难赢得消费者心智。定位理论所处的商业环境发生了改变，消费者和品牌的关系发生了变化，传统营销影响消费者的渠道也随之变化。黎万强在《参与感》中强调小米营销实属口碑营销："以前是劈开脑海，现在是潜入大脑。劈开脑海的典型做法是试图用重复信息教育用户，长期狠砸广告；而潜入脑海则是口碑推荐，让用户参与进来。此时此刻，品牌最好的传播渠道就是自己忠实的用户。"当前，营销界对定位理论所持的怀疑和否定态度主要表现在四个方面。

第一，定位的消费逻辑是"以品类思考，以品牌表达"。今天的消费者并不在乎谁是细分行业的第一名，定位强调第一的做法逐渐失效。消费者在乎的是品牌所创造的体验、品牌背后的文化和个性，品牌与用户之间的联系——这才是今天的消费逻辑。

第二，定位只是试图影响消费者认知，却罔顾用户在消费过程中的体验需求、情感需求、个性需求、审美需求等，对于消费者心理和消费者动机缺乏深层次的理解。定位理论的传播成本非常高，品牌必须有高额的营销费用支持，才能真正影响消费者的购买决策。

第三，工业时代定位的核心是一切以营销为中心。当下互联网时代，品牌经营的核心是一切以用户为中心，要有产品，有口碑，有微创新点。

第四，营销者主导的话语权已逐渐被用户的消费体验所取代。人们更愿意相信某一直播网红、大V、爱豆，传统的品牌影响力没有那么大了。

在定位理论中，找准消费者的需求，找到品牌在消费者心中的位置是至关重要的。而在新媒体和互联网时代下，生产粉丝感兴趣的内容和产品的观念与定位理论其实并不矛盾，定位以营销为中心，营销的中心依然是消费者，这与重视用户体验也并不矛盾，其关键在于营销的手段要跟上互联网的变化。例如，小米集团虽然强调互联网思维，但也没有否定定位理论。小米联合创始人黎万强说，经典定位理论，是开创并主导一个新品类，潜入脑海抢占心智位置，让用户参与进来，在潜在用户的心智中表现出与众不同。小米的胜利，是新品类定位的胜利，开创了"互联网手机"这一新品类。同时，如果没有打通小米的互联网渠道，没有培养出"米粉"这个庞大的用户群体，没有在互联网渠道持续消费的能力，就没有小米手机的成功。可见，定位理论要起作用，必须在各环节相扣的前提下，极力打造消费者的参与感。

（2）定位理论的新变化。

艾尔·里斯曾在2018年上海举办的第二届中国品类创新大会上重新诠释了21世纪"定位理论"的五大新法则：全球化（globalism）、品类（category）、互联网品牌（internet branding）、多品牌（multiple branding）、视觉锤（visual hammer）。21世纪的"定位"，心智占领依然是本质，更新的定位理论更贴近互联网时代，以崭新的高度诠释了移动互联网时代定位理论是如何奏效的。

如今的互联网时代，虽然颠覆了很多经典理论，创新了商业模式，丰富了商业形态，改变了商业趋势，但并没有改变商业的本质，也没有改变人们的心智模式。顾客可以在短时间内迅速地将对产品的体验反馈给企业，企业可以更有效且更有针对性地改进产品与传播，使双方的信息流更加通畅。这也意味着企业需要更多的创新，更多的品类发展和主导。定位理论并没有失效，品牌定位依然是影响购买行为的关键，而品类创新、公关战略更是为互联网时代的营销指明了发展方向。

五、企业识别系统理论

1. 企业识别系统理论的产生

CIS 是 corporate identity system 的缩写，即企业识别系统。CIS 理论是在品牌理论和定位理论基础上的进一步升华，品牌理论关注产品形象，定位理论关注市场细分，而 CIS 理论则关注企业的整体形象。

视觉识别（visual identity，VI）观念的产生要早于整个 CIS。1907 年，德国 AEG 公司采用彼得·贝伦斯（Peter Behrens）设计的 AEG 三个字母形象的图案作为企业标识（如图 2-6 所示），并将企业识别符号应用于系列产品和产品包装、产品宣传以及办公用品上，形成整体形象识别，这被视为企业视觉识别系统的开山之作。

图 2-6 1907 年 AEG 标识设计

资料来源：陈绘 . VI 设计［M］. 北京：北京大学出版社，2017：8.

20 世纪五六十年代是 VI 在欧美国家普及和发展的黄金年代。1947 年，国际商业设备公司（International Business Machines Corporation）开始使用以简称“IBM”为基础设计的标识，CI 设计系统的导入和升级让 IBM 公司成了美国的“蓝色巨人”，如图 2-7 所示。IBM 的成功激发了更多美国企业导入自己的 CIS，美孚石油、西屋电气、东方航空等企业相继开展 VI 设计。在 20 世纪五六十年代，美国出现了一股 CIS 设计热潮。随后，IBM 公司的成功，使得整体企业形象设计观念得到了印证。以设计系统来塑造企业形象的经营策略奠定了 CIS 理论的基础。

20 世纪 70 年代，美国的企业形象设计被引入日本，日本的金融业、制造业、零售业首先导入 CIS。马自达公司将企业名称、品牌名称、商标图案完全统一为简洁、有力的五个字母 MAZDA（如图 2-8 所示）。与此同时设计了完整的 CIS 应用手册，这一 CIS 手册确保了马自达在全球各地企业形象的高度统一。

International Time Recording Company（1888）

Computing Scale Company（1891）

Computing-Tabulating-Recording Company（1911）

International Business Machines（1924）

1947

1956

1972

图 2-7　美国 IBM 公司的标识演化过程

资料来源：陈绘 . VI 设计［M］. 北京：北京大学出版社，2017：10.

图 2-8　马自达公司的 VI 设计

资料来源：杜世禄，华玉亮编著 . VI 设计［M］. 北京：科学出版社，2010：5.

改革开放以后，中国企业家逐渐认识到了 CIS 在企业发展中的巨大作用以及 VI 设计的重要性，开始导入并实施企业形象设计系统。最早实践 VI 设计的是广东太阳神集团有限公司。1988 年，广东太阳神集团有限公司首次引入 CIS。在视觉识别系统的指引下，太阳神集团有限公司进一步成立了太阳神药业公司、太阳神饮用水公司、太阳神化妆品公司，品牌结构清晰，管理运营顺利，VI 设计使其在瞬息万变的市场中能够保持战略优势。

2. 企业识别系统理论的构成

CIS 设计出现在 20 世纪 30 年代，从最早的 IBM 公司到现在的很多大牌企业，一直沿用这种方式来传达企业的理念，并且都非常注重企业最直观的视觉形象设计。CIS 包括三个子系统（如表 2-3 所示）：理念识别系统（MI）、行为识别系统（BI）、视觉识别系统（VI），其中 VI 是 CIS 中应用最为广泛的部分。

表 2-3 CIS 构成

系统结构	结构内容
理念识别系统（mind identity system，MIS）	最高决策层次，导入企业识别系统的原动力，企业经营理念与精神文化
行为识别系统（behavior identity system，BIS）	动态的识别形式，对外回馈、参与、活动，对内组织、管理、教育
视觉识别系统（visual identity system，VIS）	静态的识别，符号具体化、可视化的传达形式，项目最多，层面最广，效果直接

（1）理念识别系统（mind identity system，MIS）。其在企业识别系统的应用十分广泛，作为一种品牌营销战略，其内容在不断丰富和完善。企业理念识别（mind identity，MI），是整个 CIS 的核心，包括企业精神、企业目标、人才管理策略、企业经营理念和品牌定位等方面。MIS 属于意识层面，潜移默化员工的行为和态度，强化着集体凝聚力，营造着企业的文化氛围。在企业形象系统中，企业的核心资源优势、价值观和发展方向是相辅相成的，核心资源优势促使企业更快地明确其发展方向和每个阶段的发展目标，价值观随着目标的逐渐达成而不断提升，企业核心资源优势也在目标和价值观的提升中逐渐扩展，从而使企业整体面貌焕然一新。企业理念在无形中约束着员工和企业的行为，给予员工积极的力量，并化作企业口号，如海尔的“真诚到永远”，耐克的“Just Do It”，三星的“创新生活、移动时尚、健康生活”，等等。

（2）行为识别系统（behavior identity system，BIS）。行为识别系统指企业思想的行为化，是企业为实践经营理念、创造企业文化，对运作方式做出统一规划而形成的动态识别系统。行为识别系统是动态的识别形式，以企业经营理念为基础，指导员工的行为与活动，对外回馈、参与、活动，对内组织、管理、教育。能够使员工对企业理念形成共识，培养敬业精神，进而增强企业的凝聚力，改善企业机制，贯穿于企业运作的各个环节，涵盖广泛，在帮助大众建立对企业的认知和信任方面起着关键作用。它以企业经营理念为基础，指导员工的行为与活动，具有独特性、策略性与一贯性等特点。行为识别包括对内与对外两部分，对内涉及行为规范、干部和员工教育、工作环境、员工福利、质量管理等内容。对外的行为识别主要包括产品开发、产品服务、品牌推广、市场调研、广告宣传、营销促销、流通政策、公共关系以及公益活动等内容。BIS 能够使员工对企业理念形成共识，培养敬业精神，进而增强企业的凝聚力，改善企业机制。总体来说，行为识别系统动态地贯穿于企业运作的各个环节，涵盖广泛，在帮助大众建立对企业的认知和信任方面起着关键作用。

（3）视觉识别系统（visual identity system，VIS），是指企业识别或品牌识别的视觉化，是企业在 MIS、BIS 的基础上向外界传达的整个视觉形象系统。在整个企业识别系统里，VIS 以最直观的方式展现着企业的个性与精神面貌，有效地对外界产生着影响。VIS 是静态的识别系统，具有具体化、可视化的传达形式，项目最多，层面最广，效果直接。

VIS包括企业在品牌推广中的各类视觉信息设计，如标识、字体、标准色、图形和包装等的视觉设计和运用。这些具有强烈冲击力的视觉符号和外观形象，经过系统化、标准化的设计后，形成整体的视觉传达系统，进而塑造出企业独特的品牌形象。

构成CIS的MIS、BIS、VIS相辅相成，组成一个统一的整体。其中MIS是灵魂，扮演着策划者的角色，负责引导企业的发展方向，是企业在长期发展过程中形成的具有独特个性的价值观体系，也是导入CIS的核心与原动力，是企业内涵的集中表现。而BIS则如同企业的手，扮演着执行者的角色。BIS是MIS的行为化延伸和拓展，它将理念上的MIS扩展至各类动态的企业活动中。BIS直接反映着MIS的特性，是动态的企业识别过程，有助于企业理念的落实。VIS是企业的脸面，扮演着外交官的角色，其整体形象和气质须与企业的理念和行为相符。VIS的实质是将企业理念、文化特质（MIS）和服务内容（BIS）等抽象理念转化为具体的视觉符号，并应用于企业的生产经营活动之中。因此，在整个CIS中，理念识别是视觉识别的精神内涵，如果没有精神理念，VIS设计只能是简单的装饰品；而如果没有视觉识别，理念识别也无法有效地表达和传递企业的精神。以MIS为主导的BIS、VIS的设计开发需要建立在规范化和创新性的基础上，只有以共同的理念和准则来策划、设计、导入并实施管理，才能保证CIS战略运作的完整性和可实施性。

CIS一直处在不断变化的社会生产力所造就的社会结构之中，是一种企业发展策略，以其独特性表达着企业的附加价值。综上所述，CIS的建立有助于推广企业的良好形象。作为现代企业发展战略，CIS的发展呈现均衡特征，为构筑完美企业形象提供了充足保障。那么CIS如何助力企业树立良好形象呢？SMCR传播模式给出了更清晰的解释（图2-9）。该模式涵盖了资源（source）、传播媒体（media）、设计符码（code）和接收群（receiver）四个方面。可以说，CIS是企业各种资源整合和表达的方式，也是从无形到有

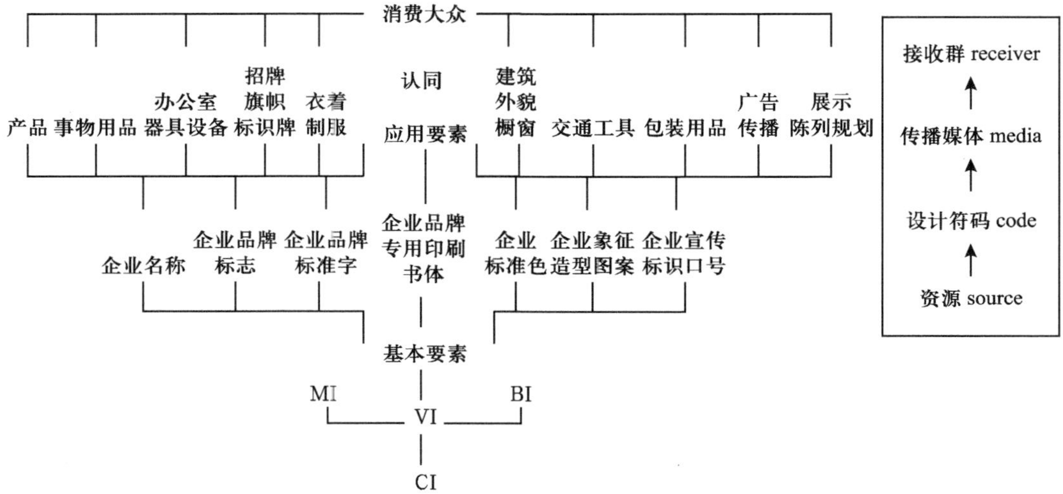

图2-9 SMCR传播模式

资料来源：陈绘．VI设计［M］．北京：北京大学出版社，2017：3.

形的转变过程。企业性质、出售的产品及其销售方式等内容在一定程度上决定了设计符码的形式。符码表现为企业的基本要素和应用要素两部分，既在视觉上也在行为上统一了团队。设计符码在各类综合资源中展示出来，并通过基础要素和应用要素来体现，设计成果在各种传播媒介中影响大众消费，最终获得大众认同，从而推广企业的良好形象。

3. 企业识别系统理论的特点

CIS 以企业定位或企业经营为核心，为包括企业内部管理、对外关系活动、广告宣传以及其他以视觉和音响为手段的宣传活动在内的各个方面，进行组织化、系统化、统一的综合设计，力求使企业诸方面以一种统一的形态显现于社会大众面前，产生出良好的企业形象。通过一系列的形象设计，将企业的经营理念、行为规范和视觉识别有序地传达给社会公众，并被社会公众认识、认同和内化。

该理论强调从企业的经营管理理念到企业的精神文化，从企业员工的个体行为到企业组织的对外传播活动，从企业传播的视觉识别的基础要素到对所有应用要素予以整合、规划，旨在建构具有高度统一性、独特性和可识别性的企业识别系统，以利于树立起完整而又极富个性的企业形象，并通过对企业内部和外部的一致传播，促进企业内部员工和外部消费者对企业经营理念的全面认同，进而达成提升企业市场地位、提高企业经营业绩的目的。

CIS 具有以下特点。

（1）系统性。CIS 是企业形象整体、综合、系统的定位，是企业外部形象与内部形象系统、表层形象系统与深层形象系统、视觉识别系统与行为和理念识别系统等的有效整合。CIS 各部分只有在统一的形象目标指导下才能规范、准确地表现系统形象。

（2）统一性。企业形象是企业内部诸多因素构成的统一体和集中表现，是一个有机的整体，如企业员工的形象、产品或服务的形象等，这些因素之间具有内在的必然联系。在企业形象策划过程中，应将企业的外观形象和内在精神的方方面面确定为统一形象，并努力获取内外人员对此形象的一致认同。

（3）差异性。差异性不仅是企业相关组织或个人识别的基础，也是企业在激烈竞争的市场中的立身之本。这种差异性既体现在企业的视觉标识上，也表现在企业的产品、经营目标、企业文化的发展战略上。

（4）传播性。企业形象可以通过各种传播渠道从某一类公众传送给另一类公众。成功的企业都善于通过对企业形象的整体规划，以一套强有力的识别系统，传递出企业明确的诉求信息，进而引起消费者的共鸣与回馈。信息传播的正确性和有效性是企业形象策划成功的关键。

（5）稳定性。企业形象策划的基本点是企业的长远利益。企业形象的社会认知度及影响力的培育需要企业具有相对长期、持久的稳定形象。因此，企业形象一旦形成，便表现出相对稳定性，才能凸显企业的竞争优势，传达有效且高品质的企业信息，以优秀的企业形象体现企业与众不同的存在价值。

（6）操作性。CIS 要想在企业内外得到有效贯彻，必须实行标准化管理，强调操作的科学性、规范性。如标准字、标准色的使用都有严格的限制和规定，以保证系统在任何时间、地点所发布的信息都具有实际意义上的操作依据，从而达到维护企业形象的统一和整体面貌的目的。

（7）动态性。尽管企业形象具有相对稳定性，但这种稳定性并不意味着不可改变，而是灵活且具有调适性的。随着企业内部因素和外部环境的改变，为了顺应时代进步要求，企业形象也会随之发生变化。只要变化足够大、时间足够长，并且这些变化正好是公众瞩目和关注的，那么企业的态度和舆论就会发生巨大变化。

4. 企业识别系统理论的功能

（1）识别功能。CIS是企业用以象征自身文化、经营理念和职业特征的特定形象组合。在视觉上必须具备造型语言的原创性、独特性，以形成企业间的差异性和视觉上的识别性。CIS通过有序的组织过程，将具有鲜明个性和强烈冲击力的视觉符号，及一切有效的视觉产品形态、企业的精神文化、企业经营的内容、产品的特性等信息，以直接有效的方式传递给市场，使消费者在接触中掌握其传达内容，达成识别与认知的目的，从而在消费者面临选择时成为促成购买的“导火线”。

（2）管理功能。CIS从经营理念层次使企业员工的思想意识、价值观念统一于企业的整体目标；使企业员工的行为、企业的公共关系通过系统化的整合，体现出清晰、高效的面貌；使企业凝聚力和吸引力增强；使企业成员团结在组织内，形成强大的对外力量。

（3）传播功能。CIS的推广是一整套科学、严谨的形象组合表现，使用一系列标准化的形象符号，在不同载体、不同环境、不同时间进行同一性的发散应用，有利于企业在复杂多变的市场环境中树立自身鲜明的形象，以独特的形象来突出与众不同的企业存在价值，进而引起消费者的共鸣与回应。

（4）应变功能。市场机制、市场环境和流行导向都在不停变化，企业作为社会的组织分支，必然会受到社会流行观念和文化意识的影响和制约。企业在推行CIS时，应重视收集企业内外相关信息，及时适应各种可能的变化。另外，不同地点、不同习惯和风俗的差异也会影响既定方案的实施。在保持基本属性的前提下，针对市场的变化进行调节，保持充分弹性，才能实现有效的动态管理。

（5）文化教育功能。企业总体素质的提高应当是CIS实施的关键目标之一。通过大量广泛的宣传教育，强化员工的归属意识、参与意识，培养其对企业的责任感和自豪感，是企业内部产生凝聚力的基础，也是提高员工素质的必要手段。

第二节　整合营销传播理论

一、整合营销传播理论的产生

受营销和传播环境改变的影响，广告史上有过两次重大的产业转型：第一次是19世纪中后期，广告产业确立了以策划和创意为核心的专业化转型；第二次是20世纪八九十年代，广告公司的业务向整合营销传播迈进，开始了广告产业的战略化转型。关于整合营销传播的提出和发展，本章从信息建设背景和标志性事件两大方面来阐述。

首先是信息建设背景。从早期商业实践到19世纪中下叶，出现林林总总的产品推广方法，从最初的单一方法实践到整合了不同方法的产品推广，孕育了整合营销传播的理念。“便士报”革命在使美国报业完成了向大众化、通俗化飞跃的同时，开启了现代公关时代。19世纪下半叶到20世纪初，随着电影（1895年）、广播（1906年）、电视（1926年）、录像、卫星通信、电子计算机等电子通信设备的发明创造，以及光导纤维技术的运用，广告传播逐步迈入现代化电子技术时代，随着“大众传播媒体组合”格局的形成，新的广告形式不断产生。20世纪末至21世纪初，发达国家经济形势逐步复苏、经济全球进程加速、信息高速公路建设起步。随后，信息高速公路的贯通，为全球第一批互联网企业的诞生奠定了坚实的硬件基础。如亚马逊（1995年）、谷歌（1998年）、阿里巴巴（1999年）等网络企业的横空出世，电子商务平台建设的探索、搜索引擎营销的悄然起步。同时，消费者的购买行为开始由计算机记录，这为21世纪的客户关系管理、数据库营销、精准营销等整合营销传播的基础理论铺垫了重要的实践基础。

其次是标志性事件。相应地，在19世纪中下叶，工业革命将人类商业实践推向成熟，“便士报”运动使得媒体公关宣传的运用初露端倪，这个时代孕育着早期整合营销传播的雏形，正如接下来要介绍的雀巢公司的多种推广实践。19世纪末到20世纪末，大众媒体的涌现、广告学与营销学的成熟，使整合营销传播学科应运而生。业界和学术界共同促成了整合营销传播概念雏形的完善。1989年，美国广告代理协会与西北大学麦迪尔新闻学院联手实施了第一个IMC研究项目，提出了“将‘战术性营销传播调整、控制活动’发展成为‘战略性、可测量、顾客导向’的整合性营销传播的计划方法”。1991年，美国广告代理协会给出了早期的整合营销传播定义：“这是一个营销传播计划的概念，要求充分认识用来制订综合计划时所使用的各种带来附加价值的传播手段——如普通广告、直接反应广告、销售促进和公共关系——并将之结合，提供具有良好清晰度、连贯性的信息，使传播影响力最大化。”

如前所述，19世纪中下叶的雀巢公司，为了促进其产品在本土以外的地区销售，“整合”了包括广告、展示厅、宣传手册、公共关系等不同的方法进行产品推广的实践（具体见图2-10~图2-12），可以说是整合营销传播的原始雏形。直到1993年，整合营销传播之父——美国西北大学教授唐·舒尔茨（Don E. Schultz）推出《整合营销传播：因整合而有效》的权威著作，标志着整合营销传播作为一门学科的成立。

二、整合营销传播理论的核心内容

1. 整合营销传播的内涵

1993年，唐·舒尔茨对整合营销传播（integrated marketing communications，IMC）提出“把品牌等与企业的所有接触点作为信息传达渠道，以影响消费者的购买行为为目标，是从消费者出发，运用多种手段进行传播的过程”的定义。2000年，唐·舒尔

图 2-10　1898 年雀巢工厂为游客设置接待处和展示间

资料来源：薛可，陈俊，余明阳．整合营销传播学：移动互联网时代的 IMC 新论［M］．上海：上海交通大学出版社，2019：31.

图 2-11　1868—1883 年雀巢公司多个国家的报纸广告

资料来源：薛可，陈俊，余明阳．整合营销传播学：移动互联网时代的 IMC 新论［M］．上海：上海交通大学出版社，2019：31.

图 2-12　1893 年雀巢在法国的广告卡

资料来源：薛可，陈俊，余明阳．整合营销传播学：移动互联网时代的 IMC 新论［M］．上海：上海交通大学出版社，2019：31.

茨提出 IMC 是一种战略经营流程，用于长期规划、发展、执行并用于评估那些协调一致的、可衡量的、有说服力的品牌传播计划，是以消费者、客户、潜在客户和其他内外相关目标群体为受众，并在杰罗姆·麦卡锡（Jerome Mccarthy）的 4P 观念和罗伯特·劳特朋（Robert Lauterborn）的 4C 观念的基础上提出了 5Rs 框架：强调与顾客建立关联（relevance）、注重顾客感受（receptivity）、提高市场反应速度（responsive）、关系营销的重要性（relationship）、赞赏与回报（recognition），阐述了一个全新的 IMC 五要素。由此，IMC 理论已经发展为以整合观念和传播手段为核心的全面整合的新管理范式。强调广告的目的不再是提升所谓的销售效果，而是为建立消费者关系而进行有效的沟通，营销的核心应该从交易转向顾客关系的建立。

2019 年，国内学者薛可整合了策略、受众、流程和关系四个视角，全面阐述了整合营销传播的定义。明确 IMC 的内涵是在变化的市场环境中，基于对目标市场受众与利益相关者的分析，进行沟通信息的设计、运用多样的信息传播方式、整合丰富的信息传播接触点，同时对传播效果进行评估监控以不断做出改进，从而实现低成本、高效率的战略规划与策略实施。

第一，“策略整合”的视角。整合营销传播策略要运用多样化的信息传播方式（包括广告、人员推销、销售促进、公共关系、直销等），并整合丰富的信息传播接触点（包括大众媒体、网络媒体、新媒体等各式各样的品牌接触点）；除此之外，整合营销传播策略中包含沟通信息的设计，即如何通过融合包括文字、图片、音乐、门店、场景、故事等不同要素整合的传播内容设计，以符合目标受众认知的方式，来准确而又丰富地表达品牌理念、演绎品牌形象。

第二，“聚焦受众”的视角。整合营销传播策略的设计需要适应变化的外部环境，顺应时代并给客户留下印象；同时整合营销传播策略设计需要依据目标市场受众的特点，目的是吸引受众、说服受众，从而达到价值交换的营销目的。

第三，“整体流程”的视角。整合营销传播策略的实施过程中需对市场表现、顾客认知、品牌资产等方面的传播效果进行监测和评估，以进行改进与优化。同时，整合营销传播策略强调成本的预测与控制，进行信息传播方式和传播渠道“整合”最主要的原因之一是提高费用使用的“效率”，即在达到营销目标的前提下，争取以更低的成本与消费者沟通。

第四，“关系利益人”的视角。整合营销传播的传播客体不仅局限于目标消费者群体，还须扩展到“关系利益人”的范畴，即在相应的市场环境下，将包括消费者、顾客、潜在顾客、公众、内部员工、股东、银行、媒体、供货商、社区等在内的群体作为传播对象，并基于此进行策略组合的设计与实施。

2. 整合营销传播理论的经典模型

1993 年出版的《整合营销传播：因整合而有效》中提出了舒尔茨—田纳本—劳特朋模型，对整合营销传播进行了详细的阐述，具体如图 2-13 所示。该模型将整合营销传播分为五个步骤：发展数据库、消费者细分、接触管理、制定沟通战略和选择传播战术。该模型体现了“传播战术”在营销中的重要性：营销即传播，传播即营销，二者密不可分。同时，整合营销传播“战术”取决于消费者细分、顾客接触点、沟通战略、外部环境等“营销战略”方面的要素。整体上，该模型强调了消费者细分的基础，明确了沟通战略的导向，嫁接了接触管理的理念，并整合了诸多的沟通方法，形成了整合营销传播的基本框架。

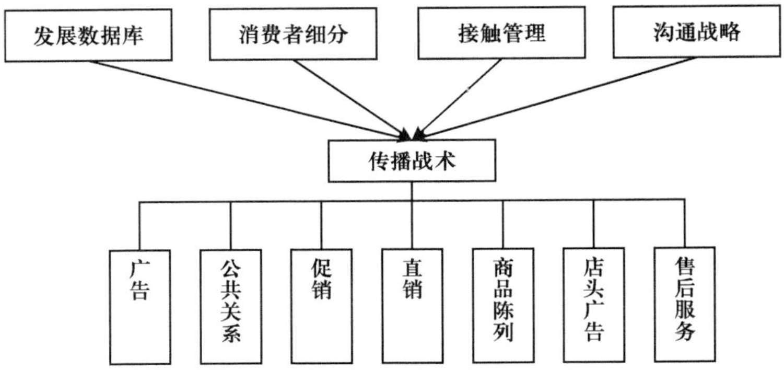

图 2-13　IMC 一般经典模型

资料来源：SCHULTZ D.E，TANNENBAUM S，LAUTERBORN R F. Integrated Marketing Communications [M]. New York：McGraw-Hill，1993：15.

3. 整合营销传播理论的核心内容

从根本上来说，整合营销传播是统筹运用各种传播方式并形成最佳组合，以特定的目标群体为传播对象，传送基本一致的营销信息，促进联系和沟通的系统传播活动。整合营销传播理论的内涵是：以消费者为核心，重组企业行为和市场行为，综合协调使用各种形式的传播方式，以统一的目标和统一的传播形象来传递一致的产品信息，实现与消费者的双向沟通，迅速树立产品品牌在消费者心目中的地位，建立长期关系，从而更有效地达到广告传播目标。其核心内容可以概括为以下五个方面。

第一，IMC 的核心和出发点是消费者。传播过程起始于消费者。整合营销传播的过程应该开始于现实消费者或者潜在消费者，然后再由这些消费者回到品牌传播者，以此决定采取怎样的媒介形式将相关信息告知现实消费者或潜在消费者，以说服并引导他们采取品牌传播者所期待的行为。

第二，IMC 的重点是如何通过各种传播活动（如广告、公共关系、直邮等）创造一个统一的组织形象，也就是所谓的“一种形象，一个声音”（one sight one sound），即营销传播的一元化策略。有效的整合营销传播需要使用各种各样的传播形式以及所有可能的顾客接触方式来作为潜在的信息传播渠道。要将对消费者可能产生影响的所有媒介组合起来，以对消费者形成一个立体传播攻势，从而使消费者能够全方位接触到相关的品牌信息。

第三，IMC 的策略应当采取一种双向沟通策略。整合营销传播是一个关于营销沟通计划的概念，一方面把广告、促销、公关、直销、包装、新闻媒体等一切传播活动都涵盖到营销活动的范围之内，另一方面则使企业能够将统一的传播资讯传达给消费者。

第四，IMC 的目的是要建立与消费者以及其他利益相关者的一种持久的亲密关系。在现代激烈的市场环境下，关系的建立是现代市场营销的关键，而整合营销传播又是建立关系的关键。这里所讲的关系是品牌和消费者之间持久的联系，这能够引起消费者的重复购买乃至对品牌的高度忠诚。

第五，IMC 认为营销即传播，传播即营销。营销传播的各要素必须协调共同发挥作用。信息和媒介的协调对树立一个有力而统一的品牌形象并促使消费者采取购买行为极其重要。企业借助信息技术的手段知晓什么样的消费者在使用自己的产品，从而建立完整的消费者资料库。如果所有的传播要素没有被很好地整合起来，那么不仅不能使消费者对品牌形成一个统一、明确的认知和印象，反而可能将消费者原本形成的品牌印象模糊化，从而淡化对品牌的记忆以及降低忠诚度。

三、整合营销传播的过程

从传播角度来看，IMC 过程包括以下五个步骤。

第一步，识别目标受众。细分数据库中的消费者和潜在消费者，可以依据品牌忠诚度，也可以依据其他可测量的购买行为（如重度使用客户等）进行细分。

第二步，找到顾客可能接触到公司、公司品牌的所有地方。分析用户信息，了解他们的态度、经历以及他们与品牌或产品产生交集的方式，明确与他们进行沟通的最佳渠道、时间和环境。

第三步，评估在不同购买阶段这些接触点的影响。在上述分析的基础上制订出营销目标，这些营销目标与创造和保持产品使用率或培育品牌忠诚度有关。

第四步，将公司所有信息、形象都捆绑在一起（同样的信息、外观、感觉）。策划者要辨别哪些品牌联系和态度变化才能支持消费者保持原状或改变购买行为。

第五步，传递关于组织和其品牌的清晰、一致、令人信服的信息。策划者决定用其他哪些营销组合要素（价格、产品、分销）来进一步鼓励消费者采取广告主预期的行为。策划者要明确运用哪些传播战术（媒介广告、直复营销、宣传、销售推广、特别活动等）来建立联系并影响消费者的行为。

按照上述模式，策划者只有在了解消费者和潜在消费者以及传播内容的基础上，才能确定目标，因此所有营销活动实质上被转换成传播，而所有传播形式又被赋予了营销的内容。所以接触点管理是 IMC 的新概念，而一致性是 IMC 的难题。

四、整合营销传播理论的意义与数字困境

1. 整合营销传播理论的意义

不论从内容、过程，还是后续学者对 IMC 的丰富和发展，可以看出以 IMC 为标识的广告理论发生了很大变化，并得到了全方位拓展，主要表现在：第一，从广告到

IMC，由广而告之的促销工具变为全方位的沟通；第二，沟通环节从促销环节拓展到4P等全方位；第三，从以大众传播媒体为主的人为接触拓展到人为接触和人际沟通的自发接触并重的接触点管理；第四，从4P到4C的转变，是从“销售主义”向“关系主义”的转变，是从“销售主义”向“品牌主义”的转化；第五，数据库和测量指标朝精细化方向发展。

2. 整合营销传播理论的数字困境

在全球化、信息化的背景下，整合营销传播经受了实践的检验。随着互联网技术的突飞猛进，受众接触媒体的迅猛变化，这一阶段整合营销传播的概念与理论进入了数字时代。信息的数字化和网络化，将整合营销传播在消费者与品牌之间的连接变得极为不同。数字时代，IMC也迎来困境与挑战，具体如下。

（1）目标市场更加多元化、复杂化。信息高速公路贯通以后，全球的信息技术突飞猛进，电子商务从B2B、B2C到C2C模式，都日益成熟并迅速发展。在这个时代，任何一个终端都可以影响世界，世界变得前所未有的“平坦”。数字时代日新月异的信息技术，使得贸易全球化变得前所未有的便利，在跨国贸易量提升的背景之下，各个企业的目标市场更加多元化、复杂化，如何运用先进的技术传播“一种形象，一个声音”的整合营销传播任务，显得尤为重要。

（2）媒体碎片化。数字时代也带来了势不可当的媒体碎片化趋势。从信息传播媒介角度来说，“碎片化”意味着单一媒体垄断的时代已经一去不复返，取而代之的是多种媒介共生共荣。从市场营销学的角度来看，这是大众市场的瓦解和小众的细分市场（分众市场或分众营销）的崛起；从消费者角度来说，这是一个消费者追求自我、追求个性的必然结果；从品牌营销传播主体（企业）的角度来说，就必须根据市场环境的变化，采用更为精准的分众品牌营销传播策略。新媒体技术重构了企业与顾客、企业与公众、公众与顾客、顾客与顾客等方面的多维互动关系与品牌接触点体系。数字媒体所具备的突出特点——小众化、个性化等，极大地迎合了受众的喜好，因此，数字媒体的替代效应逐渐增强，这也意味着企业在整合营销传播时面临着转型失败的风险。毋庸置疑的是，数字媒体独特的信息传播方式在潜移默化中对受众的接触习惯和接触行为产生了很大的影响。

因此，整合营销传播应该体现出符合融媒体时代碎片化的形态。融媒体的发展使企业在整合营销传播过程中可使用的手段变得更加多样化。公众传播、数据库营销、精准营销、口碑营销和形象营销等营销手段并不是相互孤立存在的。在整合营销传播过程中，为了使营销传播效果最大化，企业可通过探寻这些营销手段之间的联系，并在此基础上将各种营销手段巧妙地整合起来。同时，数字媒体也为消费者越来越强的参与需求和表达需求提供了平台，极大地满足了广告主与消费者之间互动沟通的需求。在这个崇尚体验、参与和个性化的时代，数字媒体迎合了现代营销观念，与消费者的沟通更加便捷，更容易构建关系营销，有利于营销传播活动的开展和企业品牌形象的建设。

实例 2-8

“intel inside”被认为是IMC实务的极佳范例，它有效地运用了IMC的要素，把整合营销传播做到了极其精致的程度。可以说，英特尔（Intel）成功地把制造商、渠道和消费者的信任赋予了芯片这个小部件。早期的英特尔作为计算机零件（主机板、系统、软件和芯片）制造商，成立于1968年。一个看不见的计算机内置的B2B产品，被做成了家喻户晓的消费者品牌。这是如何实现的呢？

◎ 在X86命名处理时代，利用广告营销拉动市场

1989年4月，英特尔认识到自己的微处理器386无法取代286，主因是终端消费者不会想要386所提供的强大运算能力，所以必须直接说服386微处理器才是终端消费者所需要的产品。因此，英特尔公司在报纸广告栏上将286黑体字画上红色“×”，报纸下一版面即出现386并引用文字说明它的优点，这一广告带动了386的销售。

◎ X86概念不断强化，X86成为行业标准概念，并不专属于英特尔

英特尔需要一个“保护伞品牌”（一系列产品共用的品牌）以涵盖所有类型的芯片。推出“它是‘英特尔，内置的计算机’（Intel. The Computer Inside）”的广告语。

◎ 英特尔成立合作基金，对于采用英特尔商标的PC商，英特尔分摊其广告成本

IBM、惠普、戴尔、联想、acer电脑外包装上都有“intel inside”。广告中也打出这个口号。英特尔迅速成为曝光率最高的品牌之一。英特尔通过联盟电脑公司，把电脑部件直接与用户连接起来，以“intel inside”为标识，显示品牌的“品质、可靠、技术领导”。

“intel inside”以相同的外观造型、图形要素，一致色彩和感觉出现在英特尔所有的广告、包装、直销和公共关系活动中，不论针对员工、股东的内部传播还是针对消费者、电脑制造商、分销系统、金融结构、所在社区的外部传播，这一标识都起到了协调一致的作用，在策略层面上把所有的接触点、关系利益人都整合起来，做到最大限度一致的沟通。

不仅如此，英特尔的IMC还在纵向上保持了良好的连贯。多年的广告保持了相同的广告风格，坚持“一种形象，一个声音”的策略。作为普通消费者，我们可能都比较熟悉各家电脑品牌电视或电台广告中的当当曲、“intel inside”标识（如图2-14）和电视广告。它们在不同的接触点上，都在用一个声音传递英特尔品牌的“品质、可靠、技术领导”的统一形象。

图2-14　英特尔标识

资料来源：蔡勇．消费者发现与主体性缺席：现代广告理论及运用史评［M］．北京：中国传媒大学出版社，2008：119.

在这样的整合营销传播过程中，英特尔收获了不菲的成绩：1992年是“intel inside”品牌树立后的第一个完整年，公司的全球销售额增长了63%。2002年，Businessweek的全球100强品牌中，英特尔位居第五，品牌价值306亿美元。

对英特尔整合营销传播的成功案例进行总结，主要有两点：①英特尔的“intel inside”易于识别、含义清晰，不仅给消费者提供极富特色的识别线索，而且为他们提供技术上的担保（只要找到“intel inside”，就找到了最先进的芯片和最可靠的技术保证），暗示这个品牌代表最优秀的电脑；②英特尔把这一标识贯穿到它的整个营销传播过程中，在策略层面上把所有接触点、关系利益人都整合起来，做到最大限度的融合，从横向上把一致性做到极致，在纵向上保持了良好的连贯。

第三节　技术变革下的广告理论

一、协商品牌理论

1. 协商品牌理论的产生

2019年，唐·舒尔茨（Don Schultz）提出协商品牌理论（negotiated brand）[①]，沃顿商学院杰里·约拉姆·温德（Jerry Yoram Wind）提出超越广告（beyond advertising）理论，他们不约而同地重设研究框架于品牌视角之外。协商品牌理论的形成源于欧洲服务营销学派的服务主导逻辑（service dominant logic，SDL）理论的发展，以及包括中国在内的亚洲国家快速发展实践。近年来，数字环境赋予了消费者权力，品牌接触点的倍增，数字环境中消费者信息访问的增加，使得传播控制权从营销者手上转移到消费者手上。社交媒体和品牌社区的发展意味着消费者可以影响他人的决策，并干预公司核心产品（价值主张）的发展，消费者变得更加活跃。

2. 协商品牌理论的核心观点

服务体验营销的理论前沿推进到服务主导逻辑，与舒尔茨整合营销传播理论3.0紧密融合，形成一种新型的合作品牌结构，舒尔茨将其定义为协商品牌。协商品牌可以描述为公司、客户和其他感兴趣的角色整合其资源并通过传播来协调相互位置以发展品牌，为所有相关者创造共同价值的过程。协商品牌是持续增量调整的结果，其价值是由公司、客户和其他参与者协作产生的。协商过程是动态的，不同条件促成不同的品牌结构，协商的品牌结构可能对某些类型的组织而言更加成熟和可取。这包括将品牌整合到消费者生活中，从而创造基于情感的消费者—品牌关系，提高品牌培养“生成体验”的可能性，即消费者参与品牌体验。品牌不仅是通过二元关系（企业—个

① VOLLERO A，SCHULTZ D E，SIANO A. IMC in digitally-empowering contexts: the emerging role of negotiated brands［J］. International Journal of Advertising，2019，38（3）：428-449.

体消费者）创建的，还通过与不同利益相关者的多次互动，也即“多个”沟通渠道和“多个”关于品牌的“多个”参与者之间的持续互动和对话。

（1）以服务主导逻辑为基础。舒尔茨认为，品牌价值主要产生在顾客的心中（意识、联想、忠诚度等），这标志着传统的商品主导逻辑转向了服务主导逻辑。服务主导逻辑试图解释公司和消费者如何通过“以服务换服务”的交换过程来创造价值。通过采用服务主导逻辑和价值共创（co-creation）方法，营销传播、品牌意义和品牌整体正在向协作逻辑趋同。

（2）多维 IMC 的实现方法。舒尔茨率先提出了“接触点”概念，用来描述品牌和渠道服务用户的不同层面的营销组合。结合汤姆·邓肯（Tom Duncan）提出的“万物传播”，不仅包含营销组合的所有方面，还涉及与消费者之间的每一个接触点，并暗示任何主题都可以承载、传递相应的品牌信息。不同的消费者权力来源推动了从线性到多维 IMC 方法的转变，其特点是营销组织需要管理多个传播渠道和品牌接触点系统，包括公司发起和消费者控制部分，这些都是相互关联的。企业从企业控制的沟通组合转向混合型沟通组合，因为消费者“创建自己的营销和品牌接触系统，无论是积极的还是消极的，并与其他人分享”。因此，IMC 作为资源整合和谈判过程，是促进服务换服务的基础。IMC 不再限于营销组合中孤立的促销组合，而是覆盖了接触点业务链路的全部，通向了无缝衔接的服务体验。

（3）价值共创的实施路径。“价值共创是通过交换的互惠性以及促进这种交流的共享机构的存在来体现的”（Vargo 和 Lusch，2016）。根据这一逻辑，互惠和相互承诺可以被解释为多维度 IMC 中新兴的机构，因为它们在价值创造和服务交换中发挥着核心作用。这在数字环境中尤为明显，其中企业与消费者之间的权力不平衡消失，甚至颠覆。互惠逻辑对传统 IMC 中只考虑从单一企业视角产生的通信努力结果进行测量提出了重要挑战。从多维度 IMC 的角度看，营销代理人促进和调解与个体消费者和社区的互动、对话和叙述，以共同创造品牌，并有责任保证和评估交流的公平性。可以说，公平的互惠对于品牌建设至关重要。

3. 协商品牌理论的传播组合策略

无论是人际、网站、手机应用还是其他任何形式的传播，消费者一旦使用，就像与品牌直接互动和接触。客户有机会比较他们以前对品牌的看法，形成一套新的观点。最终协商品牌理论产生了四种传播组合策略。

（1）转向以用户社群为中心。在相互关联的互动场景中，仅仅基于内部资源优化的战略传播已经不能满足企业的需求，管理者必须拥有一种不同的文化心态，即接受与各种消费者群体的品牌和品牌要求的谈判。外部社区是特殊环境，可实现“使用中的传播”，即客户整合各种来源的消息和接触点。

（2）“刻意加工”到新兴战略。在交互式市场中，IMC 战略的时间框架不仅更短，而且由于与授权消费者的互动，与初始设计相比也可能发生变化。通过特定品牌接触点进行的沟通和随后的品牌协商资源整合，促进了价值共创。在交互式市场中，战略传播过程需要既灵活又开放，而传播管理者也需要时刻保持警惕，以适应消费者的共同创造需求。灵活战略的过渡还应考虑到企业试图参与消费者主导的活动时出现的困难和风险。应该避免使用“命令与控制”的单向传播方法，而使用消费者真正喜欢和社交平台需要的浸合策略，才能满足用户数字化生活的要求。

（3）“纯粹”到“混合”的传播组合。当今，用户生成内容（UGC）带来的品牌社区对 IMC 越来越重要。公司和管理者对 UGC 的管理、创建和分发等举措必须与其他计划的传播行动完全整合。对于混合传播组合，可以设计倡议以培养社区精神和自下而上的创造力，刺激原始内容、想法和故事等的产生，从而扩大在顾客生活中品牌的传播。在内容营销中，消费者越来越被认为是创造“优秀”内容的重要一方，这种内容天生混合和“流动”，可能超出了公司的完全控制范围，但仍然可以自发地传播，因为它代表商业目标、品牌价值和消费者利益的融合。“混合”传播组合还意味着重新思考营销传播经理的角色。营销传播经理成为“内容生成和分发”的推动者，正好与互联网平台近年发展起来的“内容”推荐系统和广告竞价系统相得益彰，通过与多方的持续谈判维护一致的消费者体验。

（4）转向基于互惠的结果评估。传统的 IMC 措施似乎距离满足赋权消费者的需求和愿望还有很长的路要走。如果消费者最终整合了营销传播，就应该重点评估公司与其客户之间的互惠程度。评估互惠并不简单。公司观点是，过去营销人员只关注持续的品牌关系，如今如何通过协商和保持互惠程度来解决实际问题，似乎是协商品牌面临的关键问题。同样，新的研究方法和技术，如智能广告与营销技术、大数据分析等，可以用来帮助管理者收集新类型的数据，重新组合过多的社交媒体指标（例如追随者数量、点赞数、互动率、订阅收藏量等），这些指标重视互惠关系并超越交易关系。

4. 协商品牌理论的意义

舒尔茨认为协商品牌理论是不容错过的管理发展指南。协商品牌促进客户的观点在营销经理和整个营销部门的工作中的整合。这种新方法还有额外的管理含义，它面临的主要挑战是管理层对变革的抵制，因为他们仍抱有品牌控制可行和实用的错觉。对于强大的品牌方、经理人及习惯于对市场进行“命令和控制”的海外学者和传媒业者来说，这的确是一项挑战。营销传播的管理在于寻求一种均衡，使整合营销传播的规划和执行变得极为灵活。一些微小条件可以事先确定，其他决策则要与客户和其他相关参与者（例如宏观和微观影响者、品牌拥护者等）共同制定。

二、浸合理论

1. 浸合理论的产生

美国西北大学梅迪尔学院爱德华·马特豪斯（Edward Malthouse）是创新的浸合（engagement）理论的提出者，也是第一位使用闭环模型的广告学者，他研究了未来由接触点组织的品牌方与消费者关系。

2001年,《盖洛普商业杂志》发表文章《永恒的顾客》,最先提出了浸合营销的概念,文章认为单单使顾客满意无法使顾客忠诚,故提出顾客浸合。初次出现的浸合包含三个主要要素:总体满意度(overall satisfaction),再次购买的意愿(intent to repurchase),向他人推荐的意愿(intent to recommend)。顾客浸合营销曾被广泛地定义为"品牌与顾客之间的联系"。2006年,美国广告研究基金会(ARF)提出,顾客浸合是"超越媒体环境使事物理念加强的途径"。

美国西北大学凯洛格商学院鲍比·卡德(Bobby Calder)和梅迪尔学院爱德华·马特豪斯(Edward Malthouse)认为,顾客浸合的宗旨是产生"最佳的用户参与行为",即"使顾客像专业者一样思考,像创新者一样创造,像队友一样表现"。

2. 浸合理论的核心观点

(1)浸合理论依据媒体深度对体验进行分类,包括参与感、共同体验和特性体验。

参与感无须具体的体验内容,是指谈论和分享的体验。共同体验是指群体受众的通用体验和不同个体的特殊体验的整体水平。特性体验是指个人体验生成的特殊性,包括故事、情感、个人经历、隐性知识、不同理解等。这三种体验组成浸合系统,连接了不同受众,组成了受众信息接收和传播互动的核心过程。

(2)顾客浸合价值分为两类:顾客互动价值和顾客乘数价值。

顾客互动价值是指顾客与企业之间的交易关系,如购买、对企业的反馈,以及企业与顾客二元关系中的价值共同创造。除了顾客行动所产生的顾客互动价值,竞争优势也是通过(现有的或潜在的)顾客之间的行为关系而建立起来的。库玛和潘萨里据此提出"顾客浸合最终会导致竞争优势的增加"的观点。顾客乘数价值强调顾客之间的行动为公司的营销努力提供杠杆。例如推荐和其他正面的口头交流。如今的消费者自己选择消费哪些内容及何时、何地消费,他们选择是否跳过广告,他们决定是否、何时、何地与品牌或其他消费者展开对话。可以看到控制权已经转移到消费者身上,品牌必须受到消费者的邀请才能进入他们的生活。

3. 浸合的类型

(1)社区联结浸合。

人们参加在线社区的最基本原因是人类对自我表达的渴望,其他驱动因素包括:预期的互惠、提高声誉、效力感、执着或承诺。社交网络与早期的在线社区论坛有所不同,它是基于用户之间的关系——通常是从已经存在的关系开始融入现有的社会纽带,而不是专注于让彼此不认识的人聚在一起,因此社交网络得以迅速发展并拥有了巨大的忠诚用户群体,诞生了一种新的品牌关系。

社交网络中社区浸合的激励形式有:尽可能容易地参与,品牌需要权衡用户加入浸合的便利程度和对内容的喜爱程度;突出地传达政策和期望,要求注册和使用一致的用户ID,并允许用户创建个人资料,以便其他人了解用户;积极招募第一批参与者,增加网站内容和注册用户,提供从简单到复杂的不同参与选项,通常参与过程越耗时且复杂,浸合的人数就越少;奖励做出高质量贡献的人,创建对帖子或贡献者进行评分的系统；将虚拟世界连接到现实世界，在线交流可以通过面对面互动得到加强，反之亦然。

（2）“时移”体验浸合。

“时移”体验的本质是双重的。用户时移体验并不是为了获取信息，而是为了从繁忙中“撤退”和娱乐（所以叫“时移”）。对于将媒体行为分为“前倾”“积极浸合”和“后倾”“享受体验”的研究者，“时移”应用通常属于后一类。然而，在不反对这种拆分的情况下，必须承认时移，即超时体验可以两者兼之。最简单的“时移”就是用户忍不住想要中止负担较大的认知学习，跳到社交媒体、直播电商或数字娱乐中去放松一下。

事实上，从娱乐媒体中“自律”地恢复到学习工作场景，这属于“负熵”的主动控制者“时移”。“时移”，关系到互联网用户第一意图和兴趣广告及电商的增量意图，这项消费者旅程的研究意义重大。选择“时移”体验的子类别，包括在选择媒体中的“后退”或“迷失自我”的想法，也包括使用媒体缓解压力或简单地作为奖励。在一个拥挤不堪、让人分心的市场中，那些作为“时移”体验的品牌仍然需要吸引消费者选择它们的产品来度过休息时间。

了解用户的必然结果是“尽可能多地提供用户所需要的东西”。了解用户使用媒体浸合的原因之一，是要弄清楚如何利用品牌的媒体属性，将轻度用户转变成中度的持续使用的内容价值用户。让消费者从媒体体验中产生“后仰”与“前进”的部分原因，是现实和渴望的程度。虽然读者在阅读小红书时尚运动博主分享的内容时可能会“前倾”，但她在下一刻可能又想要举起勺子享受美味可口的巧克力蛋糕。总之，时尚是一种消费者的渴望。

（3）身份浸合。

人们消费的媒体会影响“我们是谁”的认知及其他人如何看待我们，形成“身份体验”。与身份体验相关的行为和感觉能够被甄别，但身份是复杂的，为了帮助人们充分理解身份体验，马特豪斯提出媒介浸合理论，借用了一些来自心理学领域特别是社会身份领域的理论。浸合理论显然已经得到了互联网平台企业的高度重视。未来数字商业的基础建立在活跃用户与品牌合作的意愿上，品牌要建立在数字身份浸合基础之上。

群体成员的数量并不是重要的因素。不断实现积极的社会认同，以及让消费者通过团体成员身份获得社会认同最为重要。也就是说，品牌可以利用这些群体使得消费者自我感觉良好。这意味着用户需要真的理解群体的概念才能完全理解身份体验。品牌群体之所以成为一个群体，是因为在这个环境中存在着其他群体，品牌群体被认为具有共同的特征或共同的命运。也就是说，消费者保持订阅的行为，意味着他们知道自己是品牌群体的成员，而不是其他群体的成员。

真正的挑战是保持专注——通过身份体验来吸引和维系用户，必须保证你的受众与每一个故事、每一种工具、每一个细节都有基于身份的联系。一旦商品华而不实，消费者就会认为你不了解他们，因此不属于他们的群体。

（4）友情浸合。

许多用户已经开始订阅收看关键意见领袖（KOL）直播，这似乎是再自然不过的事情。主播和他们的观众有一个契约，这是一种无声的协议，要求观众只做一件事——观看。作为交换，主播必须用简短、易于理解的语言提供有用和有意义的信息。此外，主播及其背后的团队必须提供来源可靠、经过审查、与观众相关的信息。作为这份契约的一部分，主播在节目内外的形象都要传达可信度，他们是社会的榜样。观众希望主播是真实的，换句话说，观众希望在屏幕上有爱心、值得信赖的主播在屏幕外也具有同样的品质。

如今直播电商主播和观众之间的关系建立在一种整体的信任感上。直播主播负责所有的内容谈话（以及商品），而观众只需“刷礼物”和进入直播间参与对话。这种形式打破了家长式主持。现在社交网站和直播电商正尝试更开放的对话，试图让用户感觉自己是驾驶者，而不是乘客。主播表达的赞美或者感激，是对用户平凡人生的很好激励。用户与主播的友情已经被证明是这种忠诚的组成部分。与主播的情谊在节目收视率的驱动因素中排名最高。当这种情谊与强烈的内容混合在一起时，观众就去看内容，因为他们觉得自己与故事和传递故事的专业人士都有联系。很快，顶级主播们都形成了自己强大的品牌。

面对主播吸引消费者，品牌应该如何创造一种让用户浸合的场景呢？这不是一个容易回答的问题。因为观众的品位、态度和需求各不相同。此外，主播在风格和内容上也有所不同。粉丝情感和价值观输出不是一刀切的，也不是放之四海而皆准的，主播与用户之间建立的情谊，在很大程度上是很难产业化生产出来的，它与主播的才智、美貌、个性、魅力等有关。更复杂的是，一种形式的友情会吸引一群特定的观众，也会让另一群观众失去兴趣。当品牌在运营内容营销的时候，不妨考虑代言人和品牌主播。中国广告人已经据此独立经营起新的主播品牌。新的主播品牌也在加入中国广告人的数字市场。

总之，由于浸合导致的细分用户市场的存在，品牌联结用户创造出新的机会，使它们能够在自己的市场中区别于其他机构。浸合应该对目标观众有强烈的吸引力。浸合需要时长和递进关系，因此品牌方不用担心非目标观众不喜欢它的品牌。

三、创意传播管理理论

1. 创意传播管理理论的产生

创意传播管理（creative communication management，CCM）理论是 2008 年陈刚教授在 IMC 等理论基础上创建的全新的数字广告理论。它继承和发展了整合营销传播指导数字时代的使命，舒尔茨曾对创意传播管理做出重点推荐，认为它有助于系统地梳理广告变化和帮助判断行业发展方向，对广告企业和行业发展具有很强的解释力。创意传播管理理论的发展背景恰好是 2010 年微博元年前后，我国数字营销传播环境发生了革命性的变化。4A 广告公司的理论模型更新到 AISAS 和 SIPS 后，逐渐缺乏创新，难以适应中国社交媒体和互联网应用“百花齐放”所创造的新兴数字营销市场。

互联网形成了新型的数字生活空间，传统营销传播环境中的企业和消费者关系，转变为生活服务者和生活者关系。正是由于生活服务者和生活者关系的变化，导致了营销传播模式的革命，促使中国营销传播脱离媒体传播时代，进入创意传播管理时代。

2. 创意传播管理理论的核心观点

创意传播管理的理论创新，是将创意设计、信息传播、营销管理跨领域地整合起来，体现 IMC 学派主张的营销传播革命推动数字市场发展的观点。2021 年，中国数字广告已经占据整体广告市场的 90%。创意传播管理突破传媒视角，明确主张企业需要管理变革，创建“沟通元”，创新服务，创造“数字生活空间”的终极营销场景，延伸 IMC 营销、传播和管理流程，形成引领数字生态企业和市场发展的营销传播理论。主要从新环境、新思路和新方法的角度来创建全新的数字广告理论，具体如下。

（1）新环境：数字生活空间。

创意传播管理理论系统地阐述了数字生活空间概念，包括数字生活者所关注的要素变化和特点等，重点论述了数字生活空间中的生活者与生活服务者的变化。创意传播管理要求企业全程参与式的随时反应，要求广告业承担更多责任，准备好随时随地提供可变策略，以适应消费者互动性的需求，这提醒广告营销者需要时刻保持学习状态。

创意传播管理理论首次提出广告主领导地位的“丧失”和技术“恐惧”具有相关性，预见了数字广告技术系统和营销技术系统的发展。数字生活空间里的广告传播重塑了企业营销传播的目的，以及产品促销和品牌构建的方向。创意传播管理理论认为企业要建立在数字生活空间进行反应的商品、品牌和信息运作机制。例如，直播时代和媒体信息海啸促使企业表达和生活者表达，企业的广告和品牌构建是由生活者参与、分享和共同创造的，企业和生活者关系在加强并走向协同。

（2）新思路：建设传播管理的企业职能机构。

创意传播管理理论建议企业必须对数字营销进行管理创新，例如设立专门的传播管理部门对传播进行管理，在此基础上开展创意传播。创意传播管理理论关注到企业营销运作的实际操作问题，认为传播管理需要提升到战略和管理层面，传播核心是对数字生活空间内容投放的监测和管理，互联网广告平台起到不可或缺的协调资源的作用。传播管理是成长性企业和新兴品牌的信息中枢，广告、公关和信息化建设应整合加入该组织，拓展其能力包括精准传播能力、创意传播能力、技术服务能力和综合管理能力。

传播管理分为内容管理（含品牌、产品、广告营销和流行文化）、策略管理和资源管理。传播管理要基于企业自主平台、数据库和精准传播的沟通管理。内容数据库和生活者数据库（用户数字化标签）是企业实现传播管理的两大基础数据库。创意传播管理坚定地认为传播管理的主体是企业，而不再是传统媒体平台。

（3）新方法：创意传播管理的创新“沟通元”。

创意传播管理的核心是持续创新和识别“沟通元”。沟通元是创意传播的起点，数字时代的大环境决定了营销传播必须有易识别、易记忆的文化单元。只有这样，产品才能在信息海洋中脱颖而出。沟通元是基于内容的文化单元，凝聚了生活者最感兴趣的内容和最易引发讨论和关注的流量话题。沟通元是帮助用户参与网络社群讨论的“社交货币”，其关键不在于贮藏，而在于能在传播者与生活者积极互动的过程中，不断延续、丰富和再造。沟通元包括互联网热点关注型沟通元、生活者制造型沟通元和主体传播型沟通元。

创意传播的起点是挖掘和塑造沟通元。营销首先要做的是使用自有传播资源、付费传播资源和社交传播资源，选择合适平台发送沟通元，发起创意传播。创意传播需要不断创新的内容沟通来激活生活者协同创意，必不可少的过程有生活者互动、刺激分享，延伸、协同众包，再创造、复制分享与扩散，等等。创意传播管理需要建立舆情监测分析和社交客户关系管理基础，控制创意传播风险，实时动态监测反馈，预备好危机应对策略。

因此，创意传播管理理论是对新的营销传播理念、新的产业结构和运营模式的思考，是对新媒体时代营销传播服务行业如何转型的思考。创意传播管理理论主要包括以下三个层面。

首先，传播管理。在新的传播环境中，要进行营销传播，首先要了解现有的传播中，与企业有关的信息和传播内容是什么。传播管理者首先要了解企业目前的信息和舆论环境，而且要发现和关注不断发生的信息变化。对危机性的信息迅速做出反应，并捕捉有利的信息点，以此展开新的传播活动，争取成为创意的资料和素材。同时，充分利用新的传播环境所提供的资源，利用数据库进行消费者行为的分析，根据互联网上的资料进行分析，为企业的营销传播提供支持。

其次，创意传播。由于互联网信息的海量化，如何吸引关注，影响目标对象，成为新营销传播的重中之重。没有创意，在这个环境中就等于没有传播，创意是新营销传播的核心。创意不再像传统广告行业那样局限于广告作品层面，而是已经深入到营销传播的各个层面。

最后，传播接触。如何与目标对象进行沟通是新的传播环境中企业遇到的难题。要产生传播效果，必须找到与目标对象沟通的渠道。传统的广告行业中，媒体是主要的沟通渠道，而在新的环境中，媒体已经零散化、碎片化了。新营销传播中的传播接触就是根据企业的预算，确定与目标对象的接触点，利用企业网站、公众传播、精准传播和口碑传播等各种方式组合，与消费者沟通。

3. 创意传播理论的意义

整合营销传播理论是创意传播管理理论的基础，创意传播管理理论是对整合营销传播理论的继承和发展。创意传播管理理论的提出标志着广告迈入数字化发展阶段，具有重要的里程碑意义。

（1）创意传播管理理论有助于系统地梳理广告变化和帮助判断行业发展方向，对广告企业和行业发展具有很强的解释力。该理论洞察到产业变化的因素，以及宏观环境推动本土创意传播管理服务公司的形成。具体来说，该理论关注到创意与技术的替代，传播者与客户的替代，管理与跨界融合的冲击。创意传播管理理论成功地预见了新型创意传播管理服务公司、综合代理商、中小型广告公司和数字营销传播服务公司在数字技术发展下的不同涨落趋势。

（2）创意传播管理理论在对数字生活空间的信息和内容梳理的基础上，形成传播管理策略。这一理论主张营销者要依托沟通元，通过多种形式，利用有效的传播资源触发、激活生活者参与分享、交流和再创造。如技术广告使用精准化传播，促使生活者转化为消费者并进行再传播扩散，在此过程中激励各方不断创造和积累有关产品和品牌的有影响力的、积极的内容。

第四节　计算广告理论

广告伴随着市场营销学的发展而发生着变化，20 世纪广告的发展表现出以下的规律。首先，营销传播理论的产生和发展，直接或间接地产生了纸上推销、硬性 / 软性推销、USP、ROI、4Pmix、市场细分、CIS、定位、品牌、IMC 等概念和理论。它们曾先后基于广告主、广告本体、消费者三个视角，通过对消费者市场的细分、结合不同行销方式、创意思维等手段，强调广告要吸引消费者注意，帮助消费者理解商品和信息，强化消费者对商品和信息的记忆，从而最终达到协调公司的营销战略、促进销售的目的。其次，从推销到 ROI 再到 IMC，经历了一个从广告主经广告本体向消费者本位转移的重心引动过程。再次，营销传播的理念也从“传者本位”（广告主→广告）转移到“受者本位”（消费者）上。21 世纪则进入到广告理论的变革与重构这一阶段。

实际上，舒尔茨教授认为传统广告理论不足以支撑起未来广告的定义或理论基础，这是导致广告行业一进入数字化时代和智能化时代就开始失去麦迪逊时代的光芒和理论基础的原因。广告发展和其他商业学科一样，实践的积累与知识谱系的建构休戚相关。互联网技术和个性化自媒体所带来的冲击，也会引发广告行业的新联想和兴奋点。行业实践需求和互联网知识的相互影响，是构成广告突破的动力。

一、计算广告的理论基础

1. 广告有效性原理

19 世纪美国零售巨头约翰 · 沃纳梅克（John Wanamaker）有一个著名论断：“我知道我的广告费浪费了一半，问题是我不知道哪一半被浪费了。”这一“沃纳梅克浪费率”的著名感叹，也反映了传统媒体广告在实现营销销售转化上的关键性瓶颈。实际上，过往广告研究代表广告主或广告代理一方的价值取向，追求利益最大化的“广告直接效果”，一直是广告研究的中心；然而，传统媒体广告的销售效果转化一直成为困扰广告人的核心问题；互联网广告具有互动性、低成本和个性化的优势，解决“沃纳梅克浪费率”是否有效，值得深思。

为了探讨用技术手段优化广告效果，首先要了解广告从用户接触开始是如何产生最终效果的。现有研究通过一个三段式信息传播模型来解剖广告由物理上产生到最终产生转化行为的全过程，广告转化的有效性模型如图 2–16 所示。广告的信息接收过程分为 3 个大阶段，即选择（selection）、解释（interpretation）与态度（attitude），或者进一步分解为 6 个子阶段，即曝光（exposure）、关注（attention）、理解（comprehension）、接受（acceptance）、保持（retention）与决策（decision）。

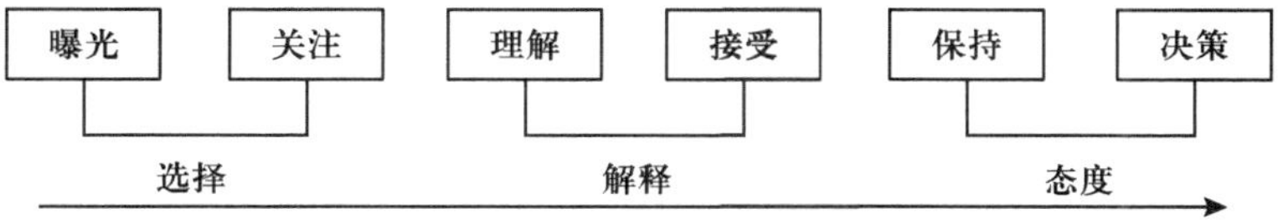

图 2–16　广告效果产生过程示意

资料来源：刘鹏，王超．计算广告：互联网商业变现的市场与技术［M］．3 版．北京：人民邮电出版社，2022：21.

（1）曝光阶段。这一阶段指的是广告物理上展示出来的过程，其有效程度往往与广告位的物理属性有关，并没有太多的通过技术优化的空间。在实际的广告实践中，因为曝光的有效性对最终结果的影响往往远高于其他技术性因素，所以才会有“位置为王”的说法。像纽约时代广场那组著名的广告牌，以及北京东三环贝瑞京信大厦外立面正对着东三环北路的广告牌，就有非常好的曝光效果。在互联网广告中，位置的影响有时会更加显著。如何从算法上消除由此带来的点击率的偏差是一个重要的实际问题。

（2）关注阶段。这一阶段指的是受众从物理上接触到广告，到意识上关注到它的过程。对广告而言，曝光并不一定意味着关注。如何提高关注阶段的效率呢？首先，尽量不要打断用户的任务。这一点是上下文定向的原理基础，也是讨论原生广告产品的出发点之一。当用户明确辨识出某个固定的广告位，并且不再认为它与当前网页的任务有关联时，他会下意识地屏蔽其内容。其次，明确传达向用户推送此广告的原因，这一点是手中定向广告创意优化的重要方向。最后，内容符合用户的兴趣或需求，这是行为定向的原理基础。

（3）理解阶段。用户关注到了广告的内容并不意味着他一定能理解广告传达的信息。如何提高理解阶段的效率呢？首先，广告内容要在用户理解的具体兴趣范围内，这说明真正精准的受众定向是多么重要；其次，要注意设定与关注程度相匹配的理解门槛。例如，在电视广告中，可以用有一定情节的短故事来宣传品牌；在路牌广告中，创意制作原则是将若干主要市场诉求都表达出来；而对于互联网广告，由于用户的关注程度非常低，应该集中强调一个主要诉求以吸引用户的注意力。

（4）接受阶段。受众理解了广告传达的信息，并不表示他认可这些信息。比“我知道有一半的广告预算浪费了”更糟的情况是，如果表达的信息不恰当，甚至可能有三分之一的广告展示起到负面效果！在使用幽默、性感这样非常规的广告手段时，要特别注意这一点。广告的上下文环境对广告的接受程度有着很大的影响，同一个广告出现在某游戏社区和门户网站首页，用户会倾向认为后者更具有说服力，这也就是优质媒体的品牌价值，在定向广告越来越普遍的今天，如何让合适的广告出现在合适的媒体上，即广告安全的问题，正在引起越来越多的关注。

（5）保持阶段。对于追求长期效果的品牌广告商，当然希望广告传达的信息给用户留下鲜明的记忆，以长时间影响他的选择。品牌广告商在创意设计上花了大量的精力提高这一阶段的效果。想想那些充满艺术性或浪漫气质的电视广告，就可以对此有直观的认识。

（6）决策阶段。成功广告的最终作用是带来用户的转化行为，虽然这一阶段已经离开了广告的业务范围，但好的广告还是能够为转化率的提高做好铺垫。特别是对于电商或团购业务，在强调哪些信息以打动对价格敏感的消费者方面，是有相当大的学问的。

可以肯定，越靠前的阶段，其效果对点击率的影响越大；而越靠后的阶段，其效果对转化率的影响越大。需要特别指出的是，以上各个阶段的划分绝非孤立和绝对的，而某一项具体的广告策略或技术，也往往会对几个阶段的效果同时产生影响。虽然有关广告有效性模型的讨论多见于传统广告的研究中，然而其规律也对在线广告，特别是定向广告的产品方向有很强的指导作用。

2. 计算广告的基本逻辑

计算广告旨在探索以计算的方式提高在线广告的效率，它构建了一个庞大的广告生态系统，由形形色色的参与者构成，如广告主、广告媒体、广告平台、广告技术公司、数据提供商、用户等。用户洞察、广告文本生成、媒体选择、效果检测等都纳入了计算广告的运作框架。“数据驱动的广告和可衡量的、有针对性的、基于数据的广告活动将日益成为广告的首选形式。”随着对消费者数据的利用和人工智能模型的发展，计算广告成为网络广告的主流形式。相对于传统广告，它在两个方面实现了重大突破：一方面是做到了定向投放，也就是对受众的选择实现了精准化或者相对精准化；另一方面让曾经无法度量的广告效果实现了量化测评。

计算广告的基本逻辑是匹配，主要体现在三个方面。

（1）计算广告是一种更加精细的传播。传统广告也被视为线下广告，广告信息包含在事先制作好的广告作品中，受众的甄别和选择只能通过媒体的不同、版面或频道的区别等方式来实现。从这个意义上说，传统广告的用户触达通常是粗放式的。计算广告中的广告信息可能是事先确定的（比如搜索广告中的关键词和程序化广告中预备好的广告），也可能是即时生成的（比如程序化广告中创意自动生成技术，这是程序化广告的进一步拓展），这里的受众是个体意义上的受众，他们的个体特征通过用户画像来刻画。计算广告依托的基础是各类数据和算法模型，因此广告信息和用户的连接是通过“匹配”的方式实现的。

（2）广告运作理念实现从群体到个体、从笼统到精准的转向。互联网把不计其数的个体连接起来，个体是互联网这个巨型网络结构上的基本单元。“个人化的发展、无线上网的便捷性、无所不在的互联网链接，这一切都促使网络化的个人主义成为社会的基础。”此外，互联网的发展，让个人在网络这个数字空间中无处遁形，个人的数字足迹成为不少机构的财富源泉，它们的制胜秘诀就是精准定向、千人千面的广告。

（3）广告运作决策从经验判断到量化计算的转向。在以往广告运作的决策中，主观的、感性的、经验的因素发挥着重大作用。随着社会向大数据社会、计算社会转型，在广告的运作中，广告主会更多地依赖客观的、理性的、数据的因素。

3. 计算广告的运作机制

计算广告追求的是特定用户在特定环境和适当广告之间的“最佳匹配”。由于计算广告和计算机系统的使用息息相关，借鉴计算机系统处理信息时的“输入—处理—输出”三个模块，在此基础上思考计算广告的运作过程，从这一视角来阐释计算广告的运作机制，如图 2-17 所示。

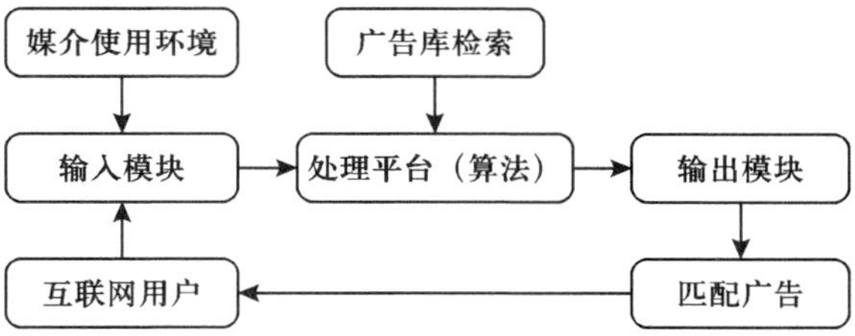

图 2-17 计算广告的运作机制

资料来源：尚彬，郑新刚．计算广告的兴起背景、运作机理和演进轨迹［J］．山东社会科学，2019，219（11）：164-169.

在计算广告的运作中，互联网用户（广告受众）和媒介使用环境（广告环境）可以被理解为复杂的数据集合，它们共同构成了输入模块。在处理模块中，作为主体的广告平台会对前面两个数据集合进行处理（不同的媒介，它们依托的广告平台通常也是不同的），同时会检索后台庞大的广告库。广告库中有大量的成品广告，或者仅仅是广告素材，它们在数据和算法的作用下能够快速生成广告。广告主可以随时对广告库中的广告和广告素材进行更新和替换。计算广告实施的过程也就是互联网用户数据集合、媒介使用环境数据集合和广告库三者交互、匹配的过程。在寻找“最佳匹配”的过程中，发挥作用的就是算法，算法犹如一个神奇的魔法师（很多人因此把算法视为不透明的黑箱），最终把匹配而来的、最合适的广告传送给用户。算法的核心功能是对相当繁多的数据进行分类、检索、排序和选择，最终把有价值的信息以匹配的方式呈现出来。

目前计算广告存在的突出问题是，侧重于从广告主角度考虑如何提高在线广告的效率，而对用户需求和用户体验的关注不够，比如广告数量过多、广告质量低下的情况尤为明显。

4. 计算广告的叠加演进

随着人工智能技术不断迈向更高水平，计算广告必将融入更为先进的人工智能技术，从而呈现出高度智能化的新特点。在未来，人工智能技术在广告领域若能获得更大的突破，计算广告将会演化为智能广告。根据吕尚彬和郑新刚（2019），智能广告是计算广告发展的高级阶段和高级形态。其是指依托互联网平台，运用大数据和人工智能等技术，针对特定用户及其所处的环境，在广告的创意、制作、投放、传播和互动诸环节实现自动化、精准化和智能化。

从时间维度来阐述计算广告的演进轨迹，具体如表 2-4 所示。需要说明的是，计算广告的演进是一种叠加而不是取代，这样计算广告在类型和形态方面就呈现出多元共存、互为补充的发展格局。今天的营销组织一定要适应快速的技术变革。在广告的运作流程上，改变过去计算广告先储存数据，再去分析数据的做法，而是将实时数据边采集边分析，赋予分析结果以极强的时效性并实时进行广告互动。

表 2-4　计算广告的叠加演进

	PC 互联网时代	移动互联网时代	人工智能时代
典型广告类型	竞价排名广告	信息流广告	智能广告
核心广告元素	文字为主，有少量图片	以图文结合为主	声音、视频
人机交互方式	键盘输入和鼠标点击	手指触摸和滑动	语言和动作
交互界面	电脑屏幕	手机屏幕	包括但不限于屏幕
广告精准程度	较低（同类广告较多）	中等（与上下文环境的融合）	较高（对用户需求的即时回应）
自动化程度	中等（需设置和购买关键词）	中等（需输入用户、广告、出价等数据）	较高（广告自动内容生成，即时呈现）
广告出现的依据	关键词	标签	即时数据
广告对用户的干扰	存在	存在	不存在

资料来源：吕尚彬，郑新刚．计算广告的兴起背景、运作机理和演进轨迹［J］．山东社会科学，2019，219（11）：164-169.

二、计算广告的核心内容

1. 计算广告的研究重心

PC 时代以及之前的经典广告是被动等待消费者观看，广告作用过程是“刺激—机体—反应”，广告研究的重点是内容如何刺激消费者的心理以及行为；计算广告则主动寻找目标消费者进行投放，广告作用过程变为“预测—匹配—迭代”，依赖数据之间的关联性做出协同决策，算法和数据成为研究重心。

2. 计算广告的现有模式

计算广告问题的关键在于广告目标与广告模式之间的冲突：在广告目标层面，计算广告与传统广告一致，都是为了实现特定语境下特定用户和相应广告内容之间的“最佳匹配”，即为广告/产品推荐“找到目标受众”；在广告执行层面，与传统广告“千人一面”的慢速迭代不同，计算广告能够将丰富的数据和算法相结合，并通过不同子系统之间的分工协作，快速完成“消费者画像—广告竞价—内容生成—个性化调整—媒体投放—效果评估—优化升级”的广告投放流程，对广告进行“个性精准”的快速迭代。

计算广告的现有模式是基于数据协同的自动化决策，主要体现在广告管理过程中。计算广告的出现，一方面依赖于数据来源的增加和模型效率的提升，另一方面则是由于移动互联网技术进步带来的消费场景变化。线上与线下场景的融合对广告主捕捉消费者所处状态的能力提出了更高的要求，计算广告展现出依赖数据和模型的特征。相较于传统广告时期依靠经验的决策模式和电商广告时期的“广告—用户”线性作用模式，计算广告不仅依靠数据与模型完成全流程的自动化升级，还同时加入场景变量完成“用户—产品—场景”的三元交互模式。具体而言，计算广告能够根据消费者的购买活动进行全过程、全场景的跟踪和针对性投放。首先，广告系统收集用户行为数据来对消费者进行画像以预测偏好并指导之后的内容生成和投放，而之前的广告模式在这一阶段则根据广告主预设的受众形象被动设计广告内容并等待受众反应。其次，在计算广告核心的赋能阶段，人工智能模型会根据用户画像，依照某种生成逻辑自动生成广告内容并进行个性化调整，并且在合适的时间、地点（场景）投放给受众。最后，计算广告能够实时统计所取得的行动效果，如点击率、购买量等，并将这些行为数据反馈给广告监测平台进行分析以进一步迭代优化，最终达到“千人千面千景”的广告效果。

3. 计算广告的优化问题

（1）计算广告的优化解析。

计算广告的核心问题，是为一系列用户与上下文的组合找到最合适的广告投放策略以及优化整体广告活动的利润。计算广告的核心挑战表述为“实现语境、广告和受众的最佳匹配”。首先，强调广告问题优化的是一组展示上的效果，而非孤立的某一次展示上的效果，这是由于广告活动中普遍存在着量的约束，在这一约束下优化利润，其最优解往往与每次展示独立决策时有很大不同。其次，强调优化的结果是“广告投放策略”而不一定是具体的广告，这是由于有些产品的策略并不直接决定最后的展示内容。

上面的计算广告核心问题可以用一个最优化问题来表达：

$$\max \sum_{i=1}^{T}(r_i - q_i)$$
$$\text{s.t.} \sum_{i=1}^{T} d_{ik} \leqslant D_{\mathrm{k}}, \forall k$$

这里的 i 代表从第 1 次到第 T 次之间的某一次广告展示。优化的目标就是在这 T 次展示上的总收入（r）与总成本（q）的差，即总体的利润。对于某一个具体的广告主 k，有时存在预算的限制，有时存在投放量的保证，这也是广告作为一项商业活动的关键特征之一，这构成了需求方约束。由于此约束的存在，广告系统的优化与底层技术较相似的搜索、推荐等有很大不同。进一步考虑收入与成本具体依赖的因素，上面的优化问题可以写成：

$$\max_{a_1,\ldots,T} \sum_{i=1}^{T} \{ r(a_i, u_i, c_i) - q(a_i, u_i, c_i) \}$$

$$\text{s.t.} \sum_{i=1}^{T} \mathrm{d}(a_i, u_i, c_i, k) \leqslant D_k, \forall k$$

其中，a 是品牌内容（content）；u 是用户的兴趣和行为信息（如身份和人口统计）；c 是发布的上下文（context）信息（如网页分类和搜索查询）和场景（scenario）信息（如与用户相关的空间和时间数据）。

表达式中的 a，u，c 这 3 个变量分别代表广告、用户与上下文，即广告活动三个参与主体，显然，广告展示的收入或成本与这三个因素都有关。实际上，对除 DSP 以外的大多数广告产品来说，要么是自营或包断资源，要么按以收定支的方式与媒体分成，其成本也对应为常数或正比于收入。在这种情形下，成本部分可以从上面的优化表达中去掉。在约束中，每次约束产生的成本 d 除了与 a，u，c 有关，还与具体某个广告主 k 有关。

这里有一个隐含的假设，即整体的收入或成本可以被分解到每次展示上。显然，这一假设并不合理，但是考虑到实际线上决策时，必须马上对每次展示完成计算，从实用角度出发，我们仍然采用这一假设。在实际系统中，可以采用频次控制、点击反馈等方法来解决多次展示之间效果相关性的问题。在具体的广告产品中，优化表达可能会省略掉一些内容或参数，而约束的具体形式也各有不同或者并不存在，这将构成该广告产品独特的优化问题。

（2）计算广告的收入解析。

通过对广告收入 r 的进一步分解，引出关于在线广告计费方式的重要分析。对一个广告市场中具体的产品形态，能够主动优化的往往是收入而非成本，因此，可以主要关注收入的优化。在一次广告展示产生后，有可能发生哪些后续行为呢？当用户在媒体的广告位上看到广告以后，如果产生兴趣，首先产生的是点击行为，广告点击与广告展现的比率称为点击率（click through rate，CTR）；点击行为成功以后，将会打开广告主的落地页（landing page），落地页成功打开次数与点击次数的比例称为到达率，这是在广告主网站上发生的；如果用户从落地页开始，进一步完成下单等操作，则称为转化，转化次数与到达次数的比例称为转化率（conversion rate，CVR），这是在广告主网站上或线下发生的。按照媒体网站和广告主网站上的行为对收入进行分解，是实践中比较合理且容易操作的方式：$\mathrm{eCPM}=r(a, u, c)=\mu(a, u, c)\cdot v(a, u, c)$。其中，$\mu$ 表示点击率，v 表示点击价值（click value），即单次点击为广告主带来的收益。前者描述的是发生在媒体上的行为，后者描述的是广告主站内的行为。而这两部分的乘积定量地表示了某次展示的 eCPM。

eCPM 是最关键的评估收益的指标，在对多个候选进行排序时，是根据 eCPM 还是 CTR 排序，也是区别广告产品和用户产品的重要策略特征。进一步，如果我们将所有的点击价值都等同起来，那么根据 eCPM 排序和根据 CTR 排序实际上将得到一样的结果。因此，可以认为根据 CTR 排序是根据 eCPM 排序的一种特例，这也使得将内容与广告统一排序的原生广告成为可能。eCPM 一般指估计的千次展示收益。它有两个很相近的概念：如果讨论的是千次展示收入，往往用 RPM；如果讨论的是千次展示成本，往往用 CPM。这三个术语在实用中的区别有时并不明显。

（3）在线广告的计费模式。

对于大多数广告产品来说，需要计算给定（a，u，c）三元组的 eCPM 以决策。可是由于广告市场的协作关系复杂，并非每个广告产品都可以对 eCPM 分解后的两个变量（即 μ 和 v）做出合理的估计。根据 eCPM 的分解决定哪部分由谁来估计是广告市场各种计费模式产生的根本原因，也是广告市场中商业逻辑与产品架构衔接的关键一环。下面就来逐一分析市场上几种主要的广告计费模式。

① CPT（cost per time）结算。这是将某个广告位以独占方式交给某个广告主，并按独占的时间段收取费用的方式。严格来说，这是一种销售方式而非计费模式，因为价格是双方事先约定的，无须计量。这种方式主要适用于一些强曝光属性、有一定定制性的广告位。在一般的展示广告中，这种方式在欧美市场并非经常采用，但在中国的门户网站广告中，CPT 仍然是一种主流模式。CPT 这种独占式的售卖虽然有一些额外的品牌效果和橱窗效应产生，但是非常不利于受众定向和程序化交易的发展，因而长期看来比例会有下降的趋势。

② CPM（cost per mille）结算。即按照千次（mille）展示结算，这里的“mille”是拉丁文“千次”的意思。这种方式是供给方与需求方约定好千次展示的计费标准，至于这些展示是否能带来相应的收益，由需求方来估计和控制其中的风险。对于品牌广告，由于目标是较长时期内的回报，很难通过短期数据反馈直接计算点击价值，而点击率对用户接触的核心要求来说也不是唯一重要的因素。在这种情况下，由需求方根据其市场策略与预算控制流量单价，并按 CPM 方式结算，是比较合理的交易模式。实际上，在大多数互联网品牌广告特别是视频广告中，CPM 都是主流的结算方式。

③ CPC（cost per click）结算。即按点击结算。这种方式最早产生于搜索广告，并很快被多数效果类广告普遍采用。在 CPC 结算方式下，点击率的估计是由供给方（或者中间市场）完成的。点击价值的估计则由需求方完成，并通过出价的方式向市场通知自己的估价。这样的分工对于以效果为目标的在线广告而言，有着清晰的合理性：供给方通过其收集的大量用户行为数据，可以相对准确地估计点击率；而转化效果是广告主站内的行为，当然他们自己的数据分析体系也就能更准确地对其做出评估。因此，以 CPC 方式结算，在效果类广告市场中具有接近垄断的地位。

④ CPS（cost per sale）/ CPA（cost per action）/ ROI 结算，即按照销售订单、转化行为或投入产出比来结算，这些都是按照转化付费的一些变种。这是一种比较极端的结算方式，即需求方只按照最后的转化收益来结算，从而最大限度地规避了风险。在这种结算方式下，供给方或中间市场除了估计点击率，还要对点击价值做出估计，这样才能合理地决定流量分配。这里存在一个明显的问题：转化是用户在广告商站内的

行为，并非供给方能够直接监测和控制，也无法进行准确的估计和优化。因此，只有那些转化流程和用户体验类似的广告商组成的广告平台，按转化付费才比较可行。

CPA 结算的广告中有两种特殊的类型：一类是某些收集销售线索的直接效果广告，按照收集到的线索数结算，这称为 CPL（cost per lead）方式；另一类是移动应用下载的直接效果广告，按照安装数结算，这称为 CPI（cost per install）方式。

⑤ OCPM（optimized cPM）结算。OCPM 是 Facebook 主推的一种新结算方式，意思是广告平台仍然按照 CPM 结算费用，但会根据转化率进行优化。也就是说，虽然结算方式仍然是 CPM，但是供给方会承担点击率和点击价值估计的任务。实践中，OCPM 往往是向某个广告主提供 CPA 结算之前的一种过渡方式。对于新广告主，由于无法确定其转化率，直接采用 CPA 结算对平台来说风险较高，而采用 OCPM 结算，可以鼓励广告主将自己的转化数据对接给广告平台，在积累到一定转化量，从数据上判断 CPA 结算可行以后，平台即向其开放 CPA 结算方式。通过这样的市场策略，Facebook 利用 CPA 结算极大地降低了广告主的投放工作量，快速吸引了大量应用下载类广告主，而 OCPM 正是其中最关键的产品环节。另外，这种模式也可以更普遍地推广到所有结算方式与优化目标不一致的场景，例如按 CPC 结算，却按照 CPA 优化的 OCPC 方式。

以上几种计费方式的对比如表 2-5 所示。综合起来看，可以认为，对于效果广告，CPC 计费方式最有利于发挥供给方和需求方的长处，因而在市场上被广泛接受；而对于品牌广告，由于效果和目的有时不便于直接衡量，可以考虑按照 CPM 的方式计费；而 CPS/CPA/ROI 的计费方式，只在一些特定的环境下才比较适用。OCPM 则是数据能力较强的广告平台向 CPA 方式的一种巧妙过渡。

三、从 IT 到 DT 的广告媒体

1. 从 IT 到 DT 的变化

表 2-5　在线广告计费方式比较

结算方式	点击率估计	点击价值估计	优缺点	适用场景
CPT	需求方	需求方	可以充分发挥橱窗效应 无法利用受众定向技术	高曝光的品牌广告
CPM	需求方	需求方	可利用受众定向选择目标人群 合约售卖下受众划分不能过细	有受众选择需求的品牌广告 实时竞价广告交易
CPC	供给方	需求方	可以精细划分受众人群 合理的供给方和需求方分工	竞价网络广告
CPS/CPA/ROI	供给方	供给方	需求方无任何风险 供给方运营难度较大	效果类广告商联盟 效果类 DSP
OCPM	供给方	供给方	向 CPA 方式的稳健过渡	数据能力较强的平台

资料来源：刘鹏，王超．计算广告：互联网商业变现的市场与技术［M］．3 版．北京：人民邮电出版社，2022：28.

人类社会从以自我控制、自我管理为主的 IT（information technology）时代，走向以服务大众、激发生产力为主的 DT（data technology）时代，这不仅意味着技术发生了巨大的改变，更意味着人类的思想观念和思维方式将要发生巨大的变化。以往以技术为主的生产方式将转变为以人为主、以用户需求为主的生产方式。企业生产与消费者生活将不再是各自独立的存在，消费者的需求将决定企业的生产，消费者的个性化选择及参与也将影响企业产品的生产和制造。

在 DT 时代，消费者呈现出以下特征：智能移动终端是他们连接世界最主要的方式；个性化、定制化是他们最迫切的需求；社交是他们最大的需求，他们渴望构建社群，他们渴望表达自己的一切想法和愿望；支付要以最方便的形式进行，比如支付宝、微信支付等，他们渴求无现金消费方式；生活要更多娱乐化，打破严肃的生活方式，每个人在娱乐别人的同时也渴望被别人娱乐；他们希望生活中万物都可以联网，Wi-Fi 成为万物连接的桥梁。

面对 DT 时代消费者生活方式的变化，面对大数据和“互联网 +”热潮的挑战，媒体应该积极实现转型和发展，走融合改革发展之路，提高其广告业务发展质量，提高各方面的市场占有率。在广告业务优化的过程中，DT 时代需要以受众需求为导向，实行精确的受众分析，有效地提高其广告业务的准确性和投放度，增加广告和受众之间的关联度。目前，很多的广告公司在投放广告之前都会进行一些客户数据的收集和分析，他们会分析出更多的目标客户所在的人群，通过复杂的程序运算和客户关系管理系统对这些潜在的客户进行长期的培养。

2. DT 时代的广告媒介

数字化对整个媒介生态系统的各个环节都产生了深远影响，具体体现在以下四个方面。

（1）从单一媒介到多终端融合。媒体正在以各种方式朝终端化方向发展。受媒介终端不断融合的影响，媒体变得更加分众化。媒介运用需要对媒介种类、运用频率、运用时间等内容进行系统的考虑，需要根据表达方式、传播内容等将广告信息与属性相符的媒介终端融合，也就是“融合性传播”或“融合营销传播”。

（2）从固定传播到移动式传播。移动端能够兼容以往传统媒体几乎所有的内容形态，这种极为便利的传播方式也催生并培养了人们对于移动场景获取信息的极大需求。移动端具有关注度高、能实现有效转化、互动性强等优势，通信技术的进一步发展将继续加速用户从传统媒体向移动媒体迁移，大量媒介内容在移动端状态下快速生产，移动媒介的触角深入到社会生活的各个角落，为品牌营销提供了一个良好的环境。

（3）从一维广告到交互式广告。消费者掌握了自主选择权，能与广告方交流、互动，一方面降低了营销成本，另一方面则拓展了广告的创意空间，使客户定位更加精准，使消费者的个性化需求得到了极大的满足。另外，这种广告传播方式的最大价值就是形成了巨大的数据库，积累了丰富的、价值极高的营销数据资源。在数字化背景下，要想提升广告传播的有效性，广告主就必须有效地掌控媒体，把握消费者内心。

（4）从 AIDMA 模式到 AISAS 模式。AIDMA 模式与 AISAS 模式的区别主要表现为：相较于 AIDMA 模式来说，AISAS 模式中的分享环节并不代表消费者行为结束。通过分享形成口碑传播将对更多消费者的购买行为产生影响，这是一个循环过程。

媒介霸权时代成为过去。媒介产业不再局限于传统的媒体行业，互联网、社交平台、自媒体等跨领域媒介影响力迅速成长，全方位链接用户行为，将用户需求转化为无数个交叠的细分市场。因此传统的媒体需要改革，必须积极运用智能大数据来进行精准的分工和对广告需求以及偏好的分析；在分析重建的基础上，继续进行创新和改革，对其商业广告应该增加其融合度和有效性，提高其内容质量；同时，传统广告媒体应当把受众的不同需求及未来发展的趋势融合进去，精准地完成其广告业务的推广，保证自身广告业务具有较高的前瞻性和时代性，结合当前时代的特征进行推广。

◆ 本章小结

本章首先阐述了传统广告理论，包括独特销售主张 USP 理论、创意革命时代 ROI 理论、品牌形象 BI 理论、定位理论 Position 和企业识别系统 CIS，介绍了传统广告理论的产生背景、核心内容以及理论的意义和新变化。

其次，本章阐述了整合营销传播 IMC 理论，介绍了 IMC 理论的产生、核心内容、过程、理论意义及数字困境，以及伴随技术变革衍生出的协商品牌理论、浸合参与理论和创意管理理论等。

最后，本章论述了计算广告理论，从信息接收的 6 个阶段介绍了广告有效性原理，并阐述了计算广告的基本逻辑、运作机制和叠加演进，指出计算广告的核心问题是为一系列用户与上下文的组合找到最合适的广告投放策略以及优化整体广告活动的收益。

◆ 关键术语

独特销售主张 unique selling proposition；品牌形象 brand image；定位 positioning；品类 category；企业识别系统 corporate identity system；理念识别系统 mind identity system；行为识别系统 behavior identity system；视觉识别系统 visual identity system；整合营销传播 integrated marketing communications；协商品牌 negotiated brand；浸合 engagement；创意传播管理 creative communication management；计算广告 computational advertising；智能广告 intelligence advertising

◆ 复习思考题

（1）传统广告理论包括哪些？试述传统广告理论呈现怎样的脉络规律。

（2）ROI 理论与独特销售主张理论之间存在怎样的关系？

（3）简述互联网时代定位理论面临的挑战和新变化。

（4）什么是整合营销传播？试述整合营销传播的核心观点。
（5）请结合案例说明移动互联网时代企业如何有效实施创意传播。
（6）阐述广告有效性原理以及互联网广告的技术特点。
（7）阐述计算广告的基本逻辑。
（8）简述在线广告的几类计费模式。

◆ 参考文献

1. 封岚，向明，徐菁澜，杜军．广告原理与实务［M］．北京：中国人民大学出版社，2022.
2. 周华军．全链路营销：高效全营销渠道管理［M］．北京：化学工业出版社，2022.
3. 曹云明，秦晓庆．广告原理与实务［M］．北京：北京理工大学出版社，2020.
4. 刘鹏，王超．计算广告：互联网商业变现的市场与技术［M］．北京：人民邮电出版社，2019.
5. 韩翠兰，杨军．广告原理与实务［M］．北京：中国人民大学出版社，2019.
6. 苗杰．现代广告学［M］．6 版．北京：中国人民大学出版社，2015.
7. 景东．现代广告学［M］．2 版．广州：中山大学出版社，2015.
8. 朱江丽，全媒体整合广告策略与案例分析（南京大学奥美文创丛书）［M］．北京：中国人民大学出版社，2016.
9. 薛可，陈俊，余明阳．整合营销传播学：移动互联网时代的 IMC 新论［M］．上海：上海交通大学出版社，2019.
10. 顾明毅．未来广告：中国广告业未来发展与数字营销传播前瞻（2025—2035）［M］．上海：上海远东出版社，2022.
11. 陈绘．VI 设计［M］．北京：北京大学出版社，2017.
12. 蔡勇．消费者发现与主体性缺席：现代广告理论及运用史评［M］．北京：中国传媒大学出版社，2008.
13. 杜世禄，华玉亮．VI 设计［M］．北京：科学出版社，2010.
14. HUH J，Edward MALTHOUSE E. Advancing computational advertising：conceptualization of the field and future directions［J］. Journal of Advertising，2020，49（4）：367–376.
15. YUN，J T，SEGIJN C M.，PEARSON S，et al. Challenges and future directions of computational advertising measurement systems［J］. Journal of Advertising，2020，49（4）：446–458.
16. MALTHOUSE E. Customer relationship management strategy：more important now than ever before. The new advertising：branding，content，and consumer relationships in the data-driven social media era［J］. Praeger. vol. 1，2016. pp. 111–135.
17. AGOSTINO V，SCHULTZ.D E.，SIANO A. IMC in digitally-empowering contexts：the emerging role of negotiated brands［J］. International Journal of Advertising，2019. 38（1）：428–449.
18. 刘通，黄敏学，余正东．心理协同视角下的计算广告：研究述评与展望［J］．外国经济与管理，2022，44（7）：101–125.
19. 吕尚彬，郑新刚．计算广告的兴起背景、运作机理和演进轨迹［J］．山东社会科学，2019，219

（11）：164–169.

◆ 章末案例

阿道夫 × 百度多维场景化整合营销

阿道夫是我国本土的洗护品牌，自2013年创立以来，一直以“高端香氛洗护”为产品定位，专为亚洲精致女性打造香氛洗护产品。为提升品牌知名度，深入更多场景、辐射更多维度的圈层人群，阿道夫在2020年12月至2021年1月联合百度开展多维场景化整合营销。

◎ **洞察**

首先，在过往促销节点以及与电视综艺IP合作周期内，阿道夫的流量有明显上涨趋势，节点营销有助于品牌声量的提升。

其次，阿道夫在百度平台的品牌检索热度高，且在三四线城市的搜索份额明显较高，因而品牌声量需要下沉，营销需要扩大人群辐射圈，向潜在受众曝光广告，触达更大范围的人群。

最后，阿道夫的目标消费者注重品牌口碑，不同性别的消费者对产品关注度有差异，有效传达品牌文化、增强核心用户人群的黏性，是阿道夫目前亟待解决的问题。因此营销需要针对受众进行多维度、多渠道精细化运营，邀请用户互动、共建品牌口碑。

◎ **策略**

第一，在获取用户层面，主要从线下场景发掘消费者需求，并进行场景化的信息传达。百度数据显示，洗护与阿道夫品牌的搜索人群中已婚群体占比较高，故针对这些用户所在的家庭场景开展营销活动更为有效。

第二，在沟通用户层面，考虑到品牌口碑在洗护行业的重要性，因而需要在百度媒体平台中建设阿道夫的内容营销生态圈。从内容口碑上打造其品牌形象，让消费者在口碑软文中被阿道夫“种草”。

第三，在流量渠道布局层面，持续提升在百度搜索上的品牌官网形象，做好品牌搜索流量的收口，让受众快速辨别真伪，让官网渠道深入人心，同时帮助用户通过品牌搜索获取产品和品牌资讯等内容。

◎ **创意与执行**

第一阶段：在一线和新一线城市的机场大屏展示阿道夫广告，传播阿道夫高端洗护的品牌形象。这些城市的机场高端消费人群覆盖较多，与阿道夫的核心高消费人群画像相匹配，机场大屏广告能高效触达这些人群。

第二阶段：植入“小度在家”智能音箱，通过独家定制阿道夫品牌的“圣诞你画我猜”和“元旦砸蛋赢好礼”活动，联合百度AI智能互动设备，为阿道夫创新家庭场景营销提供传播发力点，增强品牌用户好感度。

第三阶段：聚焦百度系的开屏、百家号话题，上线“阿道夫精致洗护日记”话题，百度 App 站内资源协同推广话题营销，同时借力百度“嗨玩双旦”直播活动做品牌曝光。

◎ **效果**

综合全部媒体资源，整个营销活动获得 2.7 亿次曝光，品牌话题获得 748 万阅读量，“小度在家”平均互动时长超过 58 分钟。与此同时，项目上线周期内阿道夫品牌相关词百度检索热度增幅明显，对比上年同期上涨最高达 45%。

资料来源：阳翼 . 数字营销［M］. 3 版 . 北京：中国人民大学出版社，2022：13.

案例思考题：

（1）阿道夫是如何实现数字化整合营销的？

（2）阿道夫的数字营销创意是否适用于其他行业？

第三章　消费者洞察

学习目标

广告的终极目标，是通过广告本身借由各种形式的媒体被消费者感知，从而达到对商品或服务的信息传递。消费者的认知过程、注意程度以及如何理解所接触的信息都会直接影响广告产生的效果。本章对作为广告活动基础的消费者洞察进行介绍。通过本章的学习，应该达到如下目标。

◎理解广告活动的基础。

◎掌握消费者行为模式。

◎掌握消费者行为理论模型。

◎理解广告效果层级模型。

引导案例

元气森林——面向细分受众的新品牌

2021 年 1 月，元气森林入选“2020 中国最佳创新公司 50”（MIC）榜单。元气森林的目标是通过手机、便利店等精准推广渠道，去触达年轻、爱健康的白领（尤其是女性）这一群体。

《益普索 Ipsos：2019 中国食品饮料行业包装趋势洞察报告》显示，83% 的消费者表示非常愿意或比较愿意购买包装新颖独特的产品。那什么样的包装更容易引人注目呢？消费者心目中引人注目的包装因素第一名是：产品名有新意（占 60%）。这或许就是元气森林的产品包装上为什么要用外来字“気”，而不是“气”的一大原因。

另外，报告中显示，消费者尤其关注包装上与营养和健康相关的信息，“24 岁 +”人群和一线城市消费者的健康营养意识更为强烈，89% 的人会关注生产日期 / 保质期，76% 的人会关注健康 / 营养相关宣传，如无糖、无添加等，73% 的人会关注营养配料成分表。元气森林的产品包装上“0 糖、0 卡、低脂、0 反式脂肪酸”等标语总是被突出显示，就是出于这个原因。由此可见，洞悉消费者心理是广告活动有效触及消费者的前提和基础，掌握消费者的行为模式尤为重要。

资料来源：燕尾．我们拆解元气森林的三大策略，看到新式营销优势［EB/OL］.（2020-6-19）. http://www.digitaling.com/articles/307999.html.

第一节 营销与消费行为：广告活动的基础

广告从业人员要想获得成功，就必须了解营销活动与消费者行为之间的关系。从理论上讲，正是这个关系塑造了有效的广告创意。

一、广告的营销大环境

任何一位广告主都需要通过媒介将自己的产品、服务及观念有效地传递给买方。要做到这一点，他们必须首先理解产品与市场之间的重要关系，这种关系恰好是市场营销的分内之事。一个企业的繁荣与否，关键在于它是否有能力吸引并留住那些愿意而且能够为本企业的产品和服务付费的顾客。这就意味着企业必须能识别自己的潜在顾客——他们住在何处？在哪里工作？如何生活？如何休闲？然后还要了解他们的需要、欲望和期盼，为满足这些需要、欲望和期盼而制造产品、提供服务。最后还要用能与之形成共鸣的方式和他们沟通，将相关信息传递给他们。

1. 营销与广告的关系

市场营销或营销是企业策划并实施其产品概念、产品定价政策、产品促销与分销的一个经营过程，这个产品既可以指商品，也可以指服务、品牌或观念。营销的终极目的是引起交换，满足个人或团体感知到的需要和欲望，实现其目标。广告是营销活动所运用的促销或传播过程中的众多工具之一，但如何做广告、在哪里发布广告，在很大程度上取决于营销组合的其他因素以及广告的预定对象。

2. 顾客需要与产品效用

对营销的界定表明，顾客需要和产品满足需要的能力之间的特殊关系是一个非常重要的因素，称之为产品效用。效用（utility）是产品满足功能性需求和象征性（或心理）需求的能力，而广告的一大功能便是传播这种效用。因此，有的广告夸赞产品性能如何好，有的广告则说产品如何高贵、如何有身份等。

企业通过营销调查来发现市场上有什么需要和欲望，以便根据政治、经济和社会趋势来确定产品的共同特点，其目的是利用这些信息塑造产品，即设计产品性能和外包装等，再通过制造、重新包装或广告，更加充分地满足顾客的需要和欲望。

3. 交换、感知与满足

美国学者威廉·阿伦斯（William F. Arens）等在《当代广告学》一书中指出，营销的目的在于“引起交换，最终满足个人或团体感知到的需要、欲望和目标”。这个定义中表示了三个重要的概念：交换、感知和满足。

（1）交换是营销和广告的目的。交换是指个人或组织用一件有价值的物品同其他个人或组织交换另一件物品。交换是营销学的传统理论核心，每个人都会参与交换活动，这是人类满足自身利益自然属性的一部分。买主参与交换，以求获得更多的东西改善自己的处境；卖主参与交换，则是为了扩大经营、赚取利润。营销推动了这种交换，因而极大挖掘了我们获得自身满足的潜力。那么营销是如何做到这一点的呢？方法很多，例如：开发人们可能想要的产品与服务；给它们确定适当的价位；将它们放置在方便的地点；通过广告和其他传播工具向人们宣传这些产品与服务。广告给人们提供信息，使大家意识到某些产品的存在以及他们可以选择不同品牌的机会，广告还向人们传递有关产品特点与实惠、各种价格选择以及产品出售地点方面的信息。

（2）感知就是一切。准备参与交换活动的人有时会感到担心，可能害怕交换是不平等的，即便交换完全公平，他们也会有这种顾虑，这就是感知的问题。如果顾客对产品了解不多，他们的不平等感就会更强烈。在这种情况下，知情一方（卖方）必须向买方（也许通过广告）保证等价交换的可能性。如果卖方能够提供买方正好需要的信息与刺激，双方可能会承认这是一桩感觉上等价的交换。若没有这种感觉，交换便不可能发生。由此可以看出，营销实际上涉及顾客感知的两个层面：顾客对产品与服务的感知；卖者对顾客的需要、欲望和目的的感知。

因此，广告主必须首先了解自己的顾客来自何处，他们的需求是什么，他们的欲望是什么，他们如何看待广告主。一旦广告主深入了解了自己的顾客，他们就能更有效地调整或修正顾客对其产品的感知（知晓、态度、兴趣），调整和修正顾客对其产品满足顾客心中认定的欲望和需要（效用）的能力（价值）的信念。

广告可以利用各种手段来达到这个目的。比如，电视广告可以利用适当的灯光或音乐烘托氛围，在吸引顾客注意力的同时，引发他们实现某一需要或欲望的情感。如果消费者已经注意到了产品的存在及其价值，而他们决定要满足的欲望或需要又正好与产品提出的许诺相吻合，他们就很有可能采取行动。

（3）满足顾客的目标。即使交换完成，满足仍然是个问题。产品必须让顾客一用到它便觉得满意，否则，他们就会认为自己得到的不是等价交换。满意引发更多的交换——心满意足的顾客会反复购买，而且会告诉自己的亲朋好友。良好的口碑会带来更多的销量和良好的声誉。可以说营销是企业通过满足自己顾客的需要和欲望从而获得利润的一个过程。因此，满足既是顾客追求的目标，也是成熟卖主的基本目标。

广告提醒顾客他们为何要购买该产品，帮助他们说服持怀疑态度的亲朋好友，使他们能够说服其他潜在顾客采取购买行动，这一切都巩固了他们的满足感。但是，如果产品的性能不好，由此产生的负面影响恐怕更难控制。实际上，烂产品配好广告很快就可以毁掉一个企业。广告越好，尝试产品的人就越多；而尝试产品的人越多，一旦不满意，反感的人就越多，而且他们还会转告自己的亲朋好友。

二、消费者行为

1. 了解消费者的重要性

为了使个体和由这些个体组成的群体（市场）对自己的产品保持兴趣，广告主花费了大量的金钱。要想获得成功，广告主必须了解是什么原因造成自己潜在顾客目前的行为方式。广告主的目标是掌握充分的相关市场信息，然后得出买主的准确形象，找出彼此沟通的共同基础（和符号）。这涉及对消费者行为（consumer behavior）的研究：购买和使用商品与服务来满足自己某一需要和欲望的人们都有哪些心理及情感过程和行为。

2. 消费者决策过程

当媒介将某一广告讯息传递给我们时，我们的大脑便快速运转，做出判断，这一过程称为消费者决策过程（consumer decision process）。如图 3-1 所示的概念模型表明了消费者购买决策过程的各个基本环节。对于简单的、习惯性的、低参与度的日常购物，购买决策过程通常非常简短，但在高参与度的状态下，消费者延长购买决策过程的情形并不少见。无论这个过程是长还是短，都会有很多社会和心理变量在消费者的行为中发挥作用，广告可以在此过程的任何一个点影响消费者的态度。这些变量包括一系列受各种影响形成的个人子过程。

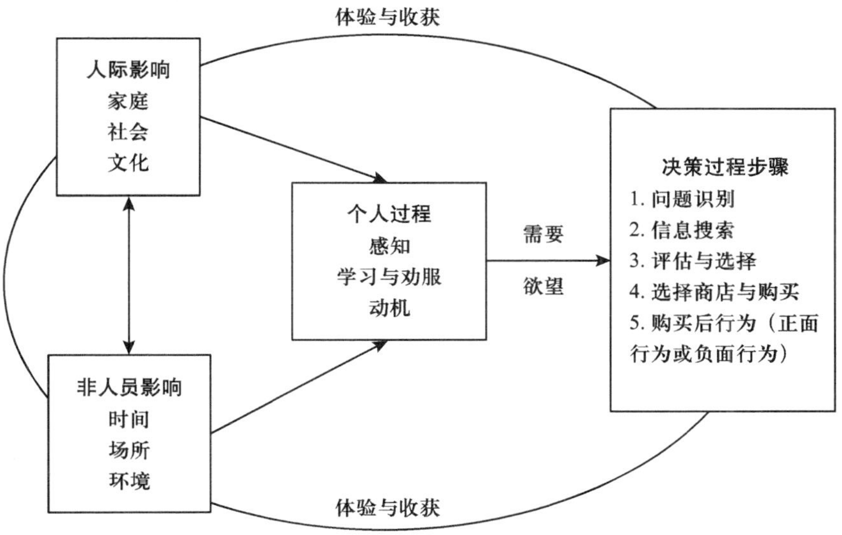

图 3-1 消费者基本决策过程

资料来源：阿伦斯，维戈尔德，阿伦斯，等. 当代广告学（通用教材版）[M]. 11 版. 丁俊杰，等译. 北京：人民邮电出版社，2021：22.

三个个人过程（personal process）引导着我们处理原始信息（刺激）并将此转化成感受、思想、信念和行动。这三个个人过程就是感知过程、学习与劝服过程以及动机过程。我们的心理过程和行为均受两组因素的影响：人际影响（interpersonal influence）包括家庭、社会和文化影响；非人际影响（nonpersonal influence）往往不以消费者的意志为转移，包括时间、场所和环境影响，这些因素又会进一步影响到个人的感知、学习和动机过程。经过这些过程和影响之后，我们面临着整个过程中最为关键的决策——买还是不买。但迈出这最后一步往往还需要另一个环节，即评估备选方案。在这个环节里，我们要选择产品的品牌、大小、风格、色彩等。如果我们仍旧决定购买，那么，购买后评价将极大地影响我们后续的所有购买活动。和营销传播过程一样，购买决策过程也是循环往复的。广告主掌握了这个过程，就可以使自己的讯息更好地到达消费者，并使之产生效果。

经典与前沿研究 3-1

持之以恒还是半途而废？消费者感知目标进展研究述评与展望

感知目标进展是指消费者为减少与理想状态之间的差距而向已设定好的目标靠近，从而产生的对目标进展程度的感知。感知目标进展伴随着消费者对目标追求的整个过程，它会对消费者的反应产生重要影响。江红艳（2021）等的研究从消费者态度、消费者动机和消费者行为三个方面归纳感知目标进展引发的消费者反应。在对消费者态度的影响上，感知目标进展能够影响消费者感知（对产品价值的感知和对旅游目的地吸引力的感知）、消费者忠诚度、消费者产品评价和满意度。在对消费者动机的影响上，从单目标情境和多目标情境两个方面阐述感知目标进展能够影响动机强度和动机类型。在对消费者行为的影响上，感知目标进展能够影响消费选择和购买意愿 / 行为两个方面：在消费选择方面，感知目标进展的影响主要包括产品选择和消费目标路径选择；在购买意愿 / 行为方面，感知目标进展的影响主要体现在环保产品消费意愿、购买频率 / 速度和健康食品消费等方面。

此外，虽然本文将感知目标进展对消费者反应的影响研究分别从消费者态度、动机和行为三个方面进行归纳，但其实消费者反应的三个方面并非完全相互独立，三者之间存在一定的关联。其一，感知目标进展会通过引发消费者动机的中介作用于消费者行为。其二，消费者态度会中介作用于感知目标进展对消费者行为的影响。其三，消费者态度也会中介作用于感知目标进展对消费者动机坚持性的影响。

最后，本研究还从动机期望价值理论、控制理论、目标梯度假说和动态自我调节理论的视角对感知目标进展对消费者反应的影响进行解释。从理论解释的矛盾性、动机产生原因解析和解释对象的异同三个方面对感知目标进展研究的四种重要理论进行了评析，以期为更多致力于感知目标进展研究的学者提供理论参考。

资料来源：江红艳，秦银燕，孙配贞 . 持之以恒还是半途而废？消费者感知目标进展研究述评与展望［J］. 外国经济与管理，2021，43（5）：106-122.

第二节 消费行为模式

一、知觉过程

在认识过程中，消费者不仅借助感觉器官对商品的个别属性进行感受，而且能够将若干个别属性联系、综合起来。这种人脑对直接作用于感觉的客观事物个别属性的整体认识，就是知觉。知觉是消费者选择、组织及解释外界的刺激，并给予其有意义且完整图像的一个过程。图 3-2 展示了一个由四个阶段构成的常见信息处理模型，包括展露、注意、解释和记忆，其中前三个阶段构成了知觉过程。信息只有依次经历展露、注意、解释这三个知觉阶段，才能储存到消费者的记忆中，并有效地对消费者的行为产生影响。展露（exposure）发生在刺激物（如广告牌）出现在人的感官（如视觉）范围内时；注意（attention）是将感觉信息传递到大脑进行处理的过程；解释（interpretation）是对接收到的感觉赋予意义。

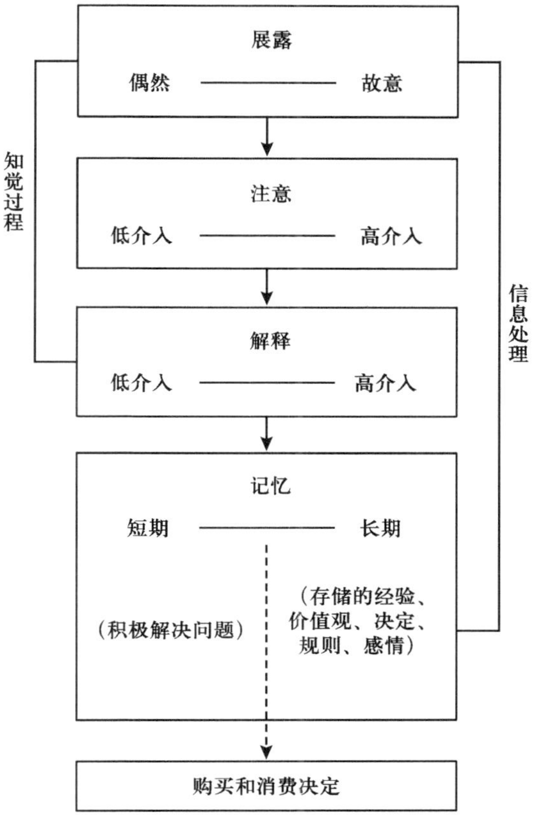

图 3-2 消费者决策过程中的信息处理

资料来源：江林，丁瑛．消费者心理与行为（数字教材版）[M]．7 版．北京：中国人民大学出版社，2022：46.

1. 展露

展露指的是将刺激物展现在消费者的感觉接收神经范围内。当刺激物被置于个人相关的环境当中时，展露就已经发生，但它并不要求个人一定能够感觉到刺激物并接收到刺激信息。例如，电视上正在播放一则广告，但你可能在与家人聊天或在做别的事情而没有注意到，但广告展露在面前却是事实。展露是消费者接收信息、注意信息、理解信息和产生购买行为的前提条件，在消费者认知过程中起着至关重要的作用。企业的产品、广告及其他信息要想让消费者知道，就必须充分展露，尽可能多地接触到消费者。

当展露发生时，刺激如果要被消费者所感受到就必须达到一定的强度，也就是越过感官阈限。所谓感官阈限，指的是感觉器官要能有效地感受到某一刺激所需的最低刺激量水平。感官阈限可以分为绝对阈限和差异阈限。绝对阈限是指某一刺激能被感觉器官感受到所需的最低刺激量。例如，高速公路旁边广告牌上的文字如果太小，开车路过的人就根本看不到，这就是文字大小低于人们视觉阈限的结果。差异阈限指的是感觉器官对于两个刺激之间的变化或差异所能够察觉到的最小值。这种人们能够察觉到的最小刺激变动量又被称为最小可察觉差异。例如，两种颜色之间如果差别很小，普通人根本看不出区别，原因就是这种差别没有达到一般人能够感受到的最小可察觉差异。最小可察觉差异在营销领域有着广泛的应用。另外，在现实中，像山寨产品、钓鱼网站的存在，在很大程度上也是利用了最小可察觉差异。

然而，当展露的刺激强度超过感官阈限时，并不意味着消费者一定会接受。例如，当消费者在看电视或视频时经常出现的跳台（使用遥控器换台）和快进（使用快进功能来快速跳过不想观看的画面）行为，使得很多广告无法被目标观众看到；还有些读者根本不去阅读报纸或杂志上刊登的广告。为了应对消费者避开广告的行为，企业在实践中采用了很多方法。一类方法是强制消费者阅读或观看广告，例如，在网络上使用不能被关闭的弹出式广告，在电影院放映电影之前播放广告等。这些方法虽然有效，但却容易招致消费者的反感。还有一类方法是将广告与娱乐节目或电影结合起来，让消费者在欣赏节目或电影的同时接触到广告信息，如冠名综艺节目广告、影视剧的植入式广告等。

2. 注意

注意是指消费者对展露于其感觉器官面前的刺激物做出进一步的加工和处理，可以划分为自愿性注意和非自愿性注意。自愿性注意指的是消费者主动寻找一些与其个人相关的信息。例如，当我们要购买一台笔记本电脑时，我们就会对电脑的相关信息很感兴趣，因而特别留意此类信息。对于企业来讲，如何在广告中让消费者认为产品和服务信息与其自身有关，以便引起其注意，对于广告的效果至关重要。非自愿性注意指的是消费者的注意是来自一些令其惊讶、新奇、感到威胁或没有想到的信息。在营销中，营销人员可以利用一些强烈的对比或出乎意料的画面和声音，来引发消费者的非自愿性注意。此外，自愿性注意和非自愿性注意既相互关联又能够相互转换，当消费者对某一事物进行长时间自愿性注意后，就容易产生疲劳，有可能将自愿性注意转换为非自愿性注意；当消费者对某一事物的非自愿性注意次数较多时，其对该事物的非自愿性注意就可能会转换为自愿性注意。

在营销实践中，为了吸引消费者的注意力，企业常常对营销信息的大小、颜色、位置等进行设计和控制。一般来说，大的刺激物相对于较小的刺激物更容易被人们注意到，因此，一则全页广告相对于半页广告或四分之一页广告更容易引起人们的注意。某些颜色会使人产生兴奋的情绪，进而导致注意。例如，鲜艳的包装比色彩暗淡的包装更容易吸引人的视线。此外，物体在人们视线中的位置不同，吸引注意的能力也会有差异。以印刷品广告为例，印在纸张右侧的广告比印在纸张左侧的广告更引人注目，报纸左上角的信息比右下角的信息会更多地被注意到。

3. 解释

解释是消费者赋予刺激物以某种含义或意义的过程，展露和注意像过滤器一样将足够重要的感官刺激传送到大脑皮层，消费者需要对这些刺激物赋予意义才能形成知觉的结果。解释具有一种完形功能，由刺激物、个体、情境特征共同决定。解释包括几个重要方面：首先，它通常是一个相对而非绝对的过程，称为知觉相对性，即任何解释的做出都是基于某个参考点。其次，解释的另一个特征是主观性，解释者基于主观理解对事物进行解释，因而不可避免地存在心理偏差。解释有字面含义和心理含义。字面含义指某个词的一般意义，即词典中的解释；心理含义指基于个人或某个群体的经历、期望和词语使用的具体环境而赋予某个词以特定含义。营销人员必须关注解释的心理含义，因为驱动消费者行为的是消费者的主观经验而非客观事实。最后，解释包括认知解释和情感解释。认知解释是将刺激物置于既存的意思范围之内进行解释的过程；情感解释是指由某个刺激物（如广告）引发的情感反应。情感反应包括正面反应（如欢乐、兴奋、温暖）、中立反应（如不感兴趣）和负面反应（如气愤、恐惧、沮丧）。

影响知觉解释的因素主要有消费者个体特征、情境特征、环境特征和刺激物特征。在个体特征方面，营销刺激物只有被个体解释后才有意义。个体并不是被动地接收营销信息，而是根据需要、欲望、经验和期望赋予刺激物意义。一系列的个体特征会影响消费者对刺激物的解释，包括个体的特质、个体的学习和知识以及个体对刺激物的预期。在情境特征方面，很多情境特征会影响个体对刺激物的解释。一些暂时性的情境特征，如时间压力、情绪等都会影响消费者对营销信息的解释。环境的特征，如在场的其他人的数量和特征、信息传播媒体的性质等均会影响个体对既定刺激物的解释。在刺激物特征方面，刺激物是个体反应的对象，包括产品、包装、广告、店内陈设等。消费者对信息的基本特质、组织形式和变化做出反应和解释。刺激物特征包括特质（大小、形状、颜色等）、组织（刺激物呈现的结构）、临近性、变化等，这些都会影响消费者的解释。

二、学习与劝服

1. 消费者学习

学习是消费者行为的一个重要环节，消费者通过学习可以获得丰富的知识和经验，提高对环境的适应能力，同时不断调整和改变自己的行为。社会、家庭、朋友、媒体以及广告等为人们提供了各种学习体验，这些体验影响着人们所追求的生活方式和所选择的消费品。

（1）消费者学习的概念和特征。

心理学相关理论认为，学习是基于经验或练习而导致行为或行为潜能产生较为持久改变的过程或结果。实际上，学习是一个接收信息、概括信息、转换信息和评价信息的过程，其基本特征体现为以下三个方面。

①学习是基于经验产生的。学习是在经验的基础上不断前进的过程，只有在实际活动中才能产生经验。经验既包括个体通过亲身实践而获得的直接经验，也包括通过

阅读、观察和思考或环境线索而获得的间接经验。比如，即使没有使用过某种产品，消费者也可以基于广告信息或者他人的介绍对产品特征有所了解。

②学习的发生以行为和行为潜能的变化为标志。学习会引起个体行为的改变，这种改变说明个体“学会了什么”。行为改变有的是外显的，即行为发生变化。比如，消费者原来常常购买 A 品牌产品，后来变为购买 B 品牌产品。有的是内隐的，即行为潜能发生变化，比如，通过接收 B 品牌产品的广告信息，消费者对 B 品牌产生了好感，即使还没有购买 B 品牌产品，消费者也比那些从未接收到 B 品牌广告信息的人更容易发生实际购买行为。

③基于学习获得的变化较为持久。并非所有的行为或行为潜能的变化都是学习，只有发生较为持久的改变才是学习。有些行为虽然发生了某些改变，但只是暂时的或偶然的。比如，当人们生病时，可能不愿意吃某些食品，一旦恢复健康，这种厌食的行为就会消失。类似这种由于疲劳、疾病或药物引起的行为的短暂变化就不能称为学习，也就是说，只有那些由经验引起的行为变化或行为潜能在不同场合表现出相对持久的一致性才能称为学习。

（2）消费者学习的类型。

①模仿式学习。消费者并不一定通过直接体验来学习，而是通过观察他人的行为和后果来调整自己的行为，另外还可以运用想象预期行为的不同后果。这种类型的学习被称为“模仿式学习”。常见的模仿式学习是通过获取信息、模仿，摒弃旧的消费方式，建立新的消费方式。例如，电视、报纸等各种媒体通过介绍产品使用方法、有奖知识竞赛等方式，让消费者更多地了解和学习产品信息。

②反应式学习。反应式学习是指通过外界信息和事物的不断刺激，形成一种反应，并通过感官与体验为消费者所接受和学习，促使其产生购买行为。反应包括以下两种类型。

◎经典性条件反射。当引起反应的一种刺激和另一种自身不能引起反应的刺激一起出现，就会发生经典性条件反射。经典性条件反射是被动学习。经典性条件反射在消费领域经常被使用。例如，流行音乐（无条件刺激）能引发许多人的正面情感（无条件反应），如果这种音乐总是与某种品牌的钢笔或其他产品（条件刺激）同时出现，这种品牌本身也变得能引发正面情感（条件反应）了，如图 3–3 所示。

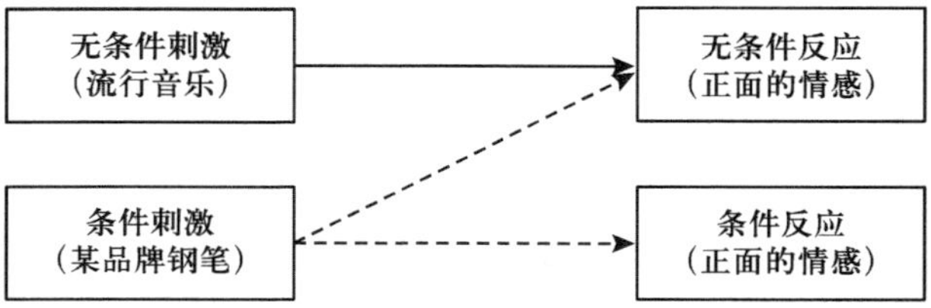

图 3–3　经典条件反射下的消费者学习

资料来源：王生辉，张京红．消费者行为分析与实务［M］．2 版．北京：中国人民大学出版社，2021：38.

◎操作性条件反射。操作性条件反射又称工具性条件反射，是指探讨行为的结果如何影响再次采取该行动的概率。如果一个操作或自发反应出现之后，有强化物或强化刺激出现，则该反应出现的概率就会增加；经由条件作用强化了的反应，如果出现后不再有强化刺激伴随，则该反应出现的概率就会减弱，直至不再出现。

通过一段时间的学习，消费者可以产生某种行为，在这一过程中被奖励的中间行为称为塑造。例如，一家新开店的店主可能会给光顾商店的顾客一些奖励，希望他们以后会继续光顾并购物。理解操作性条件反射不同于经典性条件反射的一种有效方式是：在操作性条件反射中，进行某种行为是因为它是有利的，即能带来奖励、避免惩罚。新开张时给予消费者奖励，那么消费者会因为获得的奖励而继续光顾这家店。厂商可以通过逐步强化消费者的这种认识来塑造消费行为，具体可采用多种方式，如购后进行回访、定期发放优惠券等（图 3–4）。

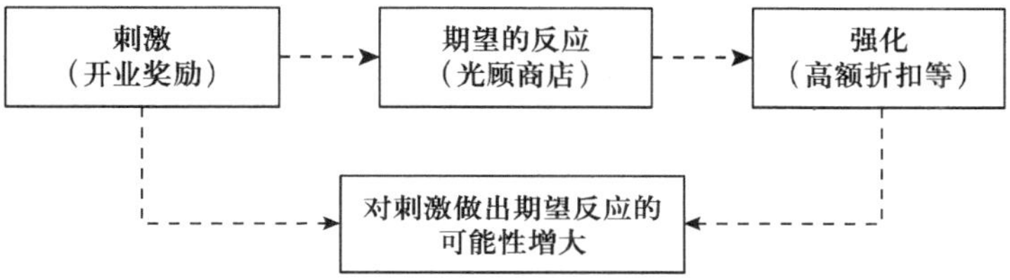

图 3–4　操作性条件反射下的消费者学习

资料来源：王生辉，张京红．消费者行为分析与实务［M］.2 版．北京：中国人民大学出版社，2021：39.

要注意的是，在反应式学习中，人们的经验是由生活中所接收到的反馈积累起来的。类似地，消费者对产品名称、香味等要素的反应是以他们日积月累所形成的联想为基础的。通过学习，人们得知他们的行为会导致奖励或惩罚，这种反馈反过来会影响他们将来在类似情况下的行为。

（3）消费者学习的效果。

消费者通过学习可以改变自身的某些行为方式，这些行为方式的改变对于企业经营及商品销售具有直接意义，因此，研究学习效果是相当重要的。一般来说，学习后对于原有行为的改变有四种效果。

①学习加强型。通过一段时间的学习之后，加强了原来的行为强度，提高了行为的频率等，都属于加强型的学习效果。

②学习稳定型。消费某种商品或某一类商品之后，逐渐形成一定的消费需要或消费习惯，这种行为方式就会稳定下来。

③学习无效型。不管怎样学习（消费过某种商品，或接收了大量有关某种商品的信息），都没有改变消费者原来对待这种商品的行为方式，学习之后没有效果。出现这种情况的原因可能是消费者长期没有这方面的需要。

④学习削弱型。由于接收了更多的商品信息，增加了对企业的了解，反而削弱了

原来的行为方式，或由原来的行为方式转变为另一种行为方式，如购买该商品的行为减少了，或干脆转而去购买另一种商品等。

2. **劝服消费者态度**

广告的目的在于劝服消费者购买广告宣传的产品和服务，劝服的过程就是谋求消费者态度改变的过程，即让消费者对产品或服务产生积极的态度。因此广告的策划与设计必须与消费者的态度紧密联系起来。

（1）消费者态度的概念。

态度是人们对于事物所持有的肯定或否定、接近或回避、支持或反对的心理和行为倾向。态度与认知、情感和行为的联系十分密切，态度包含了情感因素，体现在人们对于事物的喜爱和厌恶的情感反应上。虽然态度对于消费者行为的影响具有一定的潜在性、倾向性和稳定性，但是不像消费者动机那样具有强大的驱动力，也不会像消费者的习惯那样能够导致消费者快速决策。态度对消费者行为的影响集中于消费者的好恶评价和价值判断方面。

消费者的态度是消费者在购买活动中的重要心理现象，是消费者确定购买决策、执行购买行为的心理倾向的重要体现。消费者态度会影响自己的心理和行为。在一定时间内，态度具有相对的稳定性，所以消费者态度对商品选择、购买和消费过程所起作用的时间较长。态度的形成与改变直接影响消费者的购买行为。

（2）消费者态度的构成。

态度作为一种心理倾向，通常是以语言形式的意见或非语言形式的动作、行为等作为自身的表现形态。消费者的态度由认知、情感和行为倾向三种成分构成，各个成分在态度系统中处于不同的层次、地位，担负着不同的职能（图 3–5）。

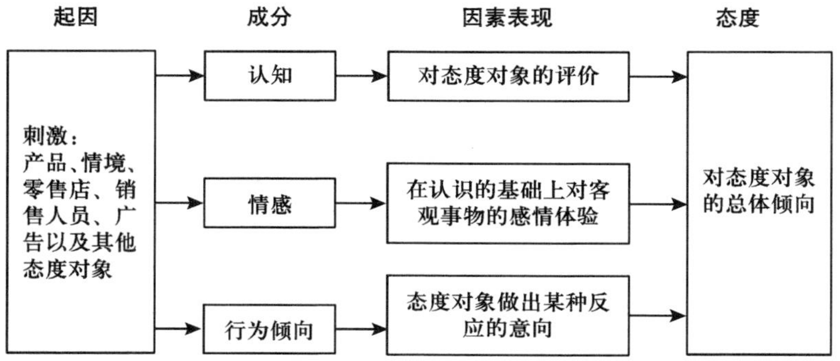

图 3–5　态度的构成因素

资料来源：王生辉，张京红．消费者行为分析与实务［M］．2 版．北京：中国人民大学出版社，2021：41.

①认知成分。认知是指对态度对象的评价，是构成消费者态度的基石。它表现为消费者对有关产品的质量、品牌、包装、服务与信誉等的印象、理解、观点、意见。消费者只有在对上述事物有所认知的基础上，才有可能形成对某类产品的具体态度。

而认知是否正确、是否存在偏见或误解，将直接决定消费者态度的倾向。因此，保持公正、准确的认知是端正消费者态度的前提。

②情感成分。情感是在认知的基础上对客观事物的感情体验，它是态度的核心。它表现为消费者对有关产品的质量、品牌、信誉等喜欢或厌恶、欣赏或反感等各种情绪反应。如果说认知是以消费者的理性为前提的，那么情感则带有非理性倾向，它往往更多地受消费者的生理本能和气质、性格等心理素质的影响。情感对于消费者的态度形成具有特殊作用。在态度的基本倾向已定的条件下，情感决定消费者态度的持久性和强度，伴随消费者购买活动的整个过程。

③行为倾向成分。行为倾向是指对态度对象做出某种反应的意向，它形成消费者态度的准备状态，表现为消费者对有关商品、劳务采取的反应倾向，其中包括表达态度的语言和非语言的行动表现。例如，消费者向他人宣传某商品的优越性、实际去购买等。行为倾向是消费者态度的外在显示，同时也是态度的最终体现。只有通过行为倾向，态度才能成为具有完整功能的有机系统。

（3）消费者态度的形成。

消费者态度的形成过程，是消费者在后天环境中不断学习的过程，一般包括三个阶段。

①模仿和服从。态度的形成开始于两个方面：一是出于自愿，不知不觉地开始模仿；二是受到一定压力而服从。人有模仿和认同他人的倾向，尤其是倾向于认同他所崇拜、敬爱的对象，由于人在模仿中认同不同的对象，因而习得不同的态度。以模仿习得态度，这是态度形成的开端，这时态度往往以不知不觉、自觉自愿的方式表现。在市场营销中，生产商、销售商要选择受人尊敬的、积极的、形象好的人物作为广告的载体，以利于消费者模仿学习，形成认可、接受该产品的态度。服从，又称顺从，是指一个人按社会要求、群体规范或别人的意志而做出的行为。其特征是行为、观点受外界的影响而发生改变。服从有两种：一是在外在强制下被迫服从，二是受权威的压力而服从。在市场经济条件下，外在压力强制下的被迫服从已很少发生。

②同化。同化是指在思想、感情和态度上主动接受他人的影响。态度在这一阶段已由被迫转入自觉地接受、自觉地进行。在这个阶段，新的态度还不稳定，还没有同原有态度体系相融合，容易改变。

③内化。内化是指真正地从内心接受他人的思想观点，并将自己所认同的新思想与原有的观点结合在一起，构成统一的、新的态度体系，这是态度形成的最后阶段。这个阶段所形成的态度比较稳固，不容易改变。

态度的形成是从模仿到学习、从自发到自觉、从感性到理性，不断深化、不断增强的过程。然而，并不是所有的人对所有事物的态度都能完成这个转化过程，有的人只能停留在服从或者同化的阶段。

（4）消费者态度的改变。

消费者态度的改变是指已经形成的态度在接收某一信息或受到某种意见的影响后

引起的变化。由于促成消费者态度形成的因素大多具有动态性质，且处于不断变动中，因此某种态度在形成之后是可以调整和改变的。态度的改变可能经历四个阶段：消极偏见、中立态度、积极态度、强化积极态度。

①消费者态度改变的内容。消费者态度的改变可以分为性质的改变和程度的改变。性质的改变表现为态度发生方向性的变化，即由原来的倾向性转变为相反的倾向性。程度的改变表现为态度不发生方向性变化，而是沿着原有倾向呈现增强或减弱的量的变化。在实际活动中，上述两种方式的区分并非是绝对的。在性质的改变中包含着程度或量的改变，而量的改变积累到一定程度又会引起质的变化。通过各种途径将消极态度转化为积极态度，使一般的好感增强为强烈的赞许和支持，同时阻止积极态度向消极态度退化，力求使恶意或反感得到弱化，正是改变消费者态度的关键所在。

②消费者态度改变的模式。消费者的卷入度会影响其对信息的关注，进而影响行为的改变。卷入度是从消费者角度来说的，越是对消费者来说重要的、感兴趣的商品或服务，越能够吸引消费者关注相关信息。劝服的精细加工可能性模型（elaboration likelihood model，ELM）假定消费者一旦接收信息，就开始其加工过程。根据这条信息与个人的相关程度，接收者会遵循两条劝服路线中的一条。在高度介入的情况下，消费者会选择劝服的中心路线；而在低度介入的情况下，消费者会选择外围路线（图 3–6）。

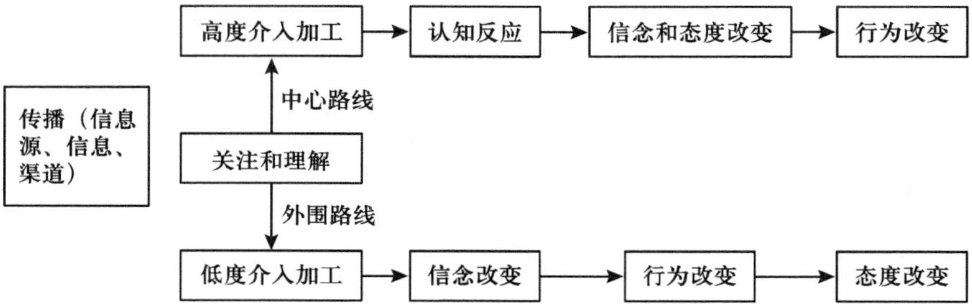

图 3–6　劝服的精细加工可能性模型

资料来源：杨雪睿．广告效果测评［M］．北京：中国人民大学出版社，2020：24.

当消费者发现劝服性广告中所包含的信息与自身相关或者很有趣时，会认真地关注这条广告的内容。在这种情况下，消费者很可能会积极思考广告呈现的观点，并对这些观点产生认知反应。消费者小心谨慎地形成信念并对其进行认真评价，而由此导致的强烈态度很可能会引导他们的行为。由于需求或相关性，使用某一品牌的人更有可能看到该品牌的广告。人们常常发现，购买新产品后，他们会更多地注意到该产品的广告。这有助于解释为什么广告对现有用户的影响更大。

与中心路线相反，外围路线是在人们没有动机去认真思考所提供的论述时采取的路线。消费者很可能会根据广告中的外围因素来决定这条信息是否合适。这些外围因素可能包括产品的包装、信息源的吸引力或者呈现信息的背景。

③消费者态度改变的途径。由于消费者态度是在诸多影响因素的共同作用下形成的，当影响因素发生变化时，消费者的态度也将随之改变，因此凡是促成影响因素变化的措施，都可以成为改变态度的途径。按照方式的不同，劝服可以分为直接劝服与间接劝服两类。

◎直接劝服。直接劝服就是以语言、文字、画面等为载体，利用各种宣传媒介直接向消费者传递有关信息，以达到改变其固有态度的目的。直接劝服的效果受信息传递过程中各种相关因素的影响，例如，由谁来进行说服、通过什么途径进行说服等。

◎间接劝服。间接劝服与直接劝服的区别在于：它是以各种非语言方式向消费者施加影响，通过潜移默化，诱导消费者自动改变态度。间接劝服可以采取多种方式进行，例如，通过所属群体的示范或亲身的实践体验。

（5）消费者态度劝服的广告策略。

①以理服人的呈递方式。消费者的态度组成结构中有认知成分，不同消费者的认知能力是不同的。针对认知水平较高、理解判断能力较强的消费者，采用双向式呈递较好。双向式呈递是把商品的优劣两方面都告诉消费者，让其感受到广告的客观公正，结论由消费者自己推出。这个层次的消费者普遍对自己的判断能力非常自信，不喜欢别人替自己做判断。如果广告武断地左右他们的态度，会适得其反，引起逆反现象，使其拒绝接受广告内容。但对判断力较差、知识面狭窄、依赖性较强的消费者，采用单向式呈递信息的方式较适宜。这个层次的消费者喜欢听信别人，自信心较差。针对这些特点，广告明确指出商品的优势及它能给使用者带来什么好处，直接劝服他们购买此商品，效果更明显。当然，选用哪种方式呈递信息，首要问题是认清广告对象是哪一层次的消费群体。

②以情动人的呈递方式。在消费者态度的三种成分中，情感成分在态度的改变上起主要作用。消费者购买某一产品，并不一定都是从认识上先了解它的功能特性，而是先从情感上对它有好感，看着它顺眼，有愉快的体验。因而广告如果能从消费者的情感入手，往往就能取得意想不到的效果。如某品牌洗衣粉的广告——“下岗篇”，广告片中小女孩的言行令无数看过该广告的消费者深受感动。因此，在广告有限的时空中，以理服人地呈递信息固然显得公正客观，但以情动人的方式更容易感染消费者、打动消费者。

③奖励式的呈递方式。奖励是一种外在的正强化刺激。在广告中可增加一些额外的奖励信息，使消费者在接收广告信息的同时，可获得一些与广告无关的东西，如小礼品或其他信息等。

三、互联网对消费行为的影响

互联网的发展为中国网络购物市场带来了新的机遇。在2018年的“双11”购物狂欢节中，仅仅过了2分05秒，阿里巴巴电商平台的交易额就突破了100亿元人民币。越来越多的消费者开始利用互联网购买商品或服务，这甚至已经发展为中国网民的一种普遍行为。无论是线上还是线下，消费者的购买过程都包含五个基本环节：需求确认、收集信息、评估方案、做出决策和购后行为。不过，由于使用了互联网这一工具，这些环节的实际细节在线上购买与传统的线下商店购买时还是有一些区别的（见表 3–1）。

表 3–1　网络消费和传统消费在购买决策过程的各个环节的对比

	传统消费	网络消费
需求确认	一般涉入度更高，受到商家的影响更多	更个性化、更理性
收集信息	信息收集范围更窄、更有局限性和被动性	更有针对性、更主动
评估方案	可以更多地通过试用来获取产品信息	更依赖于其他消费者的评价和与他人的沟通，风险感知更高
做出决策	更多地受到商家的影响	支付更快捷但与收货分离
购后决策	评价较少，更多的是投诉	更有即时性和分享性

资料来源：周欣悦 . 消费者行为学［M］. 2 版 . 北京：机械工业出版社，2021：318.

互联网带来的购买决策的变化主要集中在两个 S 上：（网上）搜索（search）行为和（网上）分享（share）行为。尽管这两个 S 在传统购买行为中也存在，搜索存在于“收集信息”阶段，分享存在于“购后行为”中，但是，受到技术的限制，没有互联网帮助的消费者在这两个 S 上可以做的事在数量和即时性方面都极为有限，因此这两个环节对传统购买决策影响不大。

1. 互联网环境下的消费者搜索行为

在互联网时代，广泛地收集产品信息并有效地加以比较已经成为在线购物的优势。在线搜索和比较产品信息的行为可以跨店、跨国界、跨不同货币进行，搜索成本低，这是线下商业时代所无法达到的。正因为消费者在线搜索能力的巨大提升，如何使自己被消费者检索到已经成为企业营销竞争的关键。

消费者在网上搜索些什么？消费者可以通过互联网看到的，不仅是产品供给方的官方信息，还包括所有媒体关于产品信息的报道、其他消费者使用的体验、强关系人群（亲人、朋友和同事）关于产品的建议、某个特定品牌在过去某段时间里所有的营销活动……不仅如此，搜索引擎还会帮助消费者将这些信息有结构地呈现出来，并进行比较。互联网强大的信息呈现功能改变了消费者在交易中持有的信息量，极大地改善了买卖双方信息不对称的情况。但是，大量的信息使搜索任务变得更加艰巨，消费者进而采取了不同的搜索战略。总体上，消费者的搜索战略处在两个极端之间：直接搜索和无目的地浏览。前者也叫有目的地搜索，是指针对某项特定信息进行搜索；后者是指无目的地随便看看。

值得注意的是，消费者的网上搜索行为并不仅仅发生在收集信息的阶段，在经典购买决策过程的其他环节也会发生网上搜索行为，或者与搜索有关的行为。最典型的情况是，当消费者进行无目的地浏览时，可能会被引发对某种商品的需求。在购后使用的过程中遇到问题，消费者也会通过搜索来解决。因为搜索过程提供了供给方的信息和与消费者接触的可能性，所以商家就想通过一些方法来利用这个过程。例如，产品和服务供应方提供了参考关键词、导航条和标签条，各种购物网站通过这些工具来优化消费者搜索的过程，或是将消费者引至有利于卖方的目的地。

2. 互联网环境下的消费者网络分享行为

互联网的普及使得口碑分享更为常见，人们通过网络分享自己旅行的经历，分享自己对某个餐厅的评价或对某部电影的感受，这些口碑对销售所产生的影响也已经为研究所证实。购后的网络分享行为，本质上是一种口碑，并不是什么新鲜事物，所以关于口碑的经典研究的结论仍可以用在网络分享行为上。例如，负面口碑往往比正面口碑对消费者的影响更大；在正面（积极）口碑中，关于享乐的内容是最容易被传播的口碑，其次是知识型和情感沟通型口碑。

令研究者感到好奇的是，分享消费体验在很多时候并没有报酬，为什么会有那么多人愿意花时间和精力去编辑和分享消费经历呢？研究者的共同结论是，消费者将经验分享给他人是出于利己的动机[①]。人们在将口碑分享给朋友或陌生人时，都是受社会认可（social acceptance）这个动机的驱使，为了实现社会认可，人们必须与他人建立和保持社会关系。Chen 的进一步研究认为，尽管根本动机一致，但是消费者分享给不同的人的内容策略并不相同：当消费者将口碑分享给陌生人时，希望口碑能够实现自我提升（self-enhancement），使自己更有吸引力，吸引陌生人与自己建立某种关系；而当消费者将口碑分享给朋友时，只是希望与朋友分享情感、维持关系[②]。所以，当消费者将消费体验分享给陌生人和朋友时，其内容是根据这两种不同的策略定制的。举例来说，消费者在分享消费体验给陌生人时，会显得更加积极乐观，因为这对提升自我形象有好处；再如，一旦发现有人发表不同的意见，分享给陌生人的消费者更愿意调整自己的分享内容。

3. 互联网环境下的消费者购买决策综合模型

在互联网环境下，图 3-7 所示的综合模型，将传统购物、网络搜索和分享及网上购物过程整合在了一起。综合模型的优势在于，把购买方式的选择纳入消费者决策需要考虑的范围内，从而适用于传统与网络两种不同的购物方式，容纳了“网上搜索”和“网上购买”两个环节。但是这个模型也有缺陷：消费者对于购物方式的选择可能发生在信息搜索之前，并且对于消费者的重复购买行为（“习惯型”购买行为）来说，并不需要花费许多认知努力。所以，这个综合模型更适用于购买介入程度中等、信息搜索有限、决策规则简单且备选方案少、购后评价也不多的“有限型”购买行为，以及购买介入程度高、大量信息搜索、决策规则复杂且备选方案多、购后评价全面的“扩展型”购买行为。

---

① Berger J. Word of mouth and interpersonal communication: a review and directions for future research［J］. Journal of Consumer Psychology，2014, 24（4）：586–607.

② Chen Z. Social acceptance and word of mouth：how the motive to belong leads to divergent WOM with strangers and friends［J］. Journal of Consumer Research, 2017，44（3）：613–632.

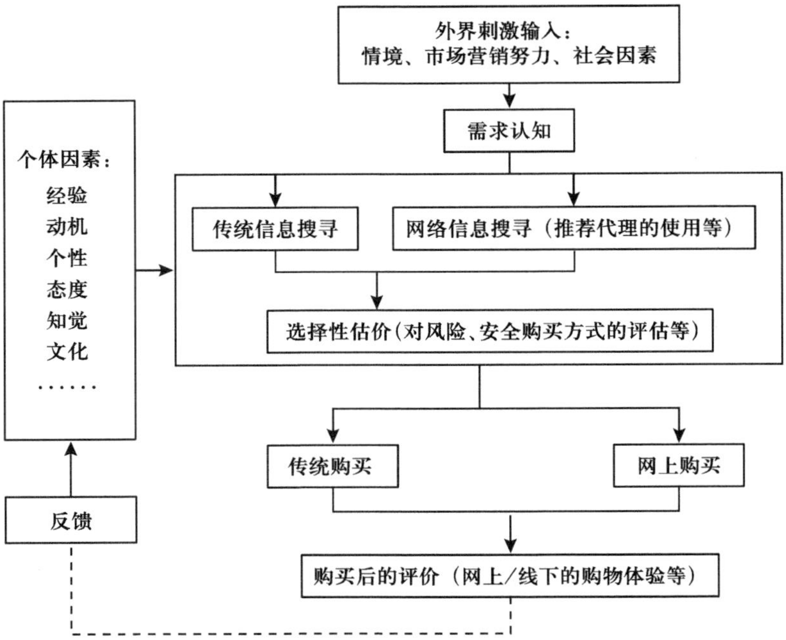

图 3-7　互联网环境下消费者决策的综合模型

资料来源：周欣悦．消费者行为学［M］．2 版．北京：机械工业出版社，2021：324.

李双双，陈毅文，李江予．消费者网上购物决策模型分析［J］．心理科学进展，2006（02）：294.

经典与前沿研究 3-2

互动用户生成内容技术：问答如何影响消费者评论

在互联网环境下，消费者评论已经被证实可以影响产品和服务的购买决策，并被品牌和零售商大量使用。近年来，另一种用户生成内容——问答（Q&A），正成为网上零售商广泛采用的新技术，并受到了消费者的欢迎。波士顿大学教授萨那斯·巴纳吉（Shrabastee Banerjee）等（2021）将问答的影响放到了电子商务的框架下，研究了问答如何解决需求不匹配的问题，并带来更高的消费者满意度。

文章假设消费者会面临两种不确定性，分别是质量不确定性和匹配不确定性。对产品质量的判断需要通过使用才能得出，因此其他消费者使用产品后的评论可以很好地降低质量不确定性。而对于匹配不确定性，作者认为由于不同消费者会存在特殊的需求和不同的偏好，而基于产品属性的问答也许比单独的评论能够更直接、更全面地缓解匹配不确定性。总的来说，作者认为问答能够使消费者在购买前得知一些关于产品特征的信息，从而降低他们的匹配不确定性。反过来又导致消费者购买与其需求更加匹配的产品，从而减少购买后的后悔。

研究发现，回答消费者的问题可以减少由于需求不匹配而产生的负面评论，并提高消费者对产品的评分。对于平台、零售商来说，问答将成为一种有效的声誉管理工具，避免负面评论造成的"损害"。同时，也可以引导消费者在更知情的情况下购买，缓解产品评分偏低的问题。对于消费者来说，问答可以获得更多的购买信息，从而获得更高的购后满意度，减少退货。

资料来源：Banerjee S，Dellarocas C，Zervas G. Interacting user-generated content technologies：how questions and answers affect consumer reviews［J］. Journal of Marketing Research，2021，58（4）：742–761.

第三节 消费行为理论模型

一、AIDA 模型和 AIDMA 模型

1. AIDA 模型

1898 年，美国广告学家埃尔莫·路易斯（Elmo Lewis）首次提出了"AIDA"的传播理论。1958 年，海因兹·M. 戈德曼（Heinz M. Goldmann）将 AIDA 模型运用于营销实践，由此成为一种经典营销模式。AIDA 模型根据用户的心理和行为特征将产品推销过程划分为四个阶段：首先吸引用户的注意力（attention），然后使用户对产品产生兴趣（interest），随之刺激用户产生购买欲望（desire），最后促使用户产生购买行为（action）。

AIDA 模型构建了从吸引用户注意到触发用户行动的完整链路，它既阐述了传统推销过程中的四个发展阶段，也是一个漏斗模型，如图 3–8 所示。随着用户行为的深入，从最先的注意到最后的购买行为，用户数量在减少和流失。在互联网广告中，广告通过展露创造了产品或品牌的可视性。对于首次接触到广告的用户来说，他注意到广告内容后，如果对广告产生了兴趣，接着他会产生点击行为，而当他的欲望再次得到刺激时，他会关注和了解商品的更多信息，直到产生最后的购买行为。AIDA 模型的主要优点是它允许推销人员在推销的过程中，扮演一个积极且具有指导性的角色；其主要缺点是它可能被认为具有高压性或强制性，而对顾客的重视不够。

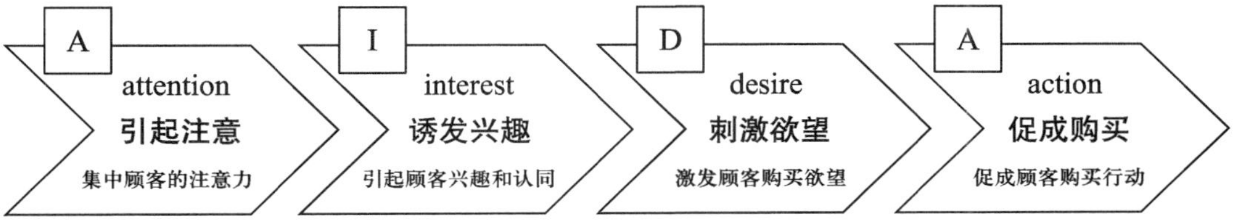

图 3–8 AIDA 模型

资料来源：薛可，陈俊，余明阳. 整合营销传播学：移动互联网时代的 IMC 新论［M］. 上海：上海交通大学出版社，2019：318.

2. AIDMA 模型

AIDMA 模型是对美国广告学家埃尔莫·路易斯 1898 年提出 AIDA 模型的内容扩充，用于描述广告作用于消费者的心路历程。AIDAM 模型认为，消费者从最初接触广告信息到最后完成购买行为会经历五个阶段：引起注意（attention）、引起兴趣（interest）、唤起欲望（desire）、留下记忆（memory）、购买行动（action）。与 AIDA 模型相比，AIDMA 模型增加了"记忆"这一环节，旨在抢先一步，促使消费者形成某种思维定式。

Attention 即吸引受众并引起注意。为引起消费者对于广告的注意力，首先要做到情绪唤醒，即生理或心理被唤醒或受外界环境刺激而产生的反应，能够激活消费者的大脑。其次可以在广告的表达内容中着重体现瞩目性、震撼性、艺术性、独特性等特点，在表现手法上可以使用欲扬先抑、制造悬念、激发好奇心等策略，突破固有产品的形象羁绊，达到提高消费者关注度的目的。

Interest 即占据心智并引起兴趣。通过广告激发消费者的兴趣，是指潜在消费者在接收广告的过程中，对广告内容产生的兴趣和关注等积极的认识倾向。这种心理倾向是稳定存在的，并伴随着肯定的情感体验。可以通过精心制作的彩色目录、商品的新闻简报等方式，在语言上直击消费者痛点，或抓住人们的猎奇心理等，来引起兴趣。

Desire 即确立信念并唤起欲望。培养消费者欲望需要抓住产品某种特性吸引相关群体，突出产品的卖点及能够解决受众的某些痛点问题，初步培养消费者的需求欲望。唤起欲望通常可采用三种广告诉求方式：文化诉求、理性诉求和情感诉求。文化诉求是指利用某种文化的影响力，顺应消费者的文化心态，从而让消费者心甘情愿地接受广告信息；理性诉求是指理性地阐述产品特点、用途、质量，通过产品的优势来影响消费者的判断，从而获得消费者的理性共识，激发其购买欲望；情感诉求重点强调动人的情感，利用情感来诱发消费者的购买动机。

Memory 即深入人心并留下记忆。记忆本质上是一段信息在生理上的存储过程，可以被创造，也可以被加深。首先，在广告形式上要提供一个记忆点，用特别的方式将产品的核心卖点介入到消费者的思想中。其次，为让广告使受众在内容上有所收获，需要深入挖掘人们的潜在需求。如果能让受众从广告中有所收获，那在受众的脑海一定留下了深刻的印象。最后，多次重复也是强化记忆的一种常用方法，但重复记忆的前提是一定要将产品做出特点，着重表现该产品与同类产品的不同之处，并进行大范围投放，诱发消费者思维定式。

Action 即坚定信心并促成购买行动。在 AIDMA 模型中，促成行动阶段是最后一步，也是最终目的，用户的购买行为会发生在任意时间和任意地点。从引起注意到付诸购买的整个过程，品牌方必须信心十足。当消费者的经济能力足够负担并有强烈的消费欲望时，才会采取购买行为以采购其心仪的商品，此时消费者变为主动购买者。

在传统媒体及互联网兴起初期，由于信息不对称，AIDMA 模型能够有效指导广告创意和投放的营销策划，呈现出效果直接、见效快的特点。商家通过在各类媒体上大量投放广告，吸引了更多人关注，从而诱导人们形成思维定式，引发人们的购买行为，有利于品牌推广。然而，在互联网和智能技术发达的时代，网络搜索引擎让人们主动、精准获取信息成为可能。因传播环境和生活方式的改变，消费者的购买过程也随之发生变化，含有网络特质的消费行为理论模型应运而生。

二、AISAS 模型

在互联网 Web 2.0 时代，消费者花在互联网的时间逐渐超过传统媒体，以生产者为主体的新的传播理念逐渐形成，消费者既可以通过网络主动搜索、获取信息，又可以发布信息与其他消费者分享交流，媒体市场呈现出向深度、精准度方向发展的趋势与特点。针对网络带来的变化，日本电通公司于 2005 年提出了消费者行为的 AISAS 模式，这是对传统的 AIDA 模型和 AIDMA 模型的改造。互联网普及后，消费者在行动之前的搜索（search）和购买后的分享（share）行为使其成为营销信息的积极参与者与传播者，而不再是被动的接收者，这无疑对传统的广告投放方式产生了巨大的影响。AISAS 模型也包括五个阶段：关注（attention）、引起兴趣（interest）、搜索（search）、购买（action）、分享、口碑传播（share），如图 3-9 所示。

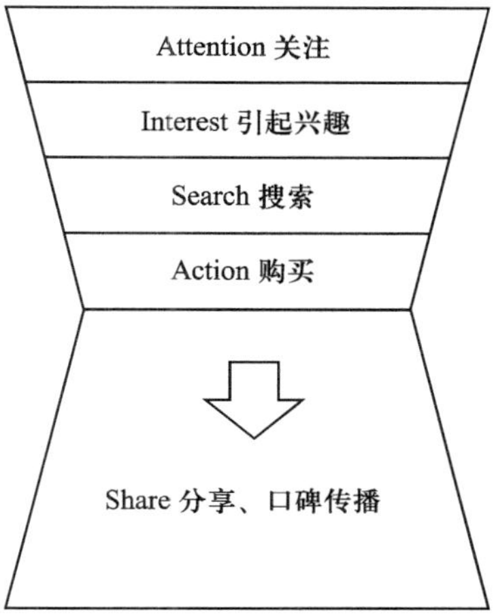

图 3-9　AISAS 模型

资料来源：薛可，陈俊，余明阳．整合营销传播学：移动互联网时代的 IMC 新论［M］．上海：上海交通大学出版社，2019：82.

Attention 和 interest 即引起注意和引起兴趣，前两个阶段与 AIDMA 模型相同。但与传统的实体经济购买行为不同的是，互联网时代引起用户注意的渠道变多了，也更加精准。从渠道上来说，传统营销方式主要有电视、纸媒等，传播范围有限，现在借助互联网可以通过公众号、自媒体、短视频等渠道触达消费者，传播范围广泛，且针对的目标人群更精准。在引起兴趣方面，互联网时代消费者对硬广告比较反感，植入软广告更容易被接受，转化效果也更好。即使是信息流广告，也要强调内容的质量，考虑用户的阅读体验，才能提高产品的转化率。

Search 即搜索。经过引起注意和引起兴趣两个步骤后，消费者会通过各种渠道去搜索相关信息，比如在网上使用搜索引擎进行搜索，或者在线下收集有关产品信息，了解其他人的使用情况、对该产品的评价。因此，在这个阶段，企业做好搜索引擎优化是非常有必要的，需要减少品牌和产品的负面舆论，引导用户进一步了解产品，影响用户购买决策。

Action 即购买。消费者通过多种渠道了解产品的相关信息后，如果对产品较为满意就会产生购买行为。现在消费者的购买渠道很多，不仅局限于线下实体店。比如线上购买会更便捷，这也大大降低了消费者做出购买决定的门槛。

Share 即进行分享、口碑传播。在互联网时代，购买结束后增加了分享的环境，如消费者的线上评论、口碑传播等，同样会对其他消费者的购买决策产生影响，这比开展营销活动去展现产品更有效。用户在进行决策分析的任何一个环节都可能进行分享，如果企业能有意识地引导用户去进行积极、正面的分享，对产品和品牌的宣传是非常有帮助的。

三、B=MAT 模型

B=MAT 模型是斯坦福大学福格（Fogg）教授提出的行为设计模型。B 是 behavior（行为）。这个模型的意思是说，一个行为的发生涉及三个要素：第一个是 M（motivation，动机）；第二个是 A（ability，能力）；第三个是 T（trigger，触发）。福格教授认为，只有同时具备上述三个条件，才具有转化行为受众的可能，如图 3-10 所示。

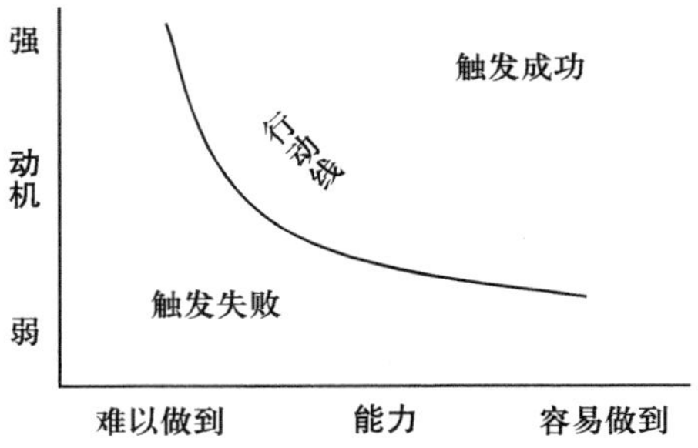

图 3-10　B=MAT 行为模型

资料来源：福格．福格行为模型［M］．徐毅，译．天津：天津科学技术出版社，2021：37.

动机是以一定方式引起并维持人的行为的内部唤醒状态，是指驱使人产生某种行为的内在力量，主要表现为追求某种目标的主观愿望或动机，是人们追求某种预期目的的自觉意识。动机是由需要产生的，当需要达到一定的强度，并且存在着满足需要的对象时，需要才能够转化为动机。人之所以产生某种行为，是因为对某件事具有一定的需求，从而产生了动机。

能力是完成一项目标或者任务所体现出来的综合素质，即完成一定的活动所具备的本领。不同的行为活动，对所需的本领或能力的要求也不同。面对一个待解决的问题，人们通常依据过往的经验先进行心理预判，分层分块地划分任务，然后运用自己的能力达到解决问题的目的。要想提高用户某个行为的发生频率，除了有完成任务的动机之外，还需要确保用户有足够的能力去做到，整个过程可以复杂，但每一个环节需要简单易行。有两种方法可以提升用户的能力：一种是训练用户，帮助他们不断提升自我直到可以完成目标行为；另一种方法是降低行为的难度，简化目标行为，就是给用户赋能的过程。一般对能力的要求越低，解决问题的速度就越快。

触发是在某个时刻促使人们采取行动的信号。如果他们有充足的动机和能力来施行既定行为，他们就会在被诱导 / 触发时进行。针对不同的人群，触发条件的设计也不相同。对于高动机、低能力的人来说，他们需要一个推进器（facilitator）来帮助他们一点点进步。例如对于想要增肌却不知如何开始的人，在合适时间推送的、详细的增肌教程就是非常好的引导。对于低动机、高能力的人，他们需要更多的火花（spark）来激发他们做某件事的动机。对于高动机、高能力的人，一点小小的信号（signal），就能够触发他的行为。

后来福格教授又对这一行为设计模型做了升级。新的福格行为模型优化为 B=MAP。

把“trigger”改为了“prompt（提示）”。福格教授解释说“触发”一词指的是当下就能做的行动号召。随着时间发展，“触发”一词略有贬义联想，且人们总是容易把它和动机弄混，所以更改为“提示”后，语义更清晰、明确、无歧义。“提示”即提醒用户现在去行动。当消费者既具备行为的动机又具备行为所需要的能力时，就会对提示做出可靠的回应，立刻采取行动。生活中有三类常见的行为提示：人物提示，通过自己或他人来提醒采取行动；情境提示，通过环境中的某些事物提醒行动；行动提示，通过既有的行为来提示后续行动。新的福格行为模型认为，行为的发生有且只有三个关键要素：动机、能力和提示，当三者同时发挥作用时，即被提示想起来去做、有欲望愿意去做、有能力能够去做，行为便开始发生。

四、SIPS 模型

移动互联时代，以用户为中心的 SIPS 模型打破了传统单向的传播模式，传播主体与用户之间的双向互动模式开始产生。2011 年，在之前模型的基础上，日本电通公司又提出了 SIPS 分析模型，更加强调了消费者的传播和分享行为带来的影响。这一模型认为，在社会传播网络中，消费者会对能够引起共鸣（sympathize）的信息进行关注，并通过各种手段确认（identify）这一信息是否与自己的价值观相符，然后就会参与（participate）到和这一信息有关的分享（share）活动中，使得这一信息得到扩散（spread），如图 3–11 所示。SIPS 模型是社交媒体时代用户消费行为分析的工具，深刻展现了社交媒体时代消费者行为的新特点，打破了传统单向的消费模式，更加注重消费者与企业、消费者与消费者之间的双向互动，强调用户的意见和行为受到特定人群的影响。

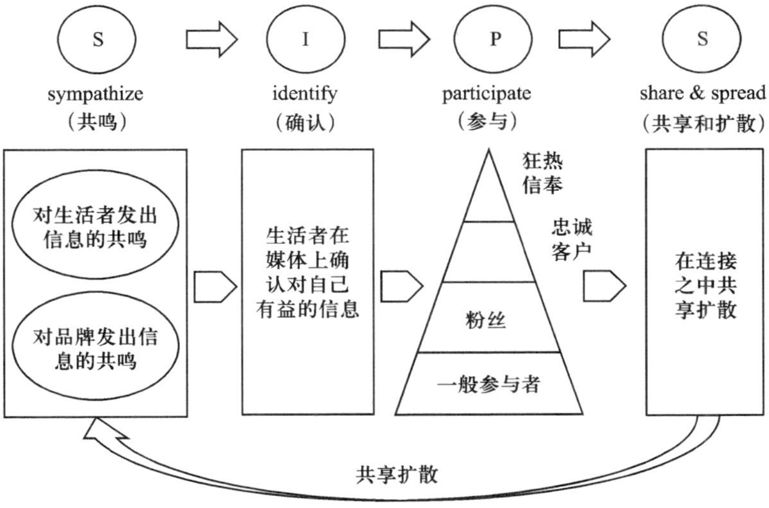

图 3–11 SIPS 模型

资料来源：刘毅，曾佳欣．基于 SIPS 模型的短视频平台图书营销策略探究［J］．出版发行研究，2020，19（03）：25–67.

Sympathize 即共鸣，是指用户对产品信息产生情感上的共鸣，从而进一步交流、互动。共鸣是通过内容的呈现来打动受众的，品牌或用户发出的信息只有引起用户的共鸣，才能促使其进一步了解企业与产品。而情感最易打动用户，所谓的共鸣也是指沟通双方从情感深处产生的共振，思想、情绪、意志合拍，进而激发出的受众的情绪反应。

Identify 即确认，是指用户通过外界确认激发其共鸣的产品信息是否具备消费的价值。确认主要涉及受众通过对社交平台所展示产品或服务的进一步分析，消费者对自己产生共鸣的产品寻找外界确认，确定该产品或服务是否具有满足其需求的价值。确认的本质是寻求内容与用户个体之间的关系，这种关系可以说是一种情感关系、一种利益关系、一种信任关系等。

Participate 即参与，是指通过一系列的参与行为促使用户产生消费意愿和行为。参与是用户在共鸣与确认消费的认知基础上进行的对消费行为的深化，有了参与，流量才能变现，新媒体营销才能实现其目的。用户的参与实质是开始与品牌方对话，进行互动，而互动体验的好坏直接影响用户是否发生购买行为。

Share & spread 即共享和扩散，是指用户得到优质的消费体验后，主动地进行口碑社交化推广。用户通过良好的体验、亲身的参与而产生二次扩散，共享自己的体验感受，产品、服务、品牌等信息在其中流动和传播，产生扩散的影响力。社交媒体要想尽一切办法，将有效信息传递出去，实现二次，甚至是多次的传播。

五、SoLoMo 模型

SoLoMo 模型是集社交化（social）、本地化（local）、移动化（mobile）于一体的商业模式，具有即时性、精准性与开放性的特征。2011 年 2 月，IT 风险投资人约翰·杜尔（John Doerr）第一次提出这个概念。随后，SoLoMo 模型风靡全球，被一致认为是互联网未来的发展趋势。作为一种新型的商业模式，SoLoMo 模型逐渐被应用在各个行业中。

Social 即社交化，其本质是消费者资源的聚集，其狭义的定义是企业通过在广大的消费者群体中建设社交网络，举办一系列社交活动，实现消费者群体之间的信息或物品共享。而从更广的角度来说，社交化是互联网通过社交平台为广大用户提供更大的价值。此外，社交化的目标是加强消费者之间、企业与消费者之间的交流，并实现他们之间的信任和互动，进而推动各行业实现用户资源的聚集。其中典型的代表包括人人网、淘宝网的淘江湖平台，前者是借助社交活动实现信息的实时共享和信息链的传递，后者是通过社交平台增强消费者之间的交流，为其挖掘潜在的消费者。

Local 即本地化，其核心是地理信息服务的提供。本地化的实现以基于位置的服务技术为基础，借助全球定位系统、网络通信等手段为商家提供消费者的地理位置信息，并为消费者提供地理信息搜索服务。同时，移动终端的覆盖率不断增加，智能移动终端技术与位置服务技术也不断结合（如用户签到功能），使得商家获得海量的消费者信息（如消费者经常活动的位置范围、喜好兴趣、经济水平等）。一方面，能够依据这些信息识别消费者群体的基本需求和高级需求；另一方面，商家通过对消费者信息的处理，能够为不同消费者群体提供有针对性的信息、产品服务，从而降低时间、空间对用户消费的限制。

Mobile 即移动化，其核心是提供技术支持。随着互联网技术的深度发展，移动终端逐渐取代电脑终端成为互联时代的主体，因而移动化的内涵也是移动终端的大众化。同时，Mobile 作为信息技术的新型载体，打破了传统意义上的线上活动：一方面，消费者的活动范围信息成为各商家发展至关重要的因素，不断促进移动设备端进行升级改进；另一方面，Mobile 提升和扩大了信息共享和即时搜索的效率和范围，从而使得各商家挖掘出其本身最大的商业价值，进一步满足消费者的体验需求。

综上，SoLoMo 模型是将 social、local、mobile 三者的优势和作用相结合，其中 mobile 的作用是提高用户的品牌忠诚度，实现移动购物；local 通过位置信息的共享、签到等形式获取用户位置等信息；social 的作用是维持用户间、用户与商家之间的关系。SoLoMo 模型的本质是实现线上与线下的联结，即实现 online 与 offline 的双向互动。如图 3-12 所示，social、local、mobile 三者呈现正三角的形状，形象地表明三者的作用和地位，其中 mobile 是 SoLoMo 模型实现的基础，借助互联网平台增强用户与商家的交流；social 是 SoLoMo 模型的最终目标和“导向标”，指引商家的运营方向；而 local 是 SoLoMo 模型实现的重要手段，即通过位置信息的获取来将实体商家与消费者进行关联。

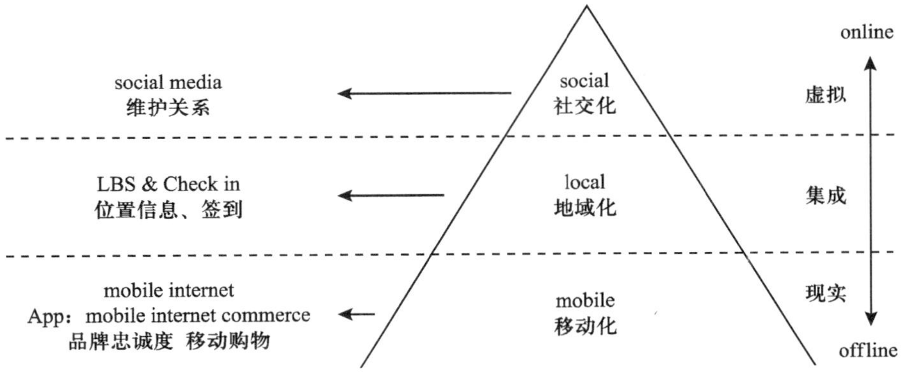

图 3-12 SoLoMo 模型

资料来源：温振洋.SoLoMo 新兴模式下顾客管理体系建设探讨——基于共享经济视角［J］. 商业经济研究，2019，(01)：47-49.

经典与前沿研究 3-3

权力感如何影响旅游目的地广告的有效性：广告唤醒度的调节作用

随着各地旅游目的地之间的竞争日益激烈，营销人员长期致力于设计出有效的旅游目的地广告，以吸引潜在的游客。旅游目的地广告的有效性在很大程度上取决于广告信息诉求（如广告唤醒度）和游客心理特征（如权力感）之间的匹配性。那么，旅游目的地品牌宣传中应如何设计广告唤醒度，是否针对不同权力感的消费者和不同唤醒度的广告效果会有所差异呢？Jiang（2020）等的研究从旅游目的地品牌的广告营销情境切入，综合采用行为实验和大数据的研究方法，揭示了文化衍生的权力感与广告唤醒度对旅游目的地广告有效性的匹配性效应，并剖析了调节定向在其中发挥的作用机理。其研究结果表明，文化衍生的权力感和广告唤醒度之间的匹配性可以对旅游目的地评价产生正向影响，文化衍生的权力感会影响个体的调节定向，而调节定向进一步与广告唤醒度交互影响旅游目的地广告的有效性。此外，个人权力感与高唤醒度、社会权力感与低唤醒度的匹配性导致旅游目的地评价更高。

资料来源：Jiang H，Tan H，Liu Y，et al. The impact of power on destination advertising effectiveness：the moderating role of arousal in advertising［J］. Annals of Tourism Research，2020，83：102.

第四节　广告效果理论

一、广告效果层级模型

为了评估和提高广告的有效性，学术研究人员和市场营销人员构建了各种广告效果的分析模型。这些分析模型揭示了潜在客户从产生需求到最终购买产品的全过程，以及影响潜在客户购买行为的因素。效果层次理论就是其中最常见的一种。

1961 年，罗伯特·拉维奇（Robert Lavidge）和加里·斯坦纳（Gary Steiner）在《广告效果预测性测量模型》中首次提出了效果层次理论。该理论将顾客对产品的反应分为三个阶段六个步骤，分析广告营销如何一步步推动消费者购买产品——从不了解一个产品或品牌，到逐渐喜欢上它，最后做出购买行动。一般来说，随着产品营销的不断深入，一个产品的目标顾客群体会依次经历认知层面、情感层面、行为层面三个阶段，整个过程中目标顾客会因为各种因素而流失，因此顾客留存量就像沙漏一样，越往下越少（图 3–13）。

1. 认知阶段

第一阶段属于认知层面。这一阶段消费者会认识（awareness）和了解（knowledge）产品，这为消费者之后喜欢、信任和购买产品奠定基础。认知阶段展现的是消费者对产品或品牌的“思考”，即如何在认知层面上接触产品。

让消费者意识到品牌的存在（awareness）是整个广告营销过程的起点。如果一个消费者打算购买某产品，至少要知道某产品或品牌的存在。品牌通常都是以投放营销广告的方式来达到这种效果。然而，消费者在这一阶段只是注意到了某个品牌的存在，对于产品的具体信息和特点还不是十分了解，品牌对于消费者的影响力还十分有限。

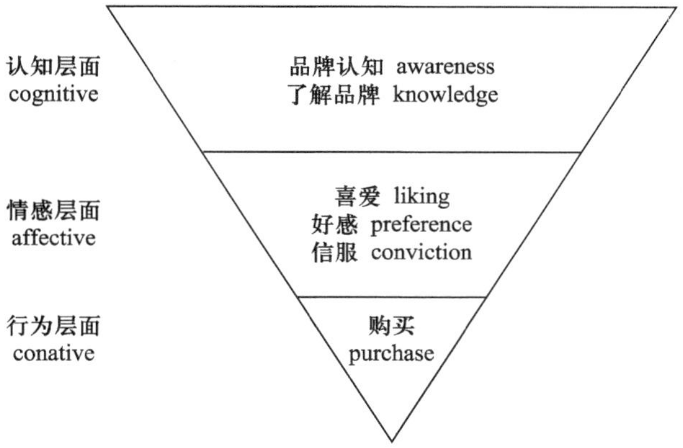

图 3-13 广告效果层级模型

资料来源：周欣悦．消费者行为学［M］．2 版．北京：机械工业出版社，2021：338.

了解（knowledge）是消费者在意识到某个品牌的存在后去评估该品牌下的产品能否满足他的需求，以及该品牌与其他品牌产品相比其特点和优势是什么的过程。营销团队必须确保在这一阶段向消费者提供足够的产品信息，尽可能引起他们对产品的兴趣和好奇，从而顺利引导消费者进入下一个阶段。

2. 情感阶段

第二阶段属于情感层面。这一阶段消费者会喜爱（liking）产品、对产品产生好感（preference）和信服（conviction）。情感阶段展现的是消费者对于产品或品牌的“感觉”，即如何在情感层面上与产品产生联系。

当一款产品为消费者提供了积极情感，他们就会开始喜爱这款产品，消费者和产品的接触就从认知层面转移到了情感层面。消费者若能从一个品牌那里获得情绪安慰或情感共鸣，他们就更可能形成对该品牌的积极看法。营销团队在这一阶段不应该过多关注产品的技术和服务，而应该宣扬品牌的价值观、产品理念、产品设计感等特色，与潜在消费者建立一种情感联系。

好感（preference）是指相比于其他品牌，消费者对某品牌所产生的具有差异化的积极态度。进入到情感阶段的消费者可能已经被说服尝试某产品，但他们可能同时也对其他品牌的这类产品产生了兴趣。因此在这一阶段，品牌需要将自己的产品与其他竞争对手的产品区分开来，强调自己的产品优势和品牌特点，降低潜在消费者的流失率。营销团队需要弄清楚哪些重要因素能让消费者喜欢自己的品牌（而不是其他同类产品），并在营销产品的过程中放大这些竞争优势，因为这些独特的卖点能确保消费者对该品牌的印象深刻，增加对该品牌的偏好程度。

信服（conviction）决定了潜在消费者能否从情感阶段转向行动阶段，对品牌的信任度影响着消费者的最终决策。如果消费者对于产品有足够的信服力，就会打消原本的疑虑，不再找其他同类产品进行研究和对比，而是把自己对于某个品牌的积极情感转化为购买意愿。营销团队可以通过赠送免费样品、提供预购选择等方式帮助消费者提高对产品的信任度。这一步的成功与否决定了消费者是否会坚持购买该品牌，以及是否有可能成为该品牌未来的忠实客户。

3. 行为阶段

最后一个阶段属于行动层面。消费者在这个阶段是否做出了购买（purchase）行为是衡量这款产品市场营销成功与否的标准。这一阶段最重要的是为消费者提供积极的购买体验，例如提供多种支付方式、简化产品购买流程、提高产品说明的可读性、保证及时的售后支持。营销团队应该确保每个潜在客户都知道购买产品之后他们能享受到什么样的服务和体验，让他们相信品牌的产品或售后服务是有保证的。除此之外，营销人员还应该通过关注产品或服务的质量、满意程度和受欢迎程度，和消费者建立起良好的品牌关系。

二、广告效果测量模型

广告代理商将广告投放的基本价值区分为创意有效性和媒体投放有效性。高价值的广告投放，首先就要依赖大众媒体广告投放的高效率和有效性。广告效果测量的数据很多，所有这些数据可以划分为输入、处理和输出三个阶段，如表 3–2 所示。信息告知与触达是传统广告最主要的效果评测指标，广告效果测量模型的核心是毛评点（Gross Rating Point，GRP），由到达率和频次组成的 GRP 就成为大众媒体广告传播的基本效果计量单位。

表 3–2 广告效果测量与模型

	变量类型	测量数据
企业广告输入	广告强度	广告开支、开支比重、发布次数、收视率、平均频率、毛收视点数、广告发布比重
	广告媒体	电视、广播、报纸、杂志、电话、互联网、户外、信件、黄页等
	广告内容	文字、图片、声音、附加价值等
消费者思维处理	认知	想法、识别、回忆
	感受	温暖、喜欢、态度
	意向	信服、购买意图
市场输出	品牌选择	试买、再购买、转向
	购买强度	发生、频率、数量
	合计	销售量（相对的和绝对的）

资料来源：苗杰．现代广告学［M］. 5 版．北京：中国人民大学出版社，2011：321.

毛评点源自广播电视传播效果测量。1961 年，广告投放有效性理论（effectiveness）加入广告学核心理论，它假定可以估计受众的总体规模，然后用总受众数除以目标受众数，获得一个受众观看的百分点，这就是毛评点，即 GRP。该指标可以用来描述某个媒体播出计划中，一定时间内广告的总影响力。毛评点即广告印象百分比之和，印象就是受众接触媒介的机会。比如某电视节目的收视率是2%，而播放频次是30次，那么毛评点就是60%，即有60%的受众接触了广告。通常广告覆盖面越广，接触频次越高，所要求的资金投入也越多。

但是，毛评点没有反映出哪些受众可能是重复接收信息的。假设可以衡量社交媒体、促销或者其他形式的广告或营销传播的受众规模，使用毛评点测量可能是值得的，而如果试图用毛评点测量交互式媒体就难以完成了。移动数字技术追踪可以实现对消费者行为意向的预测，这就分化了传统广告GRP模式的覆盖效果，按个体场景混合运算的动态效果测量得到重视。由于技术广告开始触及“用户意图机会”（opportunity to See，OTS）和算法推荐，传统的信息告知和说服广告的地位持续下降。

在互联网平台上，智能化广告反过来是以用户浏览到广告实现对用户的信息告知与触达的。舒尔茨最早预言传统广告GRP模式中的信息触达可能是不可靠的。以GRP为代表的广告效果测量标准实际并非已知，也不能被计算，进入数字时代更因受到碎片化传播影响而渐趋分崩离析。他认为毛评点在估算受众多少的测量方式上是非常可疑的，因为它的误差幅度非常大。

在互联网广告时代，很少有企业用GRP模式来计量广告投放，因为企业营销都转移到数字互联网线上。因此，企业要做的就是常态化地去经营信息交互，主动发起和积极有效地应对议题活动，真诚地表达品牌态度及与传播品牌相关的文化。浸合与互动要比以说服为中心的广告思维更胜一筹。

◆ 本章小结

首先，本章阐述了作为广告活动基础的营销与消费行为，介绍了广告营销的大环境以及消费者行为的基本决策过程。

其次，本章论述了消费者的行为模式，介绍了消费者知觉过程，包括展露、注意和解释；介绍了消费者的学习过程和态度劝服过程；还介绍了互联网对消费行为的影响，主要体现为搜索和分享行为，并提出了互联网环境下消费者购买决策的综合模型。

再次，本章阐述了消费者行为理论的相关模型，包括AIDA模型、AIDMA模型、AISAS模型、B=MAT模型、SIPS模型和SoLoMo模型，不同模型描述了广告作用于消费者心理和行为的不同环节。

最后，本章介绍了广告效果层级模型和广告效果测量模型。广告效果层级模型将消费者与品牌或产品的互动过程分为三个阶段：认知阶段（认识、了解）、情感阶段（喜爱、好感、信服）、行动阶段（购买）。广告效果测量模型的核心是毛评点，由到达率和频次组成的毛评点是大众媒体广告传播的基本效果计量单位。

◆ 关键术语

消费者行为 consumer behavior；消费者决策过程 Consumer Decision Process；展露 exposure；注意 attention；解释 interpretation；消费者学习 consumer learning；兴趣 interest；渴望 desire；行为 action；记忆 memory；搜索 search；分享 share；动机 motivation；能力 ability；触发 trigger；共鸣 sympathize；确认 identify；参与 participate；扩散 spread；社交化 social；本地化 local；移动化 mobile；毛评点 Gross Rating Point

◆ 复习思考题

（1）广告活动的基础是什么？试述广告的营销大环境与消费者决策过程。
（2）消费者的知觉过程包括哪几个阶段？
（3）阐述消费者态度劝服的两种路线模式。
（4）简述 AISAS 模型的基本内容。
（5）简述 SIPS 模型的基本内容。
（6）广告效果层级模型包括哪几个阶段？

◆ 参考文献

1. 江林，丁瑛．消费者心理与行为（数字教材版）[M]．7 版．北京：中国人民大学出版社，2022.
2. 封岚．广告理论与实务[M]．北京：中国人民大学出版社，2022.
3. 威廉·阿伦斯．当代广告学（通用教材版）[M]．11 版．丁俊杰，等译．北京：人民邮电出版社，2021.
4. 肯尼思·克洛，唐纳德·巴克．广告、促销与整合营销传播[M]．8 版．王艳，等译．北京：中国人民大学出版社，2021.
5. 王生辉，张京红．消费者行为分析与实务[M]．2 版．北京：中国人民大学出版社，2021.
6. 杨雪睿．广告效果测评[M]．北京：中国人民大学出版社，2020.
7. 周欣悦．消费者行为学[M]．北京：机械工业出版社，2019.

第四章 广告产品形态

学习目标

广告产品是实现广告投放的载体，选择适合广告主需求的产品形式能够更好地实现广告投放目的。通过本章的学习，应该达到如下目标。

◎掌握广告产品形态的内容。

◎了解各种广告产品形态的发展历程。

◎掌握各类广告产品形态的异同。

◎掌握程序广告的定义。

◎了解程序化广告的参与者。

◎掌握 RTB 交易模式。

◎了解原生广告的定义、特征和形式。

引导案例

多形式广告投放　徐闻菠萝形象深入人心

2021 年 2 月，海关总署决定自 2021 年 3 月 1 日起暂停台湾地区菠萝输入大陆。菠萝（凤梨）这一普通的水果突然成了社会舆论的焦点。在此情况下，大众支持本地菠萝的意愿强烈，徐闻大片菠萝田组成的“菠萝的海”，大有成为抖音新网红打卡地的潜质。抖音依托在宣传销售农产品水果类商品方面的丰富经验和成功案例，携手广东省农业农村厅、南方农村报，组建“徐闻菠萝”“黄金 15 分钟”朋友圈。通过线上线下联动，结合“全民互动 + 网红助热 + 内容生态 + 跨界潮玩 + 全域宣发”五大策略，帮助徐闻菠萝乘势而上，强化品牌印象、带动消费转化、助推文旅宣传，打响互联网平台品牌知名度，全平台话题曝光超 20 亿次，品牌声量全面提升，徐闻菠萝形象深入人心。截至 2021 年 4 月 22 日，在广东“1221”农产品市场体系指导下，徐闻菠萝话题全网总曝光超 25 亿次，帮助田间收购价创近 30 年历史新高，产值超 18.3 亿元。

资料来源：中国广告协会 . 2022 中国广告年鉴［M］. 北京：新华出版社，2022：407.

普华永道《全球娱乐及媒体行业展望：2021—2025年》报告中指出，2020年，全球互联网广告支出的增长率为9%，增长额为280亿美元，总金额达3360亿美元。网络营销将持续发展，预计全球互联网广告支出于2020年到2025年的年复合增长为7.7%。iResearch CTR前瞻研究院的研究显示，2020年中国五大媒体（杂志广告、报纸广告、广播广告、电视广告和网络广告）广告收入规模达8729亿元，较上年增长12.9%，其增长主要来自网络广告收入规模的扩大。2020年中国网络广告市场规模达7666亿元，同比增长率为18.6%，部分品牌方对网络广告预算的配置与规划进行了调整，网络广告市场规模的增速放缓。与此同时，2020年中国网络广告不同媒体的份额构成变化趋势愈发清晰，电商平台和短视频平台份额继续保持增长，吸引更多的广告预算。其中短视频平台是增长最为显著的媒体类型，并且于2020年以17.4%的市场份额超过搜索引擎成为网络广告市场第二大媒体类型，而电商平台则以39.9%的市场份额继续蝉联网络广告市场第一大媒体类型。

第一节　传统媒体广告

传统媒体是对报纸、广播、电视以及杂志的统称。互联网，特别是移动互联网出现后，新的传播手段、传播形态、传播方式及传播渠道、传播平台不断出现，它们被统称为新兴媒体；与之相对，原有媒体——报纸、广播、电视及杂志，便被称为传统媒体。传统媒体与新兴媒体虽然都是信息传播的工具，但两者在传播主体、传播内容、传播载体、传播渠道、传播方式、传播手段、传者与受者之间的关系上，在时效性、互动性等方面都有很大的不同。

在新媒体技术大发展与媒介融合突飞猛进的全媒体时代，原有的信息传播模式被打破了。传统信息传播遵循着美国传播学家哈罗德·拉斯韦尔提出的“5W”传播模式，即“谁（who）→说什么（says what）→通过什么渠道（in which channel）→对谁（to whom）→取得什么效果（with what effects）”，表现为非常明确的信息线性流动特征。但是在全媒体时代，受众的互动性大大加强，这大大削弱了媒介作为信息生产源头与渠道的重要地位。在新的传播关系中，媒介提供了一个信息流通的平台，媒介依然是信息的生产者与传播者，不同的是，受众也可能利用媒介提供的信息平台参与信息的制造与传播。

在新的传播模式中，每个人都处于海量信息的媒介环境中，可以自由而即时地获取信息、发布信息与传播信息。因此，每个人的角色是可以随时发生改变的，信息流动的方向是多样化的、互动的。这大大增强了传播流向以及内容的不确定性，传统媒介“一言堂”的权威地位遭遇到前所未有的挑战。

具体而言，传统媒体广告无法提供任何形式的个性化，主要有三个方面的原因。首先，传统媒体广告不是交互式的，无法记录用户偏好、兴趣，因此无法实现个性化媒体和个性化广告；其次，无法以可扩展和高性价比的方式向每个用户传输或发布定制内容；最后，虽然在有线电视机顶盒和有线电视分配系统中存在某些形式的数据，但有线电视专有的系统和围绕有线电视系统严格的规定，都在防止数据被使用。

第二节 在线广告

一、在线广告的演化历程

2005年至2010年，全球的四大媒体——报纸、杂志、广播和电视的广告市场份额逐渐减少，迅速崛起的在线广告由于成本低、效果易监控等特点获得广告主的青睐。

在线广告，也称网络广告、互联网广告，顾名思义，指的是在线上媒体投放的广告。与传统广告不同的是，在线广告在其短短十几年的发展过程中，已经形成了以目标人群为投放目标、以产品为导向的技术型投放模式。它不仅为广告主带来了以准确接触目标受众为方法论的全新营销渠道，也为互联网免费产品和媒体找到了规模化变现的手段。

1994年10月14日，Wired杂志推出了Hot Wired，其主页有14个客户的横幅广告（banner advertising），其中，第一个商业化横幅广告位被Hot Wired卖给AT&T。这是第一个在线横幅广告，这是广告史上的一个里程碑，标志着在线广告正式诞生，由此开始出现了大量地售卖现代意义上的数字广告展示位。AT&T希望借此宣传它们的新营销活动"You Will"，这一广告由供职于数字代理商Modem Media的创意总监乔·麦卡布利（Joe Mc Cambley）设计。这一广告位最终展示了3个月，花费3万美元，点击率超过44%。像AT&T这种在网站的页面上展示横幅广告创意的产品形式——这种投放方式称为展示广告（display advertising）——当时采用的是合约买断的形式，也称为合约式广告（agreement-based advertising），此后横幅广告迅速被用户接受。

1997年3月，中国第一个在线横幅广告出现在Chinabyte.com，广告表现形式为468×60像素的动画旗帜广告。Intel和IBM是国内最早在互联网上投放广告的广告主，发布在Chinabyte.com上。IBM为AS400的宣传付了3000美元。

互联网环境下，广告不再只是广告公司的事，而是每一个互联网公司都要关心的事。从结果来看，在线广告实际上成了互联网最重要的"发动机"。从营收上看，它支撑着互联网业务的大半壁江山。当然，广告的概念本身在互联网业务中也已经发生了脱胎换骨的变化。首先，在互联网广告中，服务于中小商家、以直接销售为目的的广告取代品牌广告成为主流，这也创造了全新的巨大市场；其次，它的关键不再是创意、策略等人工服务，而是以数据支撑的流量规模化交易为典型特点。

如图4-1在线广告进化演示图所示，在数据利用和变现需求的推动下，在线广告发展历程经历了如下四个阶段。

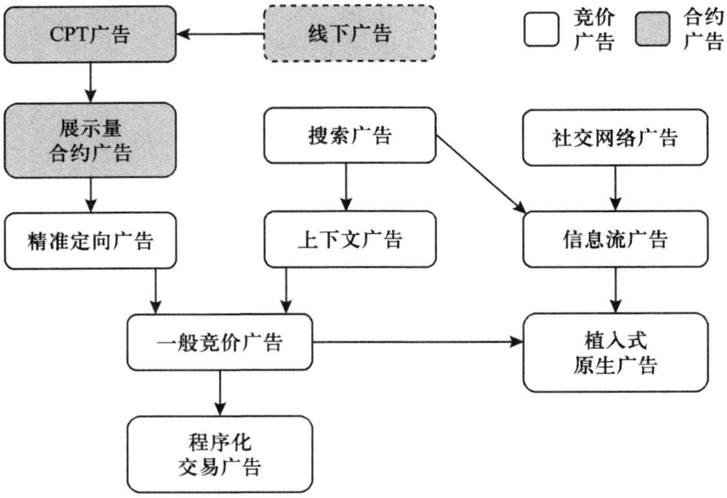

图 4-1　在线广告进化演示

资料来源：刘鹏，王超．计算广告：互联网商业变现的市场与技术［M］．3 版．北京：人民邮电出版社，2022：33.

1. **合约广告产品**

它是由线下广告的交易形式衍生而来的，可以分为按照时段售卖的 CPT 广告和按照约定展示量售卖的 CPM 广告。这类广告产品主要服务于后续效果不宜直接衡量的品牌类广告主，在门户网站和视频网站较为常见。保量的 CPM 广告产生的原动力是数据变现的需要。不过由于合约中量的约束的存在，它能够变现的往往只是人口属性这类规模较大的数据。

2. **竞价广告产品**

它的最重要的形式是搜索广告，其产品形式是对搜索关键词的竞价。这种广告在拓展到线下显示广告流量时，演变成了对页面关键词或者用户标签进行竞价的产品形式，我们称之为应用交付网络（application delivery network，ADN）。竞价广告的商业逻辑与合约广告完全不同，竞价广告产生效果的根本原因是为了变现诸如关键词、精细用户标签等高价值但量不大的数据，而从合约中放弃了量的保证。

3. **程序化交易广告产品**

竞价广告的进一步发展催生了实时竞价的交易形式。实时竞价使得需求方可以更灵活地划分和选择自己的目标受众，这也使得更广泛的数据使用和交易迅速发展起来。以实时竞价为核心的一系列交易方式逐渐演变为机器之间以程序化的方式完成广告交易的决策，因此，这类产品被称为程序化交易广告产品。程序化交易的主要推动力是市场中广告主数据和第三方数据的使用与变现，同时它也催生了与此相关的数据交易市场。

4. **原生广告产品**

广告的产品体系除了自身的演进，另一个重要课题是如何处理与非商业化内容的关系，让广告与内容尽可能以“原生”的方式共存。搜索广告和社交网络信息流广告对此做了非常有价值的探索，不过这样的原生广告在规模化和交易化方面也遇到了很多的问题。然而，随着近年来移动设备对于原生广告的强烈渴求，以信息流广告、激励视频广告、灵活拼装素材广告等为代表的原生广告正在快速发展中。从数据的角度来看，原生广告更加重视场景数据的加工和使用，这也代表了移动时代的新需求和新思路。

二、在线广告的特点

在线广告与传统广告相比，具有表现形式多样、传播媒体多元、内容丰富、互动性强等特点。

1. 表现形式多样

随着互联网技术的不断进步，在线广告的表现形式更加丰富多样，主要体现在动态海报、H5（htmL5）广告、视频广告、App 广告（application 广告，移动设备第三方应用程序中的内置广告简称）、直播广告等方面，可通过多种表现形式在互联网媒体上进行宣传，从而快速引起消费者的注意力，激发消费者对广告的兴趣，最终达成广告效果。除此之外，设计人员还可以结合人工智能、虚拟现实等创新技术对在线广告进行创意创作，使之表现形式更加多元，广告效果更加直观。这些丰富多样的表现形式可以传递出更多的感官信息，让消费者更真实地感受到商品或服务。

2. 传播媒体多元

在线广告可以借助丰富多样的传播媒体进行广告宣传。如通过常见的电商媒体进行传播，传播时先将广告内容用图片或者视频的形式投放到淘宝、天猫、京东等电商媒体的核心页面，然后引导消费者点击广告进入广告落地页；或者利用微博、微信等社交媒体在网络上进行宣传，让网友通过网络讨论该广告，加大广告的传播力度；也可以利用视频媒体插播广告的方式进行传播。如图 4–2 所示为某活动广告，该广告通过网站、微博、移动 App、微信等多种传播媒体进行在线广告的传播。

3. 内容丰富

在内容多样的互联网时代，广告设计也需要更加全面、丰富的内容才能及时与消费者进行分享与交流。图 4–3 为某广告，该广告以视频的形式讲述花丝镶嵌工艺与品牌形象相融合的故事，完整地表现了其品牌形象和工艺流程。消费者通过这个视频可以直观地感受到这些信息，并与他人分享，进行信息的传播。

4. 互动性强

在线广告可分为在线传统媒体广告与在线新媒体广告，在线传统媒体广告的传播多为信息的互动传播，而在线新媒体广告则以个性化传播为主。信息的互动传播是指在线广告信息与消费者之间有非常强的互动性，消费者可以通过互联网及时反馈广告信息，如当消费者看到感兴趣的在线广告时，可以通过点击广告进入新的页面，深入了解广告信息，消费者的自主选择性很强。设计人员可以在具体的设计过程中运用一些动态的视觉表现和创意互动技术，给消费者带来更加丰富的互动体验（见图 4–4）。

图 4-2　多媒体传播的在线广告

资料来源：郑龙伟．互联网广告设计（全彩慕课版）［M］．北京：人民邮电出版社，2021：4.

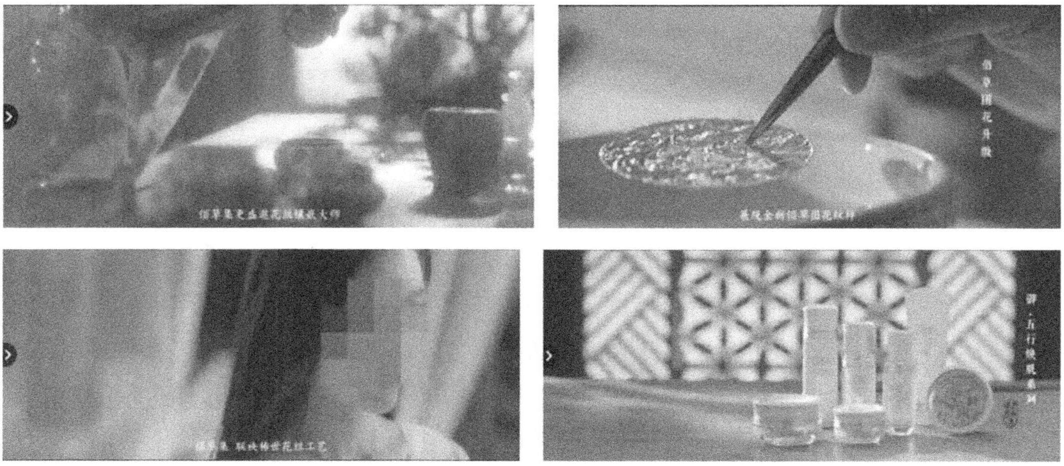

图 4-3　内容丰富的在线广告

资料来源：郑龙伟．互联网广告设计（全彩慕课版）［M］．北京：人民邮电出版社，2021：5.

个性化传播是指让消费者也成为信息的发布者，表达自己个性化的观点，传播自己关注的信息，以更好地推动广告传播。对于消费者来说，这两种传播形式能够满足他们不同的体验，不仅能够让他们及时、准确地获取到完整的广告信息，还能够使他们更加积极主动地表达自己的观点、传递自己的声音，加强互动效果。

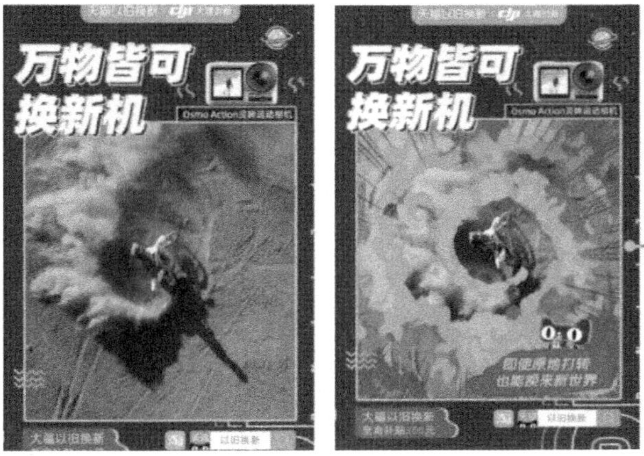

该广告是淘宝和天猫App发布的“万物皆可换新机”活动广告。该广告由动态海报组成，当消费者浏览该广告时会呈现出视觉效果丰富的动感；同时，该广告在微博上发布，能够很好地与消费者互动。

图 4–4　互动性强的在线广告

资料来源：郑龙伟．互联网广告设计（全彩慕课版）[M]．北京：人民邮电出版社，2021：5.

三、在线广告的类型

根据广告的表现形式、发布形式、媒体形式三个方面进行分类。

1. 按照在线广告的表现形式分类

按广告的表现形式可将在线广告分为文字链接广告、图片广告、视频广告、动画广告和富媒体广告。

（1）文字链接广告。

文字链接广告是指以超链接文字形式为主的广告。文字链接广告非常简单，它甚至不需要广告设计，只注重广告的文字内容，消费者点击文字链接广告时会进入相应的落地广告页面。相比于传统媒体广告，文字链接广告的干扰力度小，广告效果较明显，常见于各门户网站中。

（2）图片广告。

图片广告是指以图片为表现形式传递广告信息的广告。图片广告主要靠图片的美观性、艺术性来吸引消费者，使消费者主动点击广告，了解广告内容。图片广告与文字链接广告相比，具有更强烈的视觉效果。

（3）视频广告。

互联网在线视频广告是采用网络技术将传统的视频广告融入网络中，使其可以在网络中广泛传播的广告形式。5G 时代，视频广告将会有更大的发展空间。互联网视频广告分为贴片广告和 In–App 视频广告。

①贴片广告。贴片广告一般分为前贴广告、中贴广告、后贴广告，三种广告的时间长短不同。前贴广告是视频播放前出现的广告，中贴广告是视频播放中出现的广告，后贴广告是视频播放结束后出现的广告。

② In-App 视频广告。In-App 视频广告（App 内置视频广告）是指植入到 App 软件内的广告。这类视频广告可以为消费者提供有价值的内容，让消费者获取相应的奖励，提升消费者对广告内容的认可度；同时，消费者也可以自行选择是否观看广告，这可以有效地避免消费者产生反感情绪。

（4）动画广告。

在线互联网动画广告是指以动画技术为基础的广告形式，它在在线互联网广告中的运用非常广泛。在线互联网动画广告生动形象、风格多样，强烈的视觉效果很容易吸引消费者的注意。图 4–5 为京东超市的动画广告“春日唤醒之歌”，该动画广告以充满童趣的动态图像和软萌的歌曲来吸引消费者眼球，为品牌宣传提供了强大的助力。

图 4–5　动画广告

资料来源：郑龙伟 . 互联网广告设计（全彩慕课版）[M] . 北京：人民邮电出版社，2021：7.

（5）富媒体广告。

富媒体并不是一种具体的互联网媒体形式，而是包含动画、声音、视频的一种信息传播方法。富媒体广告具有一定的交互效果，能够与消费者进行互动，为其提供更丰富、细腻的创意展现。与文字链接、图片类广告相比，富媒体广告的表现形式更具趣味、活力与动感，信息的传递也更加直接，尤其是以 H5 为代表的移动富媒体广告的传播，为富媒体广告的发展带来了新的活力（图 4–6）。

2. 按在线广告的发布形式分类

根据广告的发布形式，可以将互联网广告分为网页广告、搜索广告、浮动式广告、插屏广告、电子邮件广告和 App 广告。

（1）网页广告。

网页广告的图像文件格式有很多，如 GIF、JPG/JPEG、SWF 等，主要出现在各大网站页面中，有静态、动态和交互三种方式。

①静态形式。静态形式的网页广告是指网站页面中固定的广告图片，是网站页面

图 4-6 富媒体广告

资料来源：郑龙伟．互联网广告设计（全彩慕课版）[M]．北京：人民邮电出版社，2021：7.

中非常常见的一种广告表现形式，其文件格式一般为JPG/JPEG。其制作方式简单，并且大部分网站都可以投放。但目前互联网技术不断发展，这种广告形式相对于动态图像和视频来说，显得有些单一，对设计人员的审美与设计功底也提出了更高的要求。

②动态形式。动态形式的网页广告常包含一些动态的效果，如移动、闪烁、变大、变小等，其文件格式一般为GIF或SWF。动态形式的广告能给消费者传达出更多的广告信息，同时加深消费者对广告的印象。而且，动态形式的网页广告的制作方式也非常简单，能满足大多数广告主的需求。

③交互形式。随着互联网的发展，静态形式和动态形式的网页广告已经不能满足广告主的更多需求，消费者也希望与广告产生互动，而不是单向地接受广告信息，此时交互形式的网幅广告应运而生。交互形式的互联网广告类型很多，如游戏、回答问题、下拉菜单、填写表格等，图4-7所示为填写表格的交互形式网页广告。

图 4-7 填写表格的交互形式广告

资料来源：百度网页截图。

（2）搜索广告。

搜索广告是指广告主根据自己的商品或服务的内容、特点等，确定相关的关键词撰写广告内容并自主定价投放的广告。当消费者搜索到广告主投放的关键词时，该广告就会按照竞价排名的原则进行展现，并在消费者点击广告后按照广告主对该关键词的出价进行收费，无点击则不收费，并且其投放过程非常快捷，效率也相对较高。需要注意的是，常见的搜索广告一般会在广告页面中出现“广告”字样，以区别于正常的搜索结果。

（3）浮动式广告。

浮动式广告是指消费者浏览网页页面时，会随鼠标指针移动的图片式广告，该类型的互联网广告会飘浮在网页页面上，随着鼠标指针上下左右移动而移动，吸引消费者的注意。

（4）插屏广告。

插屏广告是指当消费者打开新的网站页面时，在自动弹出的广告窗口中展示的广告。由于大多数的插屏广告具有一定的强制性，会影响消费者的上网速度，因此会引起很多消费者的反感。为了降低消费者的反感，设计人员可以通过动态图片、文字样式、促销文案等来制作视觉冲击力强、吸引力度大的插屏广告，让消费者对广告内容产生兴趣（图 4–8）。

图 4-8　插屏广告

资料来源：百度网页截图。

（5）电子邮件广告。

电子邮件广告是指以电子邮件的形式发送到消费者电子邮箱的广告。该广告类型的针对性强、传播面广、信息量大，且表现方式多为视觉效果较强的图片，其优势是可以准确、快速地向目标消费群体投放广告、节约广告成本，且广告内容不受限制，覆盖率也比较高，容易被消费者接受（图 4–9）。

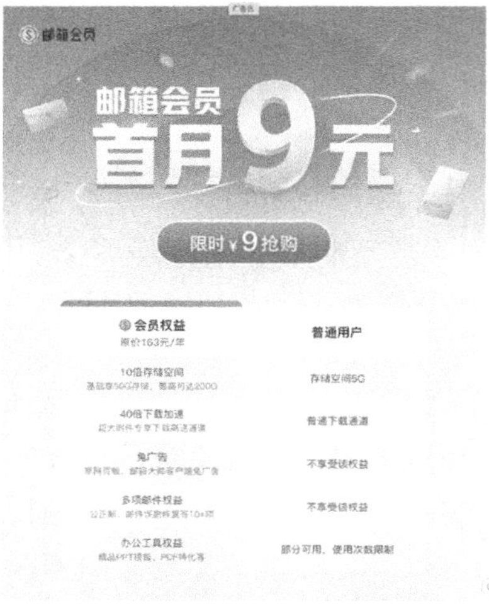

图 4-9　电子邮件广告

资料来源：邮箱截图。

（6）App 广告。

App 多指移动设备（平板电脑、手机和其他移动设备）上的第三方应用程序。App 广告即 App 应用程序中的广告。这类广告的优势明显，如随时随地可看、强大的互动性和趣味性、个性推广、分众识别等。下面对 App 广告中的开屏广告和内部广告进行简单介绍。

①开屏广告。开屏广告是指当消费者打开 App 时，以全屏方式出现 3 秒左右（一般可跳过）的广告，开屏广告既可以是静态图片，又可以是视频或动画的形式，这种直接呈现广告内容的形式可以更好地刺激消费者的记忆，图 4–10 所示为静态开屏广告。

② App 内部广告。App 内部广告可根据广告展现的不同位置呈现出不同的形式，也分为静态和动态两种。App 内部广告推广精准，视觉冲击力强，展现效果较好，主要投放在各大 App 中，如页面右下角图标广告、App 横幅广告、积分广告、插屏广告等，如图 4–11 所示。

图 4–10　静态开屏广告

资料来源：某租车 App 截图。

图 4–11　App 内部广告

资料来源：某租车 App 截图。

3. **按在线广告的媒体形式分类**

随着互联网发展速度的加快，衍生出了更多形式的互联网媒体广告。一般来说，根据广告的媒体形式可以将互联网广告分为社交和资讯媒体广告、短视频媒体广告、电商和搜索引擎类媒体广告。

（1）社交和资讯媒体广告。

目前，常见的社交和资讯媒体平台包括微信、微博、小红书、今日头条、百度贴吧、知乎等，每个平台都有其对应的广告，如微信公众号广告、微信朋友圈广告、小红书广告、微博广告、知乎广告等。这些广告都具有较强的社交属性，消费者可以通过这些广告进行评论、点赞、转发等操作，有着互动性、精准性较强等特征，更贴合消费者的习惯。其形式主要有图文（小图、大图、组图、动图）和视频两种。

（2）短视频媒体广告。

常见的短视频媒体平台有抖音、快手、微视等，其广告类型主要是短视频广告。在消费者时间日益碎片化的移动社交时代，以移动端为主的短视频广告将变成互联网广告发展的重要阵地。短视频广告主要发布在短视频媒体平台上，与平台上普通的短视频作品融为一体，这种极具原生性的广告会更好地保障消费者的体验；同时短视频广告还具有社交属性，可以通过消费者的评论、转发等互动操作来进行广泛传播，完整地传达品牌信息与广告诉求。

（3）电商和搜索引擎类媒体广告。

常见的电商平台包括天猫、京东、唯品会、拼多多等。电商广告是各大电商平台经过大数据分析后所推出的精准投放广告，非常具有针对性，能够为消费者提供更有用的信息，帮助消费者更好地了解商品，最终促进消费行为的达成。搜索引擎类媒体广告利用百度搜索、360 搜索等媒体平台，在用户搜索信息时尽可能地将营销信息传递给目标用户，因此该类广告的媒体资源十分强大，广告形式多样化，且广告投放也非常精准。

四、广告位合约与展示量合约

1. 广告位合约

20 世纪末，那时的在线媒体（如 AOL、Yahoo! 等网站）刚刚产生不久。它们的流量规模很大，投资人当然希望这些媒体也能够给自己带来真金白银。要对这些线上流量进行变现，或者称为商业化，最直接的方法就是把网站页面当成杂志版面，在里面插入广告位。线下的广告代理公司也就把这些网站当成新的杂志，按既往思路和逻辑进行采买。这种在互联网上展示横幅广告的产品形式被称为展示广告，也称显示广告。上述的展示广告售卖模式也称为合约广告，即采用合同的方式约定某一广告位在某一时间段为特定广告主所独占，并且根据双方的要求制订广告创意和投放策略。这样的采买模式并没有用到数字媒体中的针对不同用户投放不同内容的个性化特征。

随着受众定向技术的发展，广告位合约的执行方式也发生了很大的变化。如对不同产品受众分别投送相应广告，或利用频次控制的方式向同一用户递进式地展示一系列创意。此外，广告位合约还有一个变形形式，即按照广告位的轮播顺序进行售卖。在这种方式中，同一个用户对同一个广告位的一系列访问，被依次标上一组循环的轮播顺序号。将其中具有同样顺序号的展示作为一个虚拟的广告位，售卖给广告主。对于媒体方而言，往往会使用一种在合同确定以后自动执行合同的广告管理工具，或称为广告排期系统。最具代表性的产品有美国网络广告服务商 DoubleClick 的数据流量分发平台 DFP，以及中国市场上好耶（Allyes）的类似产品，还有免费给中小网站使用的百度广告管家等。

由于合约广告只是简单地投放广告，广告转化效率低，因此更会利用数据的、更加个性化的定向广告应运而生。

2. 展示量合约

如今，即使是以品牌为目的的投放，广告位合约也并非主流。实际上，互联网主流的品牌广告投放形式是按 CPM 计费模式计费的展示量合约。展示量合约指的是约定某种受众条件下的展示量，并按照事先约定好的单位展示量价格来计费。这种合约还有一个名称，即担保式投送（GD），其中的“担保”指的就是量的约定。在执行中，未能完成合约中的投放量时，可能要求媒体承担一定的赔偿。不过从过往展示量合约履行来看，大多数广告产品的核心是按照受众售卖的。因此，受众定向是非常重要的技术支撑。

在计算技术实现上，有两点要求：一是受众定向，即通过技术手段标定目标用户的性别、年龄或其他标签；二是广告投放，将广告投送由直接嵌入页面变为实时响应前端请求，并动态决策和适时返回的广告创意，其复杂性主要在于如何满足多个合约对投放系统量的需求。

目前市场上比较流行的定向方式有以下几类情况。

（1）人群统计属性的定向：根据包括年龄、性别、职业、婚姻状况、教育背景等一系列基础信息的定向。如果一家公司比较清楚自己的目标人群属性，那么这种定向方式会比较直接有效。例如：某化妆品的目标客户是 20~30 岁的女大学生，那么就可以直接在人群统计属性上选择这些用户，让广告精准触达她们。

（2）基于地理位置的定向：比较常见的是定位城市、商圈和 IP。很多企业的主要客户都是本地人，他们在投放广告的时候会限制广告投放的区域，避免浪费。

（3）基于上下文内容的定向：例如广告主可以选择将广告投放在某个频道下，也可以选择投放在某个查询或者某一类查询的搜索结果中，可以选择广告投放在文字流或视频流中，也可以选择投放在某种语言的内容中。

（4）基于设备的定向：将广告投放到具有某种属性的设备上。例如可以选择某种操作系统的设备或者使用某种浏览器的设备，抑或选择电视或户外设备等。

（5）指定用户集合的定向：常见的有用户重定向或者基于 Lookalike 方法的相似用户定向，也有基于社交关系的用户定向，例如投放广告给特定账号的粉丝。

（6）基于用户兴趣的定向：通过分析用户的历史行为数据，生成他们的兴趣标签，根据这些兴趣标签对用户投放相关的广告。

五、搜索广告与竞价广告

1. 搜索广告

（1）搜索广告的内涵。

最初，在线广告的转化效果很好，广告主愿意接受按广告投放时间或者按广告展现次数来计费的广告模式。但随着在线广告越来越多，用户对在线广告不再好奇，广告的点击率和产生之初相比下降了很多。广告主开始深入思考广告和企业营收之间的关系，并寻找更加直接精准衡量广告效果的方法。

搜索广告在竞价广告乃至整个在线广告中都居于旗舰的地位。可以说，一些在计算广告中非常核心的产品策略和技术方案都来源于搜索广告。

搜索广告是典型的竞价广告产品，其特点是广告主就标的物（在这里是关键词）的广告展示机会展开拍卖式的竞争，并根据竞争结果依次占领该广告展示的若干位置。这与展示量合约截然不同。首先，量的保证不复存在，广告主需要自行调整效果与量的平衡；其次，价格的约定也被去掉，每个广告主都可以随时调整整个关键词上的出价。

（2）搜索广告产品新形式

从产品发展的角度看，搜索广告有以下三个方面的探索趋势。首先，丰富文字链创意的展示形式，让其更富表现力以提高点击率。其次，利用东区［搜索广告创意的展示区域一般来说分为北（north）、东（east）、南（south）三个部分，东区即展示区域的右侧部分］对相关性要求稍低的特点，设计一些拓展广告产品。当然，这种探索并不适用于移动搜索广告。最后，优化广告与自然检索结果的关系，在保证相关性和广告效果的前提下提高收入。图 4–12 中给出了搜索广告产品新形式的一些示例，下面来做具体说明。

①超越文字链的创意。这方面的探索有以下两个重点方向。

第一是在通用广告链接上增加更多有表现力的信息点。如图 4–12 中的②部分所示，除标题、摘要这些文字链广告创意的标准内容以外，还增加了广告主的 Logo（标识）、主要内容链接、联系电话等内容。

第二是直接展示结构化的广告内容摘要，甚至提供一些可直接访问的功能，这样可以减少用户跳转的成本，提高推广效率。如图 4–12 中的①部分，广告产品直接展示了旅游网站的一些主要内容链接，并直接在结果中提供了订机票和酒店的快捷入口。需要指出，这种内容为了照顾用户体验的一致性，往往不能完全采用搜索广告的竞价方式来运营，而是就某个行业进行阶段性的线下竞价的方式来运营。

②弱相关广告形式搜索引擎右侧的产品原则与左侧相比，有一点点区别，那就是在合理和可解释的范围内可以增加一点相关性要求稍低的泛化内容，因此为这部分的广告产品设计也提供了新的空间。我们用两个例子来介绍这方面的探索。

图 4–12 中的③部分是一种在搜索广告中常见的带有一定品牌意味的广告形式。它是一组导航类搜索关键词，在用户搜索这些关键词时展示该广告主的品牌宣传性创意。这样的产品，可以提升用户对品牌的认知程度和后续黏性。

图 4–12 中的④部分是一些搜索引擎提供的同类推荐功能，在此例中，为相关的旅游类网站。显然，这部分的列表和排序可以按照竞价广告的逻辑来运营。通过这一广告产品，可以为搜索引擎提供一些离决策稍远、以接触潜在用户为目的的广告。如图

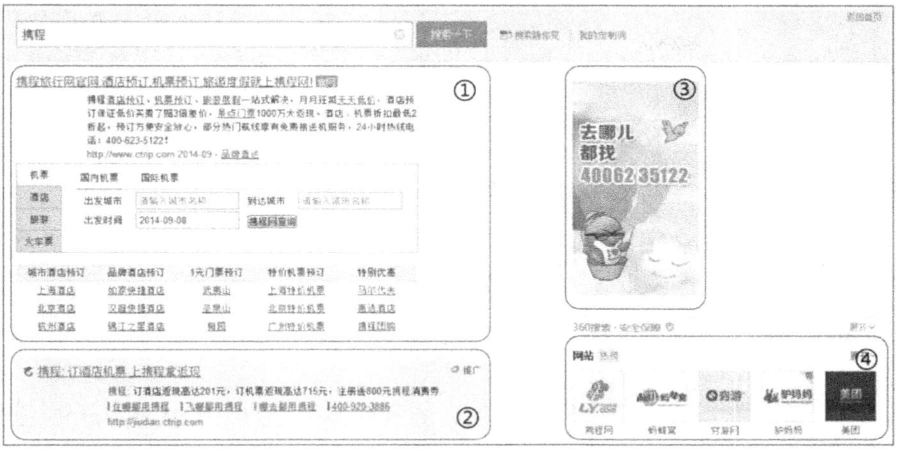

图 4-12　搜索广告新产品示例

资料来源：百度网页截图。

4-12 中的例子，该广告主的用户可能不一定用过同程网，但是在此处看到以后，或许会尝试并对其产生兴趣。

③原生化探索。探索广告从一开始就具有原生广告的特点：它的商业化结果与自然结果一样，由用户的主动意图触发，并且在展示形式上与自然结果相差不大。实际上，有相当比例的用户是完全无法区分自然结果和广告结果的。因此，探索搜索广告与内容的自然结合，以越来越“原生”的方式投放广告，也是产品的重要方向。

2. 竞价广告

简单地说，竞价广告是用拍卖的方式销售广告的：系统根据计算得到的 eCPM（effective Cost per Mille，每 1000 次展示的广告费用）决定谁可以得到本次展示机会。只需要把 eCPM 算清楚，按照价高者得的方式决策即可。竞价广告的商业逻辑与合约广告完全不同，也是解决效果类广告需求的关键产品形式。竞价广告产生的根本原因是为了变现诸如关键词、精细用户标签等高价值但量不大的数据，从合约中放弃量的保证以后的结果。而它所带来的好处是显而易见的：首先，避免了媒体以量为保证所做的刚性定价，采用市场博弈的方式决定价格，这让各种类型的流量因其供需的紧张程度自动得到了合适的定价，有利于资源效率的最优化配置；其次，去除了合约广告中供需双方之间量的约束，使调度过程变得简单明晰，也使细分流量、容纳大量的广告客户成为可能。

竞价广告最重要的形式是搜索广告，其产品特征为对搜索关键词的竞价。这种广告形式在拓展到站外展示广告流量时，演进成了对页面关键词或者用户标签竞价的产品形式，也就是 ADN。

3. 合约广告与竞价广告的比较

从供给方和广告市场来看，在合约广告的情况下，所有量的保证和质的优化都由媒体方的广告投放机来统一完成。而在竞价广告的情况下，市场只负责制定竞价和收费的规则，各广告主量的保证完全采用市场竞争的方式来完成。

从需求端来看，合约广告的采买方式对广告主来说缺乏透明性。在竞价广告中，供给方和广告主的约定比较松散：供给方不再向广告主承诺广告投放量；与此相对应，点击单价由广告主自行决定。

相较于合约广告，竞价广告催生广告市场产生了三个有利于大幅提升广告效果的发展趋势：

（1）非常精细的受众定向可以被无障碍地使用在交易中，而这是展示量合约广告很难做到的。由于这一点，市场的效率得到了巨大提升。

（2）大量的中小广告主逐渐成为参与竞价的主体，这使得市场的规模得到了快速扩张。

（3）与合约广告相比，竞价广告中数据的价值得以彰显，整个市场开始以数据为核心来组织和运营广告产品。

第三节　程序化广告

随着需求方对优化效果的需求进一步加强，广告网络在产品形态上已经无法完全满足需求，而市场的一个重要发展方向是向需求方彻底开放。具体而言，除了允许广告主按照已经定义好的用户来购买，还要进一步提供广告主自行选择流量和在每次展示上独立出价的功能。这样的功能，必然要求询价、出价和竞价在展示时进行，这就产生了以实时竞价（Real Time Bidding，RTB）为核心的程序化交易市场。目前程序化广告已经成为举足轻重的力量，它使得整个在线广告市场越来越向着数据驱动、计算导向的方式前进。

一、程序化广告的定义与特点

1. 程序化广告的定义

程序化广告（programmatic advertising）是指利用技术手段进行广告交易和管理的一种广告形态。广告主可以程序化采购媒体资源，并利用算法和技术自动实现精准的目标受众定向，只把广告投放给对的人。媒体可以程序化售卖跨媒体、跨终端（电脑、手机、平板、互联网电视等）的媒体资源，并利用技术实现广告流量的分级，进行差异化定价（如一线城市的价格高于二三线城市，黄金时段的价格高于其他时间段）。因此，程序化广告有两大特征：一是以人为本的精准广告定向；二是媒体资源的自动化、数字化售卖与采购。

程序化广告概念的讨论往往伴有其他一些类似的概念或提法，例如程序化购买、程序化交易、程序化投放等。当前关于程序化广告的其中两部专著中，对这一概念的定义，侧重点也有所不同。舜飞科技产品副总裁梁丽丽将其定义为“以人为本的精准广告定向；媒体资源的自动化、数字化售卖与采购”；中国程序化广告领域专家吴俊则认为“程序化广告是利用大数据和技术对数字媒体广告的购买、投放、优化、报表进行自动化、智能化、实时化，以不断提升媒介效率”。前者的定义更侧重于广告的购买，后者则强调购买、投放和优化的过程。本书借鉴了暨南大学广告学副教授陈韵博在其专著中对程序化广告的定义内容：程序化广告的范围比程序化（广告）购买、程序化（广告）交易和程序化（广告）投放要更广泛，不仅包含了上述这些环节，还包括购买前的洞察、创意和购买后的优化等。

通过程序化广告，卖家可以自定义购买对特定人群的媒体展示，也可以按用户的不同行为展示不同的广告，买家可以挑选他们需要的受众并进行竞价，竞价获胜者就可以将他们的广告在合适的时间推给合适的受众。程序化广告解放了人力，借助大数据技术解决了广告投放效率低的问题，实现了实时、精准的广告投放。对广告主而言，能够利用低成本实现对目标人群的展示和覆盖；对媒体来说，能够实现资源利用率最大化，尤其是对长尾流量利用最大化，这是程序化广告快速增长的关键所在。

2. **程序化广告的特点**

与传统的媒介购买方式相比，程序化广告有以下独特的优势。

（1）从购买广告位到购买受众。

程序化广告的原理就是基于对用户的数据分析找到符合营销诉求的目标受众，从而通过采购这些受众浏览的广告位曝光来实现对受众的购买。传统的媒介购买如同在人工湖泊里捕鱼，而程序化广告就像在海洋里捕鱼，只是方法更具有科技含量，资源更海量和天然，从对广告位的购买变成了对受众的购买，从媒体投放变成采用广告交易所的方式投放，媒体流量从期货变成现货，广告主及代理商从被动投放到主动选择，这使媒体和广告主实现了双赢。

（2）目标精准。

广告主实现了从预定义人群定向到自定义人群精准定向的跨越。随着消费者上网习惯的碎片化，如果只是对单一屏幕进行割裂分析已无法保证数据的精确性，如何精准找到目标人群，进行高效沟通，数据的力量不可忽视。程序化广告拥有强大的受众识别能力，可以通过海量的数据分析将人群标签化、数据化，精准地触达目标受众，在避免预算浪费的同时获得较高的转化率。此外，技术的进步已经使得跨屏 ID 识别成为可能，程序化广告可以通过对多屏幕下的同一个用户进行更加深入的分析，找到适合广告主的跨屏人群，从而实现营销活动的精准化。

（3）消费者属性的挖掘更加立体。

在物理属性的营销价值逐渐弱化的趋势下，大数据的行为属性分析能够为广告主提供更多有营销价值的新的洞察方式，推动新营销的发展。传统的媒介购买往往只能根据所投媒体的受众特点来粗略把握目标消费者与其之间的契合程度，而程序化广告依靠对海量数据的挖掘及高级的算法，不仅能够掌握人口属性等静态信息，还可以监测到用户购买等动态行为，通过辨识访客的潜在兴趣，在点击、访问、注册、购买、兴趣、倾向、媒体等各个环节寻回用户，并在此基础上通过领先的统计算法建构精准模型来预测用户的行为。

（4）实时优化。

程序化广告购买与传统广告媒介购买的最大不同在于它可以进行实时的优化调整。传统的广告投放往往需要提前几个月与媒体确定排期，广告投放的效果监测也存在一定的时滞。而程序化广告购买可以让广告主通过不同的投放组合实时合理分配自己的预算，提升每一部分的贡献价值度，提高广告营销投资回报率（return on investment，ROI）。同时广告效果也是实时可见的，在许多需求方系统中有多个报表维度，可以自由组合，广告主可以根据效果的好坏和竞争情况随时调整自己的出价，进行实时优化，整个广告的选择和投放都变得很可控。此外，有的DSP（广告需求方平台）系统已研发出"自动截屏"功能，能够自动将DSP广告截屏并标注红框，这能够很好地解决"广告不可见"给品牌营销从业者带来的困扰，也能够帮助更多的DSP系统实际操作人员根据具体投放效果实时优化广告思路和投放策略。

3. 程序化广告的价值

相比依靠人力进行媒介洽谈、广告管理和对用户进行无差别投放的传统广告而言，程序化广告的最大价值是为广告主和媒体带来了营销效率和效果双方面的提升。

（1）广告主角度。

①效率提升。提升媒介采购效率：在传统方式下，媒介的采购都是通过人力联系各个媒介渠道进行价格谈判、排期、投放等，整个采购过程的成本高，并且不稳定、不可靠。在程序化广告市场下，直接加入交易市场就可以采购海量媒体网站和移动应用等资源。提升广告投放效率：在传统方式下，采购的媒体资源在广告活动中无法进行统一管理，而程序化广告通过整合的平台就可以跨媒体、跨终端进行投放资源规划和效果跟踪。

②效果提升。提升广告投放效果：由于程序化广告已经从传统的购买媒体广告位转换到购买目标人群，这使得广告的投放效果更加可控，在减少广告浪费的同时提升了转化率，扩大了覆盖面积。缩短优化周期：程序化广告具有实时竞价投放和实时优化的特性，这使得广告数据的收集、分析和优化过程变得更简单、高效。

（2）媒体角度。

①效率提升。提升媒体资源售卖效率：媒体可以将资源接入交易市场，有需求的广告主、代理商和程序化广告平台能够直接在交易市场中购买各类资源，不需要再逐一谈判。

②效果提升。提升流量利用率和用户体验：程序化广告关注的是每一个广告流量的销售，提升优质流量和长尾流量的有效利用率。基于人群的属性、兴趣等标签，媒体可以对不同流量给出不同售价，提升流量库存的收入。同时，相比传统的长期展示同一个广告，程序化广告更贴合每个用户的需求，因此网站的用户体验也会有所提升。

总体上，用定制化标签指导广告投放，是实时竞价的关键产品目标。实时竞价的交易方式不仅满足了相关的效果类广告需求，也为品牌广告创造了全新的机会。我们知道，品牌广告的核心在于其人群触及策略，而无论是在签订合约的固定量展示广告中，还是在竞价广告网络中，人群的定义方式都由广告平台决定，需求方基本没有加工的自由。然而，在实时竞价交易中，服务于品牌广告主的 DSP 可以根据市场上采买的各种数据，为某个特定的广告主加入特定的人群，完成更加符合其市场策略的人群触及。因此，我们会发现，品牌广告的预算基本上没有进入竞价广告网络，而是向程序化交易转移。

二、程序化广告的参与者

在线广告的程序化购买产业链主要由广告主、广告需求方平台（demand side platform，DSP）、媒体供应方平台（supply side platform，SSP）、广告交易平台（Ad exchange，ADX）、数据管理平台（data management platform，DMP）以及媒体组成。简而言之，就是广告主、媒体、代理商和第三方技术服务商之间的关系，其中上游广告主为广告的需求方和付费方，效果广告和需求广告是两大需求，他们决定着程序化购买的预算，始终追求以最低的价格获得最精准的曝光，是产业链价值的最终来源；下游媒体作为广告位的最终供应方，掌握着大量的媒体资源，通过开发信息流等广告产品追求广告位价值的最大化；中间 DSP、SSP 以及 ADX 等均为营销服务商，是程序化购买产业链衍生物的新兴角色，其通过高效地将供需双方进行匹配，使他们的利益最大化（图 4–14）。

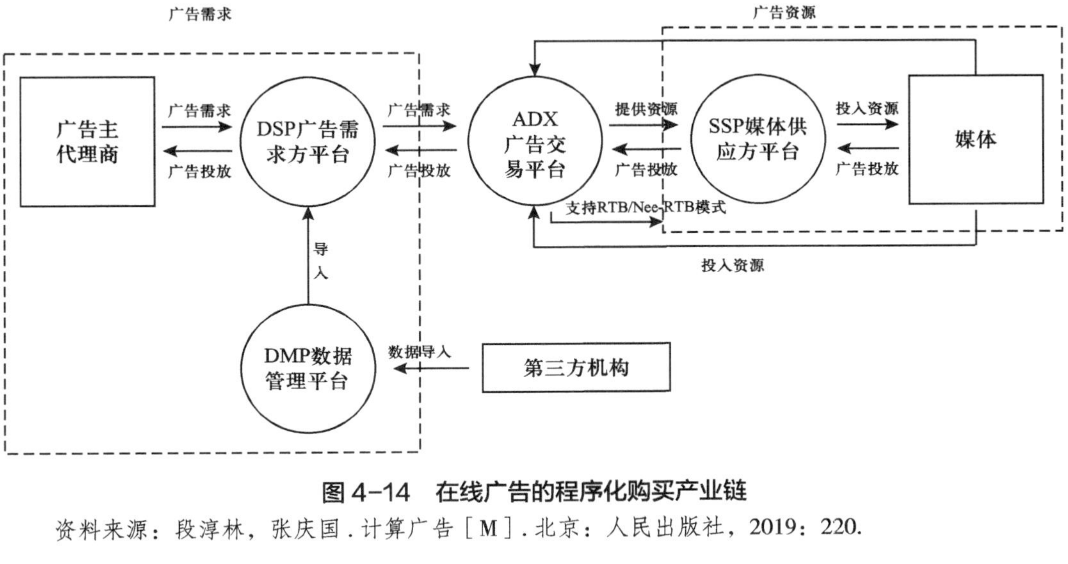

图 4–14　在线广告的程序化购买产业链

资料来源：段淳林，张庆国．计算广告［M］．北京：人民出版社，2019：220.

1. 需求方平台——DSP

DSP 是面向广告主的广告投放管理平台。在程序化购买广告交易过程中，卖方通过程序化的方式将广告流量接入到广告交易平台中，并设定底价。每当一个用户浏览媒体内容页，其中就有一个广告位需要展示广告，此时卖方将该广告曝光机会通过广告交易平台向各程序化买家发起竞价请求，各程序化买家根据对该广告曝光机会的评估背对背出价。广告交易平台收到各个程序化买家的出价后进行比价，找出出价最高的买家，将出价最高的广告素材给到媒体进行展示，同时将竞价成功的结果返回给胜出的程序化买家，整个过程都是通过程序化的方式在100毫秒内完成的。因此，在程序化购买广告交易环节中，DSP十分重要，它是数据、流量、营销需求、营销策略汇集的平台，也是程序化购买广告的决策平台。DSP能够通过科学的方法帮助广告主选择所需数据，在理论上达到广告主预算零浪费的目的，真正做到营销上的精准。因此它代表了广告主的利益，承担营销预算管理的角色。目前常见的DSP主要有几类：独立DSP、依附于流量（媒体、ADX、Ad network）的DSP、独有DMP数据的DSP。

2. 供给方平台——SSP

SSP是服务媒体投放与管理广告的平台。它将各网络媒体集中在一起，帮助网络媒体分配流量、管理广告位、选择交易平台，甚至可以筛选广告主，实现跨平台的媒体资源变现和收入优化。其主要功能包括：第一，广告位的合理分配。根据自身广告位的不同特点，决定是开放给广告交易平台，还是内部销售，如果决定开放给广告交易平台，则需进一步选择分配给哪一个广告交易平台。第二，不同广告请求的筛选。对于来自不同广告交易平台的广告请求，要及时筛选广告主、监控广告素材。第三，广告位价格的管理。通过数据的积累，对每个不同广告位的广告底价进行分析和调整。SSP承担着广告生产管理者或是优化者角色，通过对剩余流量的最优化利用，让媒体库存广告产品可以获得最高的CPM收益，而不必与低价低质媒体竞争，同时SSP帮助媒体更好地管理和对资产定价，并提供数据保护以及对品牌声誉的保护。

在当前国内市场环境中，出于自身资源管理的需要或对内部数据安全的考虑，大型的门户网站往往更倾向于搭建自己内部的SSP系统。部分门户或垂直网站选择与服务商合作，利用服务商提供的底层技术平台搭建自有的SSP。而对于中型网站以及长尾的网站，出于人力物力投入的考虑，则往往会选择直接使用成型的SSP产品。

3. 广告交易平台——ADX

这是一个开放的、将媒体和广告主联结在一起的在线自由广告平台，是实现程序化交易的主要场所。它向上为广告需求方平台（DSP）发送广告位信息，并接收来自不同广告主的竞价请求和广告素材，在平台上完成竞价交易；向下对接各方的广告位资源（广告网络、SSP等），并提供竞价成功者的广告投放素材。从数据端来看，ADX将数据接入平台为用户进行标签分类；从供给方看，ADX将媒体广告资源分类整理，按照不同的用户标签进行打包，以便于需求方匹配；从需求方来看，ADX则根据广告主和代理商的出价及投放需求匹配媒体资源。

广告交易平台可以分为公开广告交易（public Ad exchange）平台和私有广告交易（private Ad exchange）平台。公开广告交易平台的运营商以互联网巨头为主，需要汇集大量以运营商的媒体合作伙伴资源为主的媒体资源，但同时也可以有运营商自有媒体的广告位资源。当前国内公开广告交易平台的代表，主要包括百度、阿里妈妈（阿里巴巴旗下互联网广告交易平台）以及谷歌。私有广告交易平台的运营商以大型门户和视频网站为主，通常以一家媒体或一家广告网络的广告资源为主，对整个广告投放过程的控制力较强。国内以大型门户媒体如腾讯、新浪、搜狐、优酷、土豆等为代表。

一个标准的程序化购买广告流程是：网络媒体将其资源接入 SSP 或 ADX，当用户访问媒体时，ADX 向 DSP 发出信息。若该广告位的数据信息，如用户数据、媒体数据、时间价格等与已经预先在 DSP 上设置这些广告需求的广告主相匹配，则 DSP 会进行广告投放（在实时竞价模式下则由出价最高的广告主获得广告投放机会），最后用户点击率、曝光时间、互动量等数据将传回平台，以实现用户数据修改，并形成广告效果反馈报表。

4. 数据管理平台——DMP

DMP 是把分散的数据进行整合纳入统一的技术平台。它根据所掌握的用户数据，对目标人群进行标签化分类整理，精准定位用户画像，去接近目前不知道的且无法接触到的潜在客户，利用大数据使广告投放更具精准性。数据是程序化购买的基础，在移动互联网快速发展的今天，每天都有大量的、碎片化的数据产生。但是这些数据都是在单个领域的积累，不仅存在属性重叠的现象，同时也会有数据质量差、实时性不强等问题。数据的价值不只体现在其体量大、来源广，更重要的是利用技术进行数据整合和建模挖掘的能力。只有最大化地激活数据、应用数据，才能实现大数据的价值。DMP 通过收集、存储、集中、分析、挖掘以及运用原先隔离而分散的数据，掌控自有的企业用户数据以及营销活动数据，深度建模和细分人群，建立自动化的人群策略。合理使用这些数据进行决策和创新，以便更多、更精准地推送广告，以获得更好的广告投放回报。

一般我们会将 DMP 管理的数据分为三类：①第一方数据：线上线下交易中广告主自有的数据和用户到达品牌主官方网站的浏览数据。②第二方数据：品牌主广告投放所产生的相关数据，比如广告交易平台的数据。③第三方数据：和品牌主没有任何关系的第三方平台所获取的相关数据。第一方数据和第二方数据，需要企业自己搭建 DMP 系统或使用免费的第三方统计分析工具获取和管理，但第三方数据的管理和利用则困难得多。还有其他几种数据，包括媒体数据、第三方监测数据、专门做数据挖掘的技术服务公司提供的数据等。

5. 第三方监测机构

在程序化广告投放过程中，由于互联网本身所具有的不可见性，加之 DSP、ADX、SSP 等各个环节的参与者都对数据有一定的掌控能力，很有可能产生一些为了自身利益而进行数据造假的行为，这也使广告主对投放数据的真实性产生一定的担忧。因此，第三方检测机构作为程序化投放中裁判者的角色出现，对广告投放的数据进行同步监测。广告主通过对比投放数据与第三方监测报告的一致性，来评估广告投放平台的可靠性，并以此为依据进行广告结算，如广告验证平台和监测与分析平台。

广告验证平台（Ad verification platform）通常为广告主服务，提供品牌安全、反作弊、可视度、无效流量验证等服务，通过分析投放流量方的内容合法性、正面性，为品牌广告的投放提供和谐健康的环境。广告验证平台主要在广告投放前进行分析，代表企业主要有 Sizmek、Adbug 等。

监测与分析平台（measurement & analytics platform）主要帮助广告主进行广告效果追踪和监测，包括点击、下载、安装、启动，后续测量用户的活跃度、付费、留存等深度转化数据，从而帮助广告主更好地管理预算，更有效地买到优质流量。监测与分析主要在广告投放后，代表企业有秒针系统、Ad Master 等。

三、程序化广告的交易模式

1. 实时竞价

（1）实时竞价内涵。

实时竞价是程序化广告领域中很重要的一个概念，是程序化购买的关键。实时竞价（real time bidding，RTB）的定义：在大数据背景下兴起的一种新型互联网广告销售方式。通过 cookies 等人群定向技术抓取用户的需求和偏好，在海量的网站上针对广告主的目标消费群体进行实时竞价，以此来获得广告位。

与传统广告交易在效果实施上的乏力不同，RTB 可以通过随时竞价来进行购买，如果效果不好，会马上进行调整。所以它是随时进行调整、随时进行效果监测的交易，完全改变了传统的广告购买和广告交易方式，是非常有效的。RTB 也是目前广告交易的主要方式。简单来说，这一定义包括两个关键点：

①实时：整个广告交易的过程要在 100 毫秒以内完成，对最终用户完全是无感知的。

②竞价：多个买家参与出价竞争，与炒股十分类似。

（2）实时竞价特点。

实时竞价模式下互联网广告特点可以概括为“两个不确定和一个可干预”，即广告位和广告价格不确定，但是可以对广告的投放效果进行实时干预。RTB 模式下的广告位既无法预先确定，也不可能在竞价之前就精确地指导广告价格，然而可以实时监控其广告投放效果，广告主可以及时调整竞价策略。相比之下，传统互联网广告的特点则是“两个确定和一个不可干预”，即广告位和广告价格确定，对广告效果只能在最大的广告投放基础上进行评估，不能做到实时干预。

（3）实时竞价的程序化价值。

RTB 的程序化价值体现在其“资源整合 + 实时竞价 + 受众购买”这三大特点上。首先，这意味着广告主在通过资质和创意审核后，可以从 DSP 平台整合的 RTB 海量池子中挑选流量，使其不再受限于媒体的排期投放、填充率要求等。其次，广告主可以随时投放广告、调整广告、停止广告，及时优化投放策略。最后，RTB 竞价模式深受效果广告主的青睐，这是因为：一方面，出于广告精准展示并促进转化的目的，广告主可以在 DSP 平台设置各种定向条件用于挑选人群，或者直接收集站内人群用于广告重定向投放，并设置不同的频率及预算等；另一方面，由于 RTB 整体价格较低，广告在较低成本下得到了展示机会，广告主能更好地把控转化成本。

RTB 解决了两个问题：一是广告的精准投放问题，通过 RTB 模式投放的广告做到了有的放矢；二是媒体碎片化时代的人群覆盖问题。统计数据显示，目前网民人均访问网站量超过 75 个，因此在受众媒介接触行为碎片化的情况下，投放实时竞价广告是最好的选择。

（4）实时竞价交易模式的种类。

RTB 交易市场有公开和私有之分，也即公开竞价和私有竞价（private auction，PA）。在公开广告交易平台（open Ad exchange）上进行的竞价交易称为公开竞价。在私有广告交易平台（private Ad exchange，行业人士一般称之为私有交易市场，即 private marketplace，PMP）上进行的竞价交易称为私有竞价。这两类在交易方式、是否保质保量、出价方式和操作方式上有区别。其中，实时竞价模式 RTB 实行公开竞价，尽量保质不保量且广告位不预留，实时竞价，在广告交易平台 ADX 中公开竞价。私有交易市场 PMP 则又细分出程序化直接购买 PDB、优先交易 PD、私有竞价 PA 三类，广告位不预留。传统广告投放一般是通过私有交易来运作，广告位是事先预定好的。这种方式消除了广告投放前在时间、位置、价格上的不确定，更为广告主所信赖。因为它帮助广告主提前锁定了他们想要的媒介资源。具体如表 4-1 所示。

表 4-1 程序化广告的交易模式

	交易方式	是否保质保量	出价方式	操作方式	竞价目标	指定消费者 ID
实时竞价 RTB	公开竞价	尽量保质不保量 广告位不预留	实时竞价	在 ad exchange 中公开竞价	全市场	是
私有交易市场 PMP	直接购买 PDB	保质保量 广告位预留	协商定价	传统媒体谈判方式 + 程序化控制投放		是
	私有竞价 PA	保质不保量 广告位不预留	实时竞价	小范围参与竞价	少数广告主	是
	优先交易 PD	保质不保量 广告位预留	事先出价	程序化购买中指定媒体		是

资料来源：于勇毅 . MarTech 营销技术：原理、策略与实践［M］. 北京：人民邮电出版社，2020：187.

简单来说，实时竞价 RTB 发展到私有交易市场 PMP 的根源是以长尾资源为主的 RTB 市场与品牌客户的优质流量需求产生矛盾，究其原因在于广告主对 RTB 模式的态度倾向于保守。品牌广告主最信赖、购买最多的却是具有固定展示位置、排期以及固定价格的广告。RTB 的出现虽然使媒体的长尾资源得到更好的利用，但这些资源却不太可能被品牌广告主列为最高优先级的广告位。因为 RTB 甄选的是受众，不是广告位，广告主事先不了解自己购买的广告位具体在哪里，也不知道 RTB 模式下的广告投放到底能够抓住多少目标受众。这使得品牌广告主对 RTB 持谨慎态度，他们更青睐传统的有排期计划的高优先级广告位，即广告位置确定、广告价格相对固定，且购买之后广告位有一定的排他性。

PMP 与传统广告交易的最本质区别在于：传统广告交易几乎都是私有的，但并不属于程序化购买的范畴。PMP 的交易是私有的，但它同时也是程序化购买的广告。

2. 程序化直接购买

由于互联网广告流量每天都有波动，访问用户不一定匹配广告主的需求，因而在合约直采的基础上，卖方升级开发了程序化直接购买（programmatic direct buy，PDB），即广告主依然按照固定广告产品、固定 CPT、固定预算在卖方进行下单投放，无须进行竞价（non-RTB），即“保量保价”。卖方会按照多倍于协议的流量推送给广告主，允许广告主筛选，按照一定比例放弃呈现广告。对于广告主放弃的广告，卖方会在第一时间释放给其他广告主，以实现最大化销售。

程序化直接购买，即 automated guaranteed，流量与交易价格是双方协商固定的，类似于传统的数字广告直接售卖，与后者的区别在于项目执行过程的自动化。程序化直接购买给予广告主一定的选择权，可以根据每日广告曝光情况动态调整当日广告支出，可以根据销售淡旺季动态调整广告预算分布，即支持广告主修改广告投放排期，给予广告投放一定的弹性调整空间，从而使广告投放“更经济”。所谓“萝卜白菜，各有所爱”，广告主 A 放弃的广告流量有可能被广告主 B 高价购买，因而程序化直接购买更能促进广告销售的最大化，深得卖方的青睐，尤其适合品牌广告产品，如首页焦点图、信息流二刷等。

3. 程序化优先交易

随着技术进步，逐步实现用户访问数据标签化，大型网站逐步支持“选人”，即根据用户的标签来决定广告投放。于是出现了程序化优先交易（preferred deal，PD），也就是根据广告主的投放需求，按照固定的 CPM 在流量方进行下单投放，无须进行竞价，即“保价不保量”。

优先交易：无库存流量预订的交易，指交易双方预先协议价格，但没有库存流量保证，不过其优先级高于受邀竞拍获取流量的交易方式。对卖方来说，预先固定价格保证了品牌溢价，具有更强的财务可控性；对买方而言，可优先获得公开市场中稀缺的视频和富媒体资源，更好地满足广告主需求。

对广告主而言，程序化优先交易提供了不同于线下广告交易方式的体验，可以选择目标人群，实现精准化广告投放，打开了广告主对线上广告市场的想象空间。主流网站几乎都支持程序化优选，将每个网民分配给最匹配的广告主，从而提升广告投放的精准度，实现销售最大化。

4. 程序化私有竞价

客观来讲，合约直采、程序化直接购买、程序化优选比较适合大型广告主，他们对价格没有那么敏感，更看重拿到广告产品的确定性。私有竞价 PA 是指几个广告主共同承包了媒体的流量，媒体为它们搭建私有的小型竞价平台，广告竞价只在这几个广告主之间进行。为了引入更多中小广告主，2005年前后出现了程序化私有竞价，即广告主在卖方平台上进行广告投放时可以实时竞价。

中国最早的程序化私有竞价平台是百度的搜索广告平台，交易标的仅限于出现在百度平台上的搜索广告。支持广告主按照网民搜索的关键词进行实时竞价，支持广告主在线修改出价策略，在线实时显示广告投放订单执行情况，实时进行交易结算。

四、程序化广告的发展趋势

1. 计算物联网广告

（1）计算物联网广告的概念。

物联网广告就是将物体或者商品作为广告的载体，快速传递任何企业或者商家的广告，从而达到产品会说话的目的。传统的广告载体有电视机、广告牌、LED显示屏、DM传单等，而物联网广告的载体有广告卡、广告贴片和广告片，它可以通过扫码进入到广告的主页面。换言之，物联网广告就是从移动端展现广告内容的一种新型的广告呈现模式。

在网络时代资讯大爆炸的环境下，网络信息越来越拥挤，信息冗余现象越来越明显，受众的注意力越来越稀缺。与此同时，新产品和新差异纷纷涌现，使得消费者应接不暇。精准营销的出现，似乎带来了解决方案，但在过去的几年中，其弊端逐渐显现：标签化的精准匹配恰似一个过滤气泡，使接触面固化，也削弱了用户的鉴赏力，大量新产品与新知识被挡在了泡沫隔层之外。

在物联网中，每个物联设备都是重要节点，要收集和生成数据。过去，人是创造数据的主体；如今，创建数据的主角已成为无处不在的物联网设备。企业也将通过物联网收集更多、更完善的数据。在这种情况下，每个人将重新思考和分析策略，以促进管理者学习和适应新形势下的数据情报功能和分析系统。

（2）计算物联网广告的技术支撑与应用。

除了整合现有媒体，新设备的出现也为广告产业带来其他可能性。展望未来，当物联网概念发展到极致时，其范围不再局限于智能家居、智能电网、智能监控和智能车载系统，而是一个超越资本市场体系的共享经济系统。《物联网革命：共享经济与零边际成本社会的崛起》一书的作者杰瑞米·里夫金（Jeremy Rifkin）将新兴的物联网称为“智能基础建设革命”。他认为未来每辆车、每个数据库和每项技术等都能连接到同一个智能网络，众多产品和服务的成本在这个资源共享的社会中接近于零，每个人都是“产销合一/自行生产的消费者”。

因此，产业环境在物联网革命过后会彻底改变，网络也可能瓦解广告。例如：一个作家利用网络便能跳过出版商、印刷商、零售商和广告商等环节，以极低的价格出版、销售及宣传这本书。随着技术的改进，创意有了更多展露的出口，广告不再是促进消费的主要方式，广告也不只会随科技变换样貌，其存在的目的也会转移到不同的生活环节里。

（3）计算物联网广告商业模式。

由于物联网的延伸与普及，物联网广告成为重点研究对象。物联网定向广告传播模式的构成要素主要包括：广告代理公司和广告主等信源、智能信道、信息接收者、广告主、广告效果、个人数据中心以及数据资源库等。而在物联网感知层、网络层、应用层基础上，物联网广告的传播模式从信息收集延伸到信息的系统化以及建立环境媒体广告传播模式。研究学者通过物联网挖掘了信息流广告的作用，信息流广告充分利用了物联网的优势，展示在社交媒体用户好友动态中，在大数据技术对用户画像的建构上，实现了基于用户行为的精准广告投放，这正是物联网广告的进化核心。

在物联网时代，一般意义上的新媒体广告将从传统广播式传媒向“定制”式传媒转变。所谓定制式是指从物联网挖掘信息，获得相关参数或数据，向消费者推荐符合需求的定制信息，充分体现了人性化、个性化服务，有效改善了传统“广而告之”的投放形式。因此，基于物联网技术的定向广告商业模式更注重用户需求，通过主体之间的协作配合实现有效聚合，为用户提供最好的广告传播平台，满足用户需求，为用户创造价值。

基于物联网技术的定向广告商业模式的组成部分包括四个要素：运营主体、用户、产品（服务）提供、价值获取。该模式由硬件设备制造商、系统集成商、电信运营商、服务与内容提供商共同形成的运营主体协同提供产品或服务，为广告主与消费者之间的广告信息传播搭建平台，实现定向广告传播，并从广告主的销售盈利状况、消费者的广告订阅中获取利益。智能化和物联网技术的发展必定推动计算物联网广告的发展，更大范围的信息接收和传递节点将推动个性化创意和精准营销的发展，也必将推动广告行业的大变革。

2. 内容的程序化

当前程序化广告的“精准”，还只是对消费者的识别和触点的精细化管理。在精准的内容匹配层面，虽然在技术上可以实现内容的标签化和匹配，但现实中广告主并没有这么多营销物料去实现“千人千面”。要突破内容生产的瓶颈，就需要人工智能在内容生产领域的技术突破，如淘宝自动海报生成工具。此外，当广告主有了大量内容后，需要通过人工智能技术对内容进行标签化，并将标签化的内容与原有数据中台中的消费者画像标签进行匹配。

3. 更多可驱动的触点

在触点层面，现在程序化广告能驱动的主要是个人计算机（PC）、平板电脑（Pad）和手机端，业内尚无法对数字户外（digital OOH，可理解为户外的数字广告屏，例如电梯广告）、数字电视（OTV，理解为家里的智能电视）等触点形式进行点对点的精准驱动。从技术角度其实是有实现路径的，例如在电梯广告屏（可以理解为大尺寸的 Pad）中植入智能探针，当消费者进入电梯时，就进行精准广告推送。但是现实中，这个路径受限于法律法规。简单来说，在没有征得消费者同意的情况下，无法收集和使用他们的数据。PC、Pad 和手机端的媒体，是通过用户隐私协议来获取许可的，但是户外、数字电视，甚至未来的穿戴设备、智能家电等新触点形式，如何获取消费者许可是行业需要共同解决的问题。得到许可之后，程序化广告才能更多地渗透入消费者的生活。

第四节　原生广告

“原生”这一概念实际上有两种不同的诉求：一种诉求是将广告的展示风格和样式变得与内容相一致，从而做到产品形式上的“原生”；另一种诉求是将广告的投放决策逻辑与内容生产相一致，从而做到用户场景上的“原生”。

一、原生广告的起源

早在1963年，人称“广告怪杰”的大卫·奥格威就发现，与“广告化”的广告相比，“编辑式”的广告更能吸引受众，更容易被人们观看、阅读。最早将“原生”概念引入广告领域的是联合广场风险投资公司（Union Square Ventures）的创始人弗雷德·威尔逊（Fred Wilson），2011年，弗雷德·威尔逊在网络媒体营销与广告全球会议（Online Media，Marketing and Advertising Conference，OMMAC）上提到“原生广告”这个词。他把这种新形式的广告描述为“原生货币化系统（native monetization system）”。在讲话中，弗雷德·威尔逊解释了为何原生广告要根据特定平台设计。这是因为当广告成为网站内容的一部分时效果更好。他特别强调了谷歌的付费调查结果，脸书上的“点赞”和推特上的推广内容都是很好的“原生货币化系统”范例。

原生广告是一种将品牌内容分发给用户的方式。原生广告最初在脸书、推特、领英等平台上发展，之后逐渐进入出版业。对于一些自己并不生产内容而是利用出版商服务为其生产预定内容的品牌来说，现在有一个新词可以用来描述曾经被它们称为社论式广告的内容。

原生广告为品牌提供了一种推广内容的方式——在内容营销提供的“免费”媒体中加入一种有偿元素。原生广告可以帮助企业发展内容营销，使内容可以评估。

二、原生广告的定义与特征

1. 原生广告的定义

原生广告（native advertising）又称为原生行销，是在线广告的一种，它通常出现在社交媒体中，或者作为网页上的推荐内容，与展示广告或横幅广告不同，它看起来不像广告，更像是页面信息流的一部分。

数据显示，原生广告的点击率比传统展示广告高出40倍。53%的消费者查看原生广告的频率高于经典展示广告。仅在美国，2019年在原生广告上就花费了大约440亿美元。70%的受众更愿意从原生广告中了解产品，而不是传统广告。几乎77%的原生广告用户并不觉得自己是在阅读广告。在未来五年内，25%的市场将会转向原生广告。

原生广告是一种付费媒介形式，广告内容和用户体验直接相关，完全融入周围内容且不显得突兀。原生广告的外观和表现形式与编辑内容相似，与所在的内容发布平台一致，广告的产品体系除了自身的演进，另一个重要课题是如何处理与非商业化内容的关系，让广告与内容尽可能以原生的方式共存，搜索广告和社交网络信息流广告对此做了非常有价值的探索。虽然原生广告在规模化和交易化方面遇到了很多问题，但是随着近年来移动设备对于原生广告的强烈渴求，以信息流广告、激励视频广告、灵活拼装素材的广告等为代表的原生广告正在快速发展中。从数据的角度来看，原生广告更加重视对场景数据的加工和使用，这也代表了移动时代的新特点和新思路。

2. 原生广告的特征和属性

恩德斯分析公司（Enders Analysis）的数字媒体分析师约瑟夫·埃文斯（Joseph Evans）认为："原生广告是一种罕见的多赢广告形式：为广告商带来更好的推广效果，为发布平台赚钱，同时用户的接受度也比较高。原生广告与移动网络、社交平台、视频内容的高度适配，意味着原生广告的增长也将促使对于数字平台的投资增加。"具体而言，原生广告有以下三个特点。

（1）内容的价值性：原生广告提供给用户的是有价值、有益的内容，不是单纯的广告信息，而是能够满足用户的生活形态、生活方式的信息。

（2）内容的原生性：内容的植入和呈现不破坏页面本身的和谐，并不会为了抢占消费者的注意力而突兀呈现，不会破坏画面的和谐性。

（3）用户的主动性：用户乐于阅读、乐于分享、乐于参与其中，原生广告不是单纯的"到我为止"的广告传播，而是每个用户都可能成为扩散点的互动分享式的广告传播。

原生广告是一种罕见的多赢广告形式：为广告商带来更好的推广效果，为发布平台赚钱，同时用户的接受度也比较高。原生广告与移动网络、社交平台、视频内容的高度适配，意味着原生广告的增长也将促使对数字平台的投资增加。

因此，如图 4–15 所示，原生广告具有以下几种属性。

图 4–15　原生广告的属性

资料来源：杨志杰，李思达．数字化广告运营：智能营销时代的精准投放法则［M］．北京：人民邮电出版社，2018：131.

（1）平台属性。

原生广告与其诞生的平台有着高度契合性，每个平台都可以制作自己的"原生广告"。美国新闻聚合网站（BuzzFeed）总裁对原生广告的理解是：当内容被赋予某平台的特点及属性，以该平台的版本呈现出来时就是一种原生广告。比如，同一内容，在推特（Twitter）平台，它是一条推文；在脸书（Facebook），它是一条信息；在

BuzzFeed，它就是一则报道。由于原生广告与平台的关系非常紧密，其中涉及数据挖掘与分析技术的使用。原生广告最理想的状态就是以社交平台沉淀的用户数据为依据，绘制用户画像，精准地推送广告。因此，不同的用户，他们看到的原生广告是不同的，这就是原生广告难以实现批量复制的主要原因。

（2）内容属性。

从本质上来看，原生广告有别于内容营销。为平台受众量身定制内容是原生广告面临的最大难点。原生广告要通过内容将品牌信息、情感与诉求呈现出来，引发用户共鸣。原生广告要在不打扰用户的基础上推送内容，为用户带来一种价值体验。

（3）社交属性。

由于原生广告具有内容属性与平台属性，所以自然而然地就具备了社交属性。基于原生广告的社交属性，用户可以参与其中，与原生广告互动。以微信朋友圈中的信息流广告为例，很多用户看到信息流广告都会进行评论，所以当某一用户在自己的朋友圈看到这则广告时，就能看到五花八门的评论。如果该用户也参与进行评论，就实现了与原生广告的互动。这种广告会不断地在用户之间流转，不会传播到某一用户之后就结束传播。

3. 原生广告有效的关键指标

（1）考核指标1：网站流量数据。

投放原生广告后，需要对其效果实时监测，从而帮助营销人员不断优化调整营销方案，确保最终能够取得预期效果。事实上，开展原生广告活动和销售漏斗模型的逻辑具有较高的相似度，都通过广告内容争取网罗更多的目标群体，确保最终能够获得足够的转化量。所以，网站流量就成为原生广告的一大重要考核指标。从实践来看，影响原生广告流量的因素主要包括以下几种：①搜索引擎的关键词优化；②内容本身的质量；③企业公众号的关注人数；④发布原生广告的渠道或平台的流量等。

那么，企业如何对原生广告发布页面访问量进行有效统计呢？从技术角度看，在互联网领域对页面访问量进行统计并非难题。对企业而言，最为关键的是了解监测页面访问量背后的逻辑。如果在企业官网、自开发的App应用中发布原生广告，很容易通过后台系统或者专业分析工具掌握流量数据。而选择在其他渠道，如微信、微博、网络社区等渠道发布原生广告时，作为企业级用户，平台本身会为客户提供流量统计数据。当平台不提供这类数据时，企业也可以监测推荐流量数据。推荐流量数据指的是原生广告页面中的网页链接为企业官网、网店等页面带来的流量。目前，营销从业者广泛使用的第三方流量统计工具，如CNZZ、Google Analytics等。App应用Analytics是一种适用于手机终端的页面流量统计工具。

当发现页面访问流量处于较低的水平时，就需要营销人员对营销方案进行优化调整，如调整营销内容、选择更多的投放渠道、举办点击参与抽奖活动等。

（2）考核指标2：用户参与数据。

用户参与也是考核原生广告营销效果的一个重要指标，通常会细化为用户停留时长、评论数、分享数、反弹率、放弃率等具体指标。如何提高用户参与积极性呢？很多营销从业者会感到很困惑：为何有的原生广告内容会被用户细细品味并主动分享，而有的原生广告被用户一目十行甚至直接略过呢？出现这种差别，用户参与积极性的大小无疑是重要原因。

影响用户参与积极性的因素，主要包括以下几点：①广告内容是否富有趣味，吸引用户沉浸其中；②广告内容是否具有较高的价值，能够降低用户的购物时间成本、提供用户感兴趣的信息等；③广告页面布局是否合理，是否能给用户带来良好的阅读体验。

在考核用户参与指标时，可以利用 Google Analytics 统计工具对平均浏览时间、页面放弃率、用户评论数等几个指标进行统计。有时原生广告会出现空有点击量却鲜有用户参与互动的现象。出现这种情况时，营销人员应该反思是不是出现了以下几个方面的问题：①未进行用户界面优化，如图片模糊、背景色刺眼等；②内容不符合目标群体的个性化需求；③内容篇幅过长，容易让人失去耐心；④内容结构安排不合理，用户找不到主要论点；⑤内容缺乏可读性，不能为用户创造价值。

以 Crazy Egg、Mouseflow 为代表的点击追踪工具，为企业提供了一种对用户在网页中的行为进行实时监测的有效途径。在考核原生广告用户参与指标的过程中，营销人员可以使用这种工具分析用户行为，找到用户没有参与互动的原因，从而对营销方案进行完善。

（3）考核指标 3：用户分享数据。

用户分享也是衡量原生广告营销效果的一大重要考核指标。营销人员需要统计用户将内容或链接分享到微信、微博、贴吧、网络社区、视频网站、门户网站等社会化媒体中的数量。不过部分用户可能仅是将内容收藏或者进行转发，而没有真正阅读或者希望自己以后阅读，这样会统计到较高的用户分享数据，但营销效果可能达不到预期目标，所以营销人员需要将其他考核指标和用户分享指标搭配使用。一般来说，用户分享数据越高意味着营销内容的社会影响力越大，转发、分享、评论等数据在一定程度上反映了原生广告的社会影响力。

国内两大现象级社交媒体平台——微博和微信都提供数据统计服务，在这两大平台发布原生广告时，可以有效地利用相关统计数据来考核原生广告的发布效果。微博提供的数据统计服务包括个体账号与企业账号两种，微数据可以让个体账号获取覆盖度、活跃度、传播力及粉丝分析等数据；数据中心、微风云等则是为企业账号提供数据统计服务的有效工具。微信为了满足用户的数据统计需求，专门开发了微信公众平台数据统计功能，营销人员可以获取的数据包括用户分析、图文分析及消息分析等。拥有海外业务的企业发布原生广告时，可能会使用脸书、油管（YouTube）、推特、照片墙（Instagram）等平台，此时，对原生广告的用户分享数据进行统计，就可以使用第三方统计工具 Sysomos、Simply Measured 等。

（4）考核指标 4：反向链接数据。

一般来说，人们之所以选择引用、链接网页内容，是因为它有一定的价值，能够提升自身的说服力，能给人带来一定的乐趣等，因此反向链接（从其他网站链接原生广告）数据，对原生广告营销效果考核也非常关键。毋庸置疑，反向链接能够给原生广告带来更高的访问量，提高内容的专业性与权威性。

那么，怎样才能吸引用户链接原生广告呢？这需要营销人员在设计原生广告时注重以下几点。①实用性。互联网用户在链接内容时，总是倾向于链接那些对自己有用的内容，这些内容能够帮助自己解决在生活或工作中遇到的问题。②权威性。专家学者、知名教授、各行业领袖、权威机构发布的内容向来容易被人们引用。③鼓舞人心、富有正能量。积极向上、提升人们动力的内容也容易被引用或链接。④有趣味性。在统计数据中，娱乐性较强的内容在被链接排行榜中高居榜首。⑤有话题性。视角独特、观点新颖的文案很容易引发人们在社交媒体上的讨论，从而提高原生广告被链接的概率。

当然，营销人员需要管理网民的反向链接，这样才能确保原生广告链接发挥积极影响。管理反向链接最关键的一点就是确保原生广告在权威且合法的网站被链接。非法网站会威胁到网民的财产安全，当原生广告被链接到这类网站后，不但不会提高营销效果，反而会给企业形象带来负面影响。而缺乏权威性的杂牌网站容易被搜索引擎过滤，很难产生提升原生广告点击量的效果。

Google Webmaster Tools、Google Analytics 等第三方统计工具，可以让营销人员了解哪些用户、网页等引用了原生广告的内容。而想要了解反向链接是否创造了商业价值时，则需要用到 SEO SpyGlass 这种专业的反向链接流量监测工具。

（5）考核指标 5：用户转化数据。

顾客转化率是原生广告营销效果的直接体现，被成功转化的流量成了企业的注册用户甚至是付费用户、产品购买者等。顾客转化率主要取决于企业能否让用户清晰地感受到原生广告想要激发的用户行为，如使用更加醒目的设计强调注册或购买链接等。与此同时，保持内容和营销目标的一致性，对促进顾客转化也有良好的效果。例如，当营销目标是为了提高品牌知名度时，企业应该在内容中加入品牌故事、创始人创业经历等，而不是产品打折促销信息。

那么，营销人员如何对顾客转化率进行管理呢？顾客被成功转化意味着目标用户进行了某种对企业开展业务来说较重要的行为，如关注公众号、收藏店铺、朋友圈转发等。分析顾客转化率数据时，可以通过 Google Analytics 工具获取以下数据：网站流量、注册用户数与购买用户数。对处于移动互联网时代的企业来说，广泛撒网式的营销推广不但会造成营销成本大幅增加，而且会因为精力及资源的过度分散导致无法达到预期目标。能够对接目标群体开展精准营销尤为关键，而针对目标群体特性定制生产的原生广告无疑为企业提供了一种有效的营销方式。

当然，在实施原生广告方案的过程中，还要对其营销效果进行实时监测，以便实时优化营销方案。为了确保原生广告营销效果考核的全面性、真实性，应该充分运用上述多个考核指标。

虽然很多平台或第三方机构开发了数据统计工具，而且能够免费使用，但单一的工具可能无法有效满足企业需求，同时使用多种统计工具后，很容易出现数据混乱、统计结果出现较大偏差等问题。所以，在技术及人才储备方面有一定优势的企业，应该在开发企业官网或者 App 应用时，尝试开发能够对用户数据进行统计的功能模块。

4. 原生广告的优势

相较于传统的媒体广告，搜索关键词、横幅（banner）等会使广告的覆盖范围更广，定位更加精准，互动性更强，数据监测更加可靠，灵活度更高，进入门槛也更低。在这种种优势的推动下，互联网迅速崛起，超越报纸与电视成为一个非常重要的广告媒体。与此同时，互联网广告也面临着各种危机——虽然广告利用效率有所提升，但广告形式与理念创新却没有取得大的突破，互联网广告在精准性与互动性方面遇到了一些问题：首先，媒体营销理念不健全，变现能力不足；其次，对于互联网硬广告，用户存在一定的抵触情绪，广告位不断增加，使用户体验深受不良影响；再次，用户忽略现存的互联网硬广告，使广告营销效果下降；最后，在现有营销框架下，广告公司的施力空间越来越小，其价值无法实现最大化。上述种种情况，致使整个营销生态链亟须寻找突破点。一方面，移动互联网广告变现模式亟待探索；另一方面，跨终端、多系统、碎片化问题严重。

与传统媒体广告相比，原生广告的优势有以下三点。

（1）挖掘精准与互动价值，提升整体效益。

原生广告将使精准与互动价值得以进一步挖掘，使营销体系的整体效益得以大幅提升。社交网络或社交媒体的价值挖掘正处于起步阶段，大数据有了较大的发挥空间，媒体流量变现正在朝内容变现转变。经过多年运营，媒体掌握了丰富的数据与用户关系，尽管其营销价值尚未得以充分挖掘，但凭借后台数据挖掘与前台展现的创意与内容的相关性，原生广告可以为用户提供大量价值，刺激用户积极参与，提升营销效果，推动媒体营销价值逐渐升级，使媒体变现能力得以有效增强。在这个过程中，广告服务公司将其创造性价值充分发挥出来。

（2）提升移动互联网变现能力。

对于传统的互联网横幅（banner）广告来说，尺寸与空间是关键要素，相较于 PC 互联网与传统媒体，手机端在这方面毫无优势可言。再加上，对于手机来说，用户掌握着绝对的控制权，非常容易忽略广告，传统的互联网硬广告无法与用户形成良好的互动。原生广告与媒体内容相融，其价值无法再用广告尺寸与展示空间来计算，创意与内容的相关性成了关键要素，这就为移动互联网变现提供了一条新的出路。

（3）跨终端、多系统覆盖，解决碎片化问题。

很多媒体同时覆盖了多个终端，比如 PC 端、智能手机端与平板电脑等，又同时覆盖了多个操作系统，比如 Android 系统、iOS 系统等，这些终端与系统各有特点，尺寸、布局、空间各有不同，如果采用传统的banner广告形式，媒体必须根据各终端与系统对广告资源进行规划，这就会使广告成本摊薄，分散价值大幅增加，使广告盈利效果大幅提升。

站在广告主的立场上，以往碎片化的媒介环境会使营销效率大幅下降，使广告成本显著增加，使广告营销效果大打折扣；站在用户的立场上，即便在同一个媒体上，不同的平台也会产生不同的广告体验。总而言之，原生广告将跨终端实现多系统覆盖，媒体的盈利能力、用户的使用体验、广告主的营销效率都将得到大幅提升，实现共赢。

三、原生广告的形式

如前所述，最早将“原生”概念引入广告领域的是Union Square风险投资公司的创始人弗雷德·威尔逊。根据国内学者刘鹏的划分，将原生广告形式划分为信息流广告、搜索广告、软文广告以及联盟。

1. 信息流广告

2006年，信息流广告最早出现在社交媒体上。信息流广告（News Feeds Ads），是在移动设备上穿插在内容流中的广告。初期主要存在于社交、资讯、视听类媒体，如国外的相关媒体，国内的腾讯QQ空间、微信朋友圈、微博、今日头条等。信息流广告有图文、图片、短视频等不同形式，具备原生广告的六大属性：媒介适配性、内容创意适用性、用户体验打扰度低、用户选择自由、内容价值、数据管理能力。信息流广告的形式有图片、图文、视频等。最大的特点是能够根据算法推荐、原生体验，通过标签如年龄、性别、地域等进行定向投放，再根据自己的需求选择推曝光、落地页或者应用下载等等，确保捕获到的用户都是潜在的精准用户。

信息流广告的特点可概括为两个关键词：原生和效果。信息流广告的一大优势是原生，即广告和环境内容在形式上高度相似。

（1）信息流广告的定义。

信息流广告指的是这样一种广告形式：首先，广告以与内容联动的方式进行交互；其次，被广告区隔开的各部分内容之间没有直接的关联。

（2）信息流广告关键特征。

①广告与内容的交互联动，指的是用户在上下、左右或其他交互方式操纵内容进行浏览时，嵌入内容之间的广告也要能够按同样的方式被操纵，换句话说，怎么操作内容，就怎么操作广告。广告与内容的交互一致，一方面可以极大程度地提高操作的便捷性，降低误点概率；另一方面会让用户感觉广告也是内容消费的一部分，从而提高关注程度和广告效果。举个例子，传统的横幅广告在内容交互时，广告在上部或下部悬浮不动，就不符合这条定义。在插屏这类占据屏幕较大比例的广告形式中，如果采取角上按钮关闭广告的方式，则并非内容的典型交互形式，所以不应被认为是信息流广告；但如果通过滑动消除广告，进入其他内容或功能界面，也可以归为信息流广告。

②被广告区隔开的内容相对独立，并没有直接的接续、因果等关系。之所以强调这一点，是因为如果内容块之间有很强联系的话，用户从感知上就会认为广告打断了他当前的阅读任务，这会影响广告的关注程度和用户的产品体验。根据这一定义，我们知道在一篇文章中间开辟一个广告位，把内容区隔开的产品形式，并不属于信息流广告，而社交网络、新闻客户端等产品形式，由于内容块之间天然具有联系较弱的特征，非常适合采用信息流广告变现。

需要说明的是，展示样式与内容块一致、采用受众定向的方式精准投放广告等特征，虽然在实践中为大多数信息流广告产品所采用，但是并非其根本特征，可以不放在定义的要求之中。

所谓信息流广告，是一个展示和交互形式上的概念，它与前面介绍的交易形式定义下的诸多产品概念不属于同一个范畴。实际上，在信息流广告中也存在封闭的ADN、供给方的ADX与SSP、需求方的DSP等产品，这里不再赘述。总体来看，信息流广告是展示广告的一种特例，因此主体产品的决策流程与展示广告基本一致。就信息流广告特有的产品特征来看，有两点需要专门讨论：一是如何将同样的广告素材适配到不同的信息流位置上去；二是如何处理广告在信息流中出现的位置与密度。

（1）广告位适配问题。信息流广告不同于标准的横幅、插屏等位置，往往需要根据媒体的上下文布局与风格确定展示样式。然而，为每一种展示样式单独制作一个创意的成本，对于广告主和平台来说是无法接受的。因此，需要有自动化的产品方案能够解决同一个广告在不同广告位下的适配问题。实际上，这个问题并非信息流广告独有的，而是原生广告遇到的普遍性问题，我们将其称为“表现原生”问题。

（2）广告竞价与放置。信息流广告与普通的展示广告并没有非常本质的区别。信息流广告可以看作是一个多位置的竞价广告产品，其基本产品问题可以概括如下：一个信息流插入的若干广告位构成一个竞价队列，可以按照VCG拍卖机制（vickrey-clark-groves）或广义二阶价格（generalized second price，GSP）来扣费。解决信息流广告放置问题的思路也与解决搜索广告放置问题基本一致，需要尽可能准确地预估每个用户相对于整体用户的点击率水平。

2. 搜索广告

搜索引擎广告，即“搜索广告”，广告主可以根据自己的产品或服务的内容、特点等，确定相关关键词，撰写广告内容并自主定价投放的广告。这样当用户搜索到广告主投放的关键词时，相应的广告就会得到优先展示。

搜索广告的展示形式与自然搜索结果基本一致，也可以看成是存在于同一个信息流当中。因此，它的高变现能力也部分地源于这种原生的产品形式。另外，搜索广告的另一个特点，即用一个明确的查询来触发广告，对我们探索原生广告也很有启发：要想真正做到“内容即广告”，显然在广告决策过程中要明确考虑用户当前的任务和意图，并直接根据这些来触发广告。搜索广告与内容的混合方式有两种，一种是将广告在固定的位置上展现，另一种是将广告与内容混合排列在一起。当然，在实际的搜索引擎中，广告与内容也来源于不同的服务，前者按照 eCPM 排序，后者按照相关性排序，两者混合的规则也有一些固定的逻辑，并没有实现按同一准则的统一排序。应该说，如果按照内容即广告的思路前进，那么在搜索引擎中，内容与广告按照同一准则的统一排序将会是一个有价值的发展方向。

3. 软文广告

在这种广告类型中，内容本身就是为了委婉地宣传某种产品而生产的。很多网站的内容营销，实际上指的就是这种软文广告（soft article）。这种方式也从一个独特的角度体现了“原生”的意义：较高质量的软文往往让读者可以像接受普通文章一样接受其内容，因而宣传效果也会比较好。不过这种软文广告的生产和传播过程很难被标准化，不是产品化交易的对象，因此并不是我们重点讨论的广告产品。虽然软文本身离广告产品较远，不过也给我们提供了重要的启发：在内容的生产过程中，应该同时考虑到商业化的可能。虽然整篇的软文生产很难做到规模化，但是如果将内容中一些相对标准化的片段变成商业化信息会如何呢？显然，这个方向是值得推荐的。

4. 联盟

在前面提到过一种联盟（affiliate）的模式，即由媒体从广告库中自由选择要推广的对象，并按照自己控制的方式来进行推广。虽然这是比较原始的广告产品形式，但是对原生广告的思路也有一定启发：只有给媒体一定的选择广告的权限，才能比较容易地做到广告与内容在主题上的和谐，也才会产生像淘宝客那样可以将广告自由地嵌入博客和各种网站的用法。

不过还是要说明，这样简单的联盟方式并不是理想中的原生广告形式。因为在这种方式下，数据基本上无法发挥作用，也并没有一个第三方平台专业化地负责广告的运营和投放。因为投放过程不透明，作弊情况比较多。因此，联盟的市场相对原始，规模化程度也有限。

在前述提到的几种原生广告产品中，我们可以发现，“原生”这一概念实际上有两种不同的诉求：一种诉求是将广告的展示风格和样式变得与内容相一致，从而做到产品形式上的“原生”；另一种诉求是将广告的投放决策逻辑与内容生产相一致，从而做到用户场景上的“原生”。我们把这两种原生分别称为表现原生与场景原生。

表现上的原生性需要媒体来控制广告展示形式。从信息流广告、搜索广告这些例子中，可以总结出原生广告的最重要也最直接的产品原则，即内容与广告的展示形式要尽可能一致。场景上的原生性则需要媒体明确提供场景和需求。社交网络信息流广告侧重于表现的原生性，而搜索广告在表现和场景两个方面都是原生的。大体而言，对于那些用户直接意图比较模糊的用户产品，如社交网络、新闻列表等，表现原生广告产品就足够了；而对于用户直接提供明确意图的用户产品，如搜索，则最好要做到场景上的原生性。

◆ 本章小结

本章阐述了广告的形态，介绍了传统媒体的广告形式以及在线广告形式。互联网，特别是移动互联网出现后，新的传播手段、传播形态、传播方式及传播渠道、传播平台不断出现，它们被统称为新兴媒体，与之相对，原有媒体——报纸、广播、电视及杂志，便被称为传统媒体。

本章还介绍了在线广告的发展过程。随着技术的发展，在线广告从合约广告发展到竞价广告再到今天的程序化广告。本章着重介绍了各类在线广告的内涵、差异。

最后，本章介绍了程序化广告的定义及特点、交易链、交易模式及未来发展趋势；介绍了原生广告的起源、定义与特征以及形式。

◆ 关键术语

横幅广告 banner advertising；展示广告 display advertising；合约式广告 agreement-based advertising；实时竞价 real time bidding；程序化广告 programmatic advertising；需求方平台 demand side platform；供给方平台 supply side platform；广告交易平台 ad exchange；数据管理平台 data management platform；程序化直接购买交易模式 programmatic direct buying；优先销售 premium sale；网络优化 network optimization；原生广告 native advertising；信息流广告 news feeds Ads；联盟 affiliate

◆ 复习思考题

（1）分析传统媒体发展受阻的原因。
（2）简述在线广告是如何演化的。
（3）在线广告有哪些形式？
（4）广告位合约与展示量合约有何异同？
（5）合约广告与竞价广告有何异同？
（6）简述程序化广告的参与方有哪些。
（7）简述实时竞价的主要特点。
（8）目前原生广告主要包括哪些形式？
（9）原生广告有效开展的衡量指标有哪些？

◆ 参考文献

1. 官建文等 . 传统媒体移动化转型路径与策略［M］. 北京：中国社会科学出版社，2021.
2. 迪亚兹·耐萨蒙奈 . 精准投放：个性化数字广告一册通［M］. 北京：中国人民大学出版社，2019.

3. 刘鹏，王超．计算广告：互联网商业变现的市场与技术［M］.3 版．北京：人民邮电出版社，2022.
4. 郑龙伟．互联网广告设计（全彩慕课版）［M］．北京：人民邮电出版社，2021.
5. 张亚东．在线广告：互联网广告系统的架构及算法［M］．北京：清华大学出版社，2019.
6. 梁丽丽．程序化广告：个性化精准投放实用手册［M］．北京：人民邮电出版社，2017.
7. 陈韵博．程序化广告的道与术：数据技术时代的营销变革［M］．北京：社会科学文献出版社，2020.
8. 段淳林，张庆国．计算广告［M］．北京：人民出版社，2019.
9. 杨志杰，李思达．数字化广告运营：智能营销时代的精准投放法则［M］．北京：人民邮电出版社，2018.
10. 明学海．信息流广告实战［M］．北京：清华大学出版社，2020.
11. 齐云涧．广告数据定量分析：如何成为一位厉害的广告优化师［M］．北京：机械工业出版社，2019.
12. 宁阿姨．信息流广告入门［M］．北京：人民邮电出版社，2020.
13. 张茜，迟婉璐．广告营销的底层思维［M］．北京：机械工业出版社，2022.
14. 唐溪柳．互联网广告系统：架构、算法与智能化［M］．北京：机械工业出版社，2023.
15. 于勇毅．MarTech 营销技术：原理、策略与实践［M］．北京：人民邮电出版社，2020.

◆ 章末案例

程序化广告：利弊的权衡

数字市场仍在剧烈的转型当中，非常多的业态并没有稳定下来，经常会面临两难的境地。比如针对程序化广告会有两种不同的声音：一种是程序化广告中缺失的透明度、欺诈、低质流量等问题引发的质疑声；另一种是程序化广告帮助媒体增加了销售，做到精准服务达成 KPI 的肯定声。

数字营销代理 QueryClick2018 年发布《程序化广告欺诈透明度》报告，其显示数字广告带来机遇的同时，也遭到了不少诟病。这份报告调查了 150 位营销、电子商务和数字化方面的负责人，被调查对象均来自英国主要品牌，这些品牌的营收在 1 亿英镑以上。调查结果显示，40% 的大型广告主相信，在过去一年他们所投放到网上的广告中，有超过一半被真实的受众查看；另有 7% 的被访者认为，真人查看的广告占到 80% 及以上；41% 的广告主承认，由于广告欺诈，他们已经对程序化广告失去信任。尽管如此，仍有 70% 的经销商表示要在未来一年维持或提高其程序化开支。出于成本或效果方面的考虑，打算减少这项开支的品牌方则占 22%。对于减少开支的具体原因，39% 受访者抱怨市场上的广告购买平台或 DSP 等技术选择不多；39% 谴责程序化广告成本方面缺乏透明度；39% 称广告的网站去向方面缺少透明度，导致大品牌的名字会出现在极具冒犯性的内容旁边。

此前美国全国广告商协会 ANA 的一份报告也表明，随着经销商对数据透明度的要求越来越高，现在 35% 的品牌都扩大了他们的内部程序购买能力。

电通安吉斯作为几大广告集团之一，2016 年就自主研发了一整套程序化广告投放平台 CAPPER，CAPPER 发展至今已经有了一系列的产品。它最本质的作用就是帮助广告主直接采买一些优质的广告资源，这些优质的广告资源无须经过中间人，而是直接通过大型媒体采买的资源。这样就保障了广告主的流量是优质且可信的，同时又得到了程序化所能带来的相关价值。同时 CAPPER 系列产品还会针对客户不同的需求形成不同的产品组合为客户提供服务。最关键的一点是，电通安吉斯希望利用自主研发的程序化平台去链接行业上下游，帮助广告主做好透明化、可靠、可信的程序化投放，这是他们在做的一件很重要的事。

目前，一些广告技术类公司也有直接跟广告主对接的情况，从这个角度来对比，电通安吉斯在程序化领域与它们的差异点在于行业定位和重心不同。对于广告技术公司来说，它们更侧重数据和技术，而电通安吉斯的重点在于客户服务能力和策略能力。“我们不只是做互联网和程序化，而是帮助品牌方策划市场营销的全案”。

那么，基于程序化形成的策略与传统策略有何不同？以往在一个广告集团里面，一个人能将自己的能力分享给各个品牌、各个小组，但现在其实遇到了瓶颈。当程序化介入进来，用数据、技术的方式来驱动市场策略就很有必要。

电通安吉斯利用自主研发的 CAPPER 平台，研发出了 CAPTIMIZER 这套工具。它能够根据历史投放数据将消费者相关的特征挖掘出来，同时再结合品牌的洞察和调研，帮助广告主做下一步的预测和投放计划。例如，它能帮助广告主对跨平台程序化直采进行实时优化，提高目标人群定向投放，从而尽可能减少广告浪费，真正地站在广告主利益的角度去花每一分钱。比如在针对新客户和重定向的营销活动上，可以实现单个受众“5 次”曝光量，而非过度的“20 次”，既要激发受众对产品、品牌的兴趣，也要考虑到过度投放可能造成的广告浪费。“不过，光程序化还不够，依然需要人。所以程序加上人两者结合起来帮助广告主做好程序化营销。如何把媒体、技术、数据和人四大元素带动起来服务好广告主，这对我们来说是未来的挑战和方向。”

而随着程序化不断地发展，程序化音频、程序化户外也开始逐渐有了发展。程序化广告自 2010 年进入中国到如今市场规模已位居世界第二，足以证明本土市场的需求之旺盛，这种需求既有横向同行业间的个性化，也有纵向不同行业间的差异化。

资料来源：姚书捷 .2018 程序化广告面面观［J/OL］. 现代广告，2018-09-30.

案例思考题：

（1）分析程序化广告的利与弊。

（2）程序化广告是如何整合媒体、技术、数据和人，以服务广告主的？

第五章 广告策略的实施

学习目标

广告策略的成功实施，离不开一套系统有序的过程。为了更好地实施广告策略，首先要了解自己的受众，做到有的放矢。其次，要发挥创造力与创意，这样才能独具特色，被用户所注意和接受，而广告文案是广告创意实施的关键一环。最后，广告最终要通过媒介来实现。通过本章的学习，应该达到如下目标。

◎掌握广告调查的概念、原理和流程。

◎理解广告创意的特征与流程。

◎了解数字化时代广告创意模式的转变。

◎掌握广告正文撰写的五部曲。

◎了解广告口号和广告标题的区别。

◎了解媒介战略的定义和主要影响因素。

引导案例

美团外卖借势大运会

体育赛事与节日一样，都是品牌借势营销的机会。2023年大运会，也有不少品牌纷纷出动，推出与大运会、成都、熊猫等相关的联名周边。谁不喜欢借势营销带来的那种“四两拨千斤”爽的快呢？美团外卖让中国大学生游泳代表队上演了“花式划水”技术。美团外卖的“业务”范围，似乎已经从“陪你快乐看球”扩大到“陪你快乐划水”了。

2023年8月，美团外卖发布了一个文案里全是“水”的短片。短片伊始，中国大学生游泳代表队的运动员们正在认真训练，随着教练一声令下，运动员们结束了上午的训练，一段“等会儿干吗呢？”“再划会儿水呗！”的简短对话后，开始了专业划水人的划水日常。这些以水为开头或结尾的词语，分别对应了一种划水休闲的方式：一边仰泳一边吃西瓜，就是“顶呱呱”；两名女运动员把水果拼盘放在漂浮板上一边并排游泳一边吃，就是“淑女之交淡如水”……随着一个个划水新姿势被开发，运动员们取外卖的脚步越来越快，而为运动员们提供划水“必需品”的，正是送啥都快的美团外卖。除了自身的水平过硬，划水高手还拥有一个御用划水帮手——美团外卖，高手与帮手之间自然有相同的特质，那就是“都很快”。中国大学生游泳代表队在这次大运会中成绩斐然，参与5项竞赛，获得4枚金牌，游得快、得奖也快；美团外卖能够跟上游泳代表队高频次、快节奏的划水方式，快速送来运动员们需要的划水物品，扮演好一个专业助手的角色。美团外卖借助大运会，再一次强化了自己“陪伴者”的形象和“送啥都快”的品牌印象。

资料来源：ADGuider网站.美团外卖又“整活”了，这一次联合了大运会［E/OL］.［2023-08-24］.https://www.adguider.com/case? id=5f2e7aea67674cc782a7e02212ae9905.

第一节　广告策略依据：用户信息收集

一、广告调查的概念与原理

在现代科学技术的影响下，广告的内涵和外延正在发生着翻天覆地的变化，从“纸上推销术”到视频广告宣传片，从杂志平面广告到H5网页广告，从单向度的广播到双向互动的传播，广告在内容、形式及传播效果方面都有着巨大的改变。面对快速更新的广告，企业的选择范围越来越广，可用的广告形式也越来越多。但不可否认的是，成功的广告都离不开企业对市场、消费者及传播媒体信息的掌控，而这一切都离不开科学高效的广告调查研究。

1. 广告调查的概念

广告调查起源于市场调查和社会调查。无论是社会调查还是市场调查，其重点都在于调查。美国学者威廉·阿伦斯（William F. Arens）认为，广告调查作为营销调查的一个分支，是对信息进行系统的收集和分析，以便帮助广告公司制订或评估广告战略、单独的广告或整个广告战役。

从狭义上来说，广告调查是指围绕广告所进行的调查，为制订或评估单个广告、广告战略所进行的信息收集与分析。从广义上来说，广告调查是指根据广告运作流程各个环节的需要进行的调查活动，是广告运作流程各个环节得以顺利进行的基础和保障。

2. 广告调查的原理

广告调查更早的渊源来自社会调查。而调查除了采集社会信息，还要对采集来的信息进行数学分析，因此广告调查的主要原理来自数学中的统计分析及概率论。

（1）统计学原理。

统计学研究客观事物的内在规律用以对决策提供支持，它是认识现象内在规律的有效手段之一。简单来说，统计学在市场研究中具有发现问题、分析问题和解决问题的作用。

首先，发现问题。如商家在后台就能够利用技术平台的统计工具看到近一段时间的客户访问量、商品点击排行、商品的价格区间、回头客访问量等。从以上数据中，可以发现当前商家运营中可能出现的问题。例如，一个商家通过淘宝导流过来大量流量，但是用户在进入商家页面之后，阅读商品详情的时间较短，在商家页面停留的时间也比较短，其销售转化率自然就低。这是什么原因？可能是商家的商品详细介绍出了问题，也有可能是商家的页面介绍在内容、排版、色彩等方面出现了问题，需要商家尽快查看、解决。

其次，分析问题。统计最主要的功能就是对现有数据进行分析。以网络购买为例，当商家发现自身的流量低、销售转化率也很低之后，再通过调研和整理后台的其他相关数据来着手分析到底是什么原因引起销量过低的。如果是因为商家的广告展现量比较低造成上述结果，那么需要在排除商家后台账户设置不合理的因素后，考虑是不是在淘宝导流时设置的关键词类型比较窄。此时就需要商家进行关键词的拓展，或者是增加多种类型的关键词。如果我们的广告展现数量比较多，用户的点击量却比较少，那么就要看是不是因为广告位置不好，创意不够吸引人，或者是广告与用户需求相关性比较低。这时，我们要先下载后台数据，筛选点击量为零而展现不为零的报告，将关键词按照降序排列，挑出排名靠前的关键词，筛选出关键词与出价、创意等之间的关系，找出点击量低的背后原因。

最后，解决问题。在对数据进行比较、分析、评价后，我们就可以得出解决方案，通过方案的实施来解决现存的问题。

（2）传播学原理。

广告调查服务于广告主的整个信息传播过程。在此背景下，广告调查中必须涉及广告信息“说什么”“怎么说”以及“通过什么渠道来说”的问题。因此，广告调查要运用传播学中的说服技巧等相关原理。

关于“说什么”。委托方的产品、品牌或服务有其特别的卖点，但是在某一个合适的时段，将什么样的卖点提炼出来，并对大众进行传播，是一个非常专业的工作。因此，针对大众传播的第一个要点就是要对大众“说什么”。

关于“怎么说”。说服是大众传播的一种形式，也是很多人感兴趣的一种形式。广告商利用大众传播销售软性饮料、药品或汽车，会使用多种说服方法。食品保健品制造企业雇用公共关系专家说服大众，以报纸广告的形式兜售自己的商品，公共健康组织采用广播广告动员人们停止吸烟……这些人都企图利用大众传播的消息对他人产生某种影响，导致人们的观念发生某种改变。在找到传播的内容和侧重点之后，怎么去说成为下一步的工作重点。广告调查的另一项主要内容则是找到传播的说服策略，按照消费者的信息接收模式来传播信息。

（3）大数据原理。

一直以来，因为考虑到成本问题，人们用科学的抽样来代替普查。然而大数据的出现颠覆了传统的抽样，是因为平台化的传播方式和碎片化的社会结构让抽样难以“准确”，难以用“样本”体现“全部”，难以具备足够的代表性。这里并没有否认抽样本身的科学性和可操作性，只是需要通过新的方式和手段重塑抽样。以往，我们通过抽样的数据来推断、预判需求，现在则利用互动平台、利用大数据技术清晰地获得需求的信息，而不是去推论，因此其精准性也得到了极大的提升。可寻址技术、物联网又将这些数据与实体相连接、相匹配，让需求以个人、家庭、社区的形式出现，并被记录、鉴别、挖掘、设计和营造，同时其成本又相当低廉。可以说，这是大数据与全媒体对抽样的重塑。

传统广告调查基于抽样，并以抽样数据进行分析和推断。然而，当社会环境急剧变动，出现了前所未有的传播平台之后，既往的抽样方法应对如此复杂的环境就显得力不从心，再也无法进行精准的推断和预测。所以，这种全媒体的变革给媒体方、广告商带来了新的挑战。

二、传统广告调查的流程

从传统意义上讲，广告调查是一个严谨的项目管理过程。广告调查的实施一般经过三个阶段，具体如图 5-1 所示。

一是广告调查准备阶段。主要是与委托方协商并确定好调查主题及调查目标，从专业的角度来调查研究主题，并确定使用什么样的调查方法，形成调查方案，并得到委托方的认可。二是广告调查实施阶段。在委托方认可方案之后，即可进入调查实施阶段。这一阶段主要是问卷的设计、抽样以及实施调查，即展开问卷调查或者是定性的访谈等。三是广告调查分析和报告阶段。将广告调查得到的数据录入电脑，通过对数据的检查与整理，进行统计分析，并根据分析结果撰写报告。将报告呈交并展示给委托方，得到修改意见后进行修订，最终提交电子版和纸质版报告给委托方，完成整个广告调查流程。

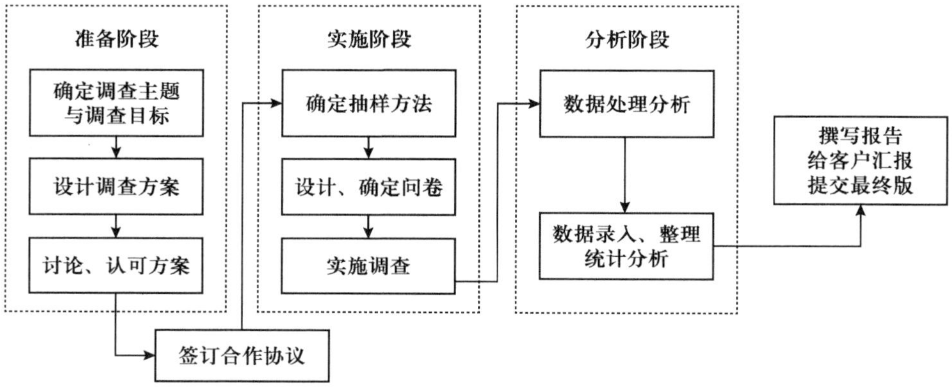

图 5-1 广告调查流程（以定量为例）

资料来源：王凌峰．广告调查［M］．成都：西南财经大学出版社，2019：45.

1. 广告调查准备阶段

广告调查准备阶段，主要是与委托方协商并确定好调查主题及调查目标，从专业的角度来研究调查主题，并确定使用什么样的调查方法，形成调查方案，并得到委托方的认可。

（1）确定调查主题与调查目标。

在接到委托方的委托任务后，调查公司需要与其进行多次协商，确定委托方真正的调查主题和目标。主题和目标的确定包括：清晰地知道当前的市场情况，即调查背景；确定调查的主题，即根据委托方的问题，提出调查的主要内容；提出调查的目标，即详细说明此次调查能够解决的委托方想要达到的目标。

在主题和目标确定的过程中，准确地表达出委托方想要解决的问题是核心和关键。

（2）设计调查方案。

在明确了调查问题、确定了调查目标之后，就要开展实际的调查活动，但在开展实际的调查活动之前，对于如何开展调查以及使用什么样的方法都需要进行事前的设计和规划。

调查方案的设计是对整个调查活动的一个指导和规划。在方案中，我们应当知道调查的具体实施操作细节和方法。一般来说，调查方案包括调查名称、调查目的、简述调查内容、合适的调查方法、抽样方法、调查实施、调查的费用预算和调查进度安排等。

（3）讨论、认可方案。

在确定好调查目的、调查的方法以及完成调查所需要的时间、费用之后，调查机构还需要委托方确认方案的性价比和可实施性。委托方会从几个调查方案中选择他们认为最为经济的方案，因此，调查机构给出的方案应当考虑委托方调查的目的及最经济的可实现的路径。只有这样做才能符合委托方的利益和要求。

（4）签订合作协议。

委托方认可调查方案后，还必须有一个法律的程序，即签订合作协议。只有经过合同或协议认可的条款和内容，才能保证双方各自的利益。在调查执行和最后结果分析及呈现的过程中，一旦双方有什么争执，协议是最好的协调工具。

2. 广告调查实施阶段

委托方认可方案之后，即可进入调查实施阶段。这一阶段主要是问卷的设计、抽样以及实施调查，即展开问卷调查或者是定性的访谈等。广告调查的实施可以简单分为抽样实施、访问员的招募与培训、现场调查与问卷回收等几部分。

（1）抽样实施。

在实施阶段，需要执行抽样，将需要调查的对象抽取出来，然后进行访问调查。有的调查是街头随机抽样，需要现场督导。根据具体的抽样方法，现场抽取受访者来进行采访。

（2）访问员的招募和培训。

如果调查目的地与调查机构所在地是一样的，那么调查机构就可以利用自己专业的调查访问员来开展调查工作。如果时间紧或者任务重，那么可以去高校或者是别的地方招募访问员，以帮助问卷的调查实施；如果调查实施在外地，调查机构不可能将自己的访问员从机构所在地带到调查目的地，那么最好的方法就是从当地高校中招募与培训访问员。

招募完成后，需要对访问员进行培训。培训的第一步是常规培训，即让访问员熟悉整个调查的流程，熟悉访问的技能，如面对不同问题时应如何应对等。

（3）现场调查与问卷回收。

在正式的问卷调查中，需要使用不同的物品和物料，主要包括问卷、广告作品、录音设备、礼品等。在定性调查中，可能还需要准备装有专业录音、录像设备的房间，单面镜，主持人所需要的其他物品，礼品等。

在调查过程中，通过督导来进行现场的监督与管理。督导可以在访问员调查的地点进行观察，看访问员是否按照相关要求进行访问，比如有没有按照抽样的设计来进行抽样调查，有没有弄虚作假自己填写问卷等。

调查完成之后，问卷即可回收。督导每天都应当回收访问员当天完成的问卷，并详细编号记录。督导也应当对回收的问卷进行抽查，以检查问卷的完成质量，看问卷是否有错答、漏答的现象，以便及时进行补救。抽查的比例可以由督导自己设定，一般来说最少也要达到总体问卷的 20%。

3. 广告调查分析和报告阶段

在收集了广告调查数据之后，就进入分析阶段。首先将广告调查得到的数据录入、检查与整理，进行统计分析。分析的主要目的是找出数据代表的意义，分析不同数据之间的关联，找出能够解释现状的原因。

调查分析之后，将调查分析所得的结果形成报告，向委托方汇报和解释，以完成委托方的委托。报告阶段有两部分：一是书面报告，将分析结果以及其他资料形成委托方需要的调查报告；二是口头汇报，通常情况下，委托方需要调查机构进行一次口头汇报，将书面报告中的重点和亮点提炼出来，通过 PPT 的形式，汇报给委托方，委托方有什么问题可以当场提问，以达成此次调查结果的共识，帮助委托方解决其面临的问题，为委托方所要进行的未来决策提供支撑。

三、数字化时代的数据收集与分析

数字化时代，尤其是程序化广告投放过程中，数据核心“人的唯一性标识”扮演着至关重要的角色。那么，受众数据大体有哪些，以及其主要的来源渠道是什么呢？以下将对广告主常用的受众数据类型及来源进行介绍。

1. 受众数据及来源

“受众（target audience）”是广告精准投放的关键对象，是指精准营销中需进行广告投放的重点目标人群。需要定义哪些场景出现以及哪些典型行为是目标人群的典型数据（例如线上点击过广告的、线上浏览过广告主官网的、线下逛过实体店面的、线下购买过产品的人群），然后对这些人群的各种行为数据进行收集、分析，这是精准营销和数字时代广告投放的核心所在。

（1）线下数据与线上数据。

用户在不同业务场景及诉求下，会在线上、线下产生大量不同类型的行为数据，这些行为数据都是收集分析的主要对象。其中，用户线上行为数据主要包括：

①用户浏览网络页面的行为数据，即记录用户在PC端及移动端浏览网络页面的行为数据。这类数据主要描述哪个用户在哪个时间点、哪个地方，以哪种方式完成了哪类行为，从而了解受众行为偏好，包括用户ID、用户行为、用户设备、IP地址、URL、地理位置等数据。

②站内与销售数据，即用户在广告主官网、EDM、电商网站或App中产生的行为数据，往往对应着非常明确的目标用户及其兴趣，例如站内流量、搜索、浏览、比价、加入购物车、购买、页面停留时间、注册情况、留言等数据。

③社交数据，即用户在微信、微博、QQ、论坛等社交网络中产生的数据，包括社交账号数据、受众属性数据（性别、年龄、学历等）、行为兴趣数据等。

（2）线下与线上行为数据的特点。

相对线上行为数据，线下行为数据还是有一些比较有意思的特点。相对线上用户数据而言，线下用户行为数据更加可靠。如果我们能掌握精准的线下用户数据，并进一步打通线上和线下用户数据，那么这些数据的价值和意义是巨大的。线下行为相对于线上行为有如下三个更为突出的特点：其一，成本高。线上行为更多的是用户动动鼠标或者手指。而线下行为，用户是要出行到店铺现场的。相对来说出行成本大于指间运动成本，所以相对来说，用户目的性会更强一些。比如用户在网上看车的，同直接去4S店看车的行为作比较，去4S店的购车意愿和目的性会相对强烈一些。其二，群体性。线上的行为因电脑、手机屏幕的局限性，大多还是以个体交互居多。而线下购物、逛街等，很多时候都是几个人一起的。所以我们在对线下数据进行分析的时候，也需要多多留意。其三，更真实。互联网对很多用户而言，毕竟还是个虚拟的世界，很多人会关注一些现实世界中不怎么关注的内容。例如：在搜索引擎中搜索奶粉的不一定是妈妈，很有可能是爸爸。因此，相对而言，线下的数据更加真实，更贴近现实社会的经济活动。

（3）数据的来源。

一般来说，以广告主视角来看，根据数据的拥有方及来源将数据分为三类。

①第一方数据：数据的拥有方是广告主，这类数据简称广告主第一方数据。典型的如广告主内部数据（CRM）、广告主官网数据、线下店面安装设备收集到的数据等，在CRM系统中会有用户注册会员的时间、会员等级、消费记录、售后记录等。通过这些数据都可以有效分析不同用户对不同产品及服务的青睐度，尤其对于发现新的个体销售机会以及新的市场需求都是十分有价值的。在广告主官网及线下店面收集到的数据会有用户的第一次到访时间、在某些内容及产品展台前停留的时长、用户对产品及内容的浏览轨迹、用户对某些内容及产品的关注度及用户的回头率等，对这些数据进行分析，都能十分有效地发现商机及有潜在购买意愿的用户。这对发掘不同人群、产

品及内容展示的缺陷和优势都有重大的指导意义。

②第二方数据：是广告投放方（媒体方、DSP方等）通过广告投放获取用户对于该广告在媒体上的互动数据。数据是广告投放方及广告主共同拥有的，对广告主而言是第二方数据。这类数据主要是广告对用户曝光及用户点击的数据。通过广告对用户的曝光次数，我们可以分析广告推广的力度够不够，通过点击数据我们可以分析广告的内容对用户的吸引度够不够。如果再能结合上述的第一方数据，即用户到店及广告后续的数据即可分析广告的效果如何，进而可以分析不同渠道对产品的推广效用如何。这些对于营销活动的投入产出评估十分重要。

③第三方数据：同广告主无任何关系，第三方数据供应商提供的数据对广告主而言就是第三方数据，例如第四章提及的第三方监测公司提供的数据、其他脱敏数据（剔除用户隐私内容）等。广告主经常会寻找竞品的数据，通过对竞品的数据进行分析，可以有效调整竞争策略，直接争夺竞品的用户，发掘市场空白领域。现在已经是互联网时代、信息战争的时代，谁在信息方面掌握先机，自然就能“知己知彼，百战不殆”。

2. 数据管理平台

如前所述，数据管理平台（DMP）源于广告主与广告公司对数据的需求，他们希望能尽可能地从更多渠道聚合更多的数据。自大数据的概念被提出以来，大数据在营销领域主要从如下方向（但不局限于这些方向）——消费者洞察、产品建议、媒介渠道效率分析、数据管理平台对程序化广告的指导、对管理（或战略）等业务决策的数据支持等——上创造价值。

各种线上线下的数据采集方法主要分三类：通过典型场景安置代码及采集器采集数据、广泛地爬取数据、通过API接口向各种系统或第三方系统导入数据。原始数据采集上来时往往都是不规则、非结构化的日志数据，而且数据大量存在重复、缺失、错误等问题。所以需要对数据进行清洗，并将清洗的结果传输到分析及应用系统中以供使用。可见数据清洗环节的质量和传输即时性对后续分析、运营决策的正确性及效率影响十分重大。原始数据中可能会携带一些与用户隐私相关的数据，在数据清洗时，需要通过标签化、分类化、加密化等方式对这些数据进行脱敏处理。

对于非结构化的数据，我们也需要采用数据建模及数据治理等方法将数据转换为结构化的数据，以确保后续统计分析的速度。

第二节　广告创意

一、广告创意的定义[①]

创意（creation），字面意思为“创造意境、意象或者意念”。广告学者和业界人士

① 钟静．广告策划：理论、案例、实务［M］．2版．北京：人民邮电出版社，2016：5.

对于广告创意的含义，有代表性的观点如下：

美国的广告创意魔岛理论的集大成者詹姆斯·韦伯·扬（James Webb Young）在《产生创意的方法》一书中对创意（ideas）的解释在广告界得到比较普遍的认同，即“创意完全是各种要素的重新组合。广告中的创意，是对来自产品的‘特定知识’加以新组合的结果”。他认为创意就像“万花筒”：装满了彩色玻璃碎片，每转一下就显示出新的花样。有创造力的头脑就是一台花样制造机，它将品牌信息与从大千世界中提炼的知识和经验相结合，搭配出千变万化的效果。

美国广告专家希尔利·保利可夫认为：“创意就是以一种新颖的、与众不同的方式来传达单个意念的技巧与才能，即所谓客观的思索，然后天才的表达。”

美国《广告时代》（*Advertising Age*）将创意定义为：“广告创意是一种控制工作，广告创意是为别人陪嫁，而非自己出嫁，优秀的广告创意人员深谙此道，他们在熟识商品、市场销售计划等多种信息的基础上，发展并赢得广告运动，这就是广告创意的真正内涵。”

根据以上论述，本书认为广告创意是广告人员在对市场、产品和目标消费者进行市场调查分析的前提下，根据广告客户的营销目标，以广告策略为基础，对抽象的产品诉求概念予以具象而艺术地表现的创造性思维活动。

二、广告创意的特征

“大创意”是广告界人士孜孜以求的一种创意效果。广告批评家鲍勃·加菲尔德（Bob Garfield）在介绍美国权威杂志《广告时代》的“20世纪100佳广告战役”甄选标准时认为，一个广告只有满足以下三个条件之一才能称为“经典”：一是该广告战役是不是一个分水岭，明显改变了广告文化或者整个流行文化；二是该广告战役是否确实创建了某类产品的价值，或通过该广告的努力，确立了其品牌在所处品类中领导者的地位；三是该广告战役是否真的令人难忘。简单而言，一个好的广告创意必须具备以下几个要素。

1. 相关性

相关性是指广告创意必须与广告商品、消费者、竞争者相关联。其直接目的是寻找传达广告主题和广告诉求的有效的广告表现形式，使包含广告主题和诉求的广告信息有效地送达到目标消费者，并且获得目标消费者的共鸣、认同，产生认识上的改变，最终采取尝试或持续忠诚的购买行为。

知道了风火轮（Hot Wheels）品牌和产品之后，有趣的户外广告就会令许多人会心一笑。这种与品牌理念、产品特点关系密切且结合完美的广告，表现自然、富有创意（图5–2）。

2. 原创性

广告贵在突破常规，出人意料，与众不同。原创性是指为引起消费者注意并促成其记忆产品信心的特质。广告创意要具有与众不同的特色，刻意求异。反映在思维方

图 5-2　Hot Wheels（风火轮）汽车模型品牌广告

资料来源：钟静．广告策划：理论、案例、实务［M］．2 版．北京：人民邮电出版社，2016.

式上，就是求新、求异，力求使广告作品显得与众不同，也就是通常所说的“旧的元素，新的组合”“旧瓶装新酒”。这种从熟悉的事物、材料之间发现新的联系的能力，最能体现广告创意人员的创造性。图 5-3 所示为 2010 年纽约广告节金奖作品，系国外某时装品牌的系列广告。

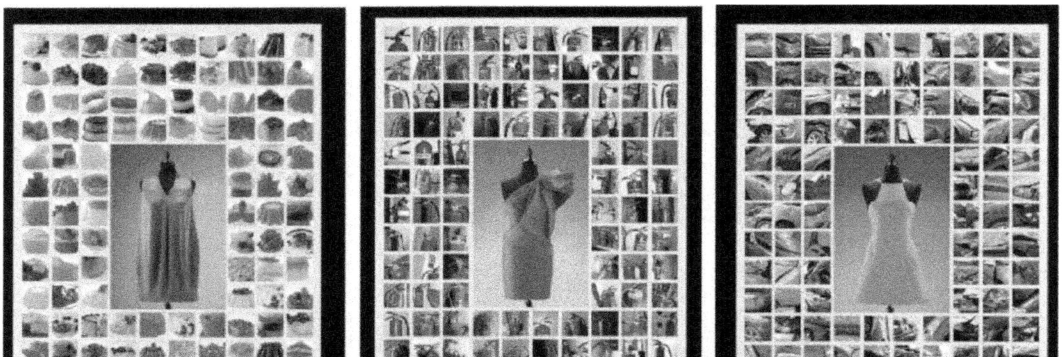

图 5-3　2010 年纽约广告节金奖作品

资料来源：钟静．广告策划：理论、案例、实务［M］．2 版．北京：人民邮电出版社，2016.

3. **震撼力**

震撼力包括视觉、听觉和心理上的冲击力，既可吸引眼球，也可增强记忆。广告主根据目标的公众媒体生活习惯，在恰当时间、地点选择恰当媒体，传播符合公众当时心境的广告信息，深入公众内心，形成强大冲击力，从而打破公众漠视或躲避广告惯性。

伯恩巴克说过："出色的广告创意不是夸大，也不是虚饰，而是要竭尽创意职员的智慧使广告信息单纯化、清楚化、戏剧化，使它在消费者脑海中留下深刻且难以磨灭的记忆。"依照伯恩巴克的观点，震撼力不只表现在画面上，还体现在如今创意的外延之中。因为一种创意固然要通过画面表现，但能震撼心灵的往往是在创意当中所包括的思维（图 5–4）。

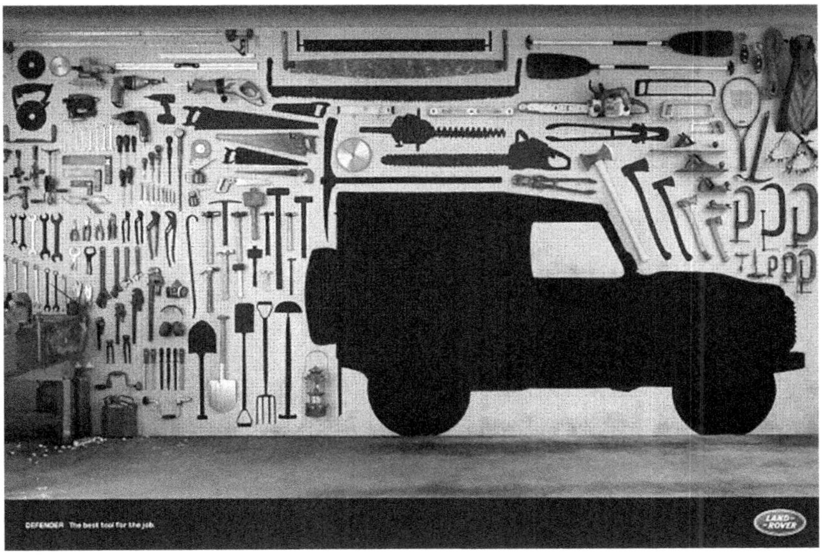

图 5–4 "工作中最好的工具"路虎品牌广告

资料来源：路虎创意海报精选截图，2015 年 11 月 18 日。

4. 可延续性或可传承性

可延续性，即广告创意自身必须具有足够强大的生命力。广告创意本身应该像一粒种子，能够在第一个广告中生根发芽，在今后的广告中持续成长至开花结果。广告创意是否具有强大的生命力，几乎成为衡量世界级优秀广告的一个必要条件。绝对牌伏特加最负盛名的"瓶子系列"广告从 1978 年开始，能够长盛不衰演变到今天，在全世界各地落地生根，就是创意的神奇力量。在奥格威为界定大创意提出的 5 个标准中，有一条就是直接问自己："这个创意可以沿用 30 年吗？"不能延续的广告创意不一定就不是好的广告，但一定很难穿越时空被不断发展的历史和社会反复检验，因此也很难成为经典。

例如，2015 年，依云演绎了依云的宣传口号——"活出年轻"（Live Young），推出了"一半婴儿，一半成人"的海报。实际上，依云和宝宝之间的渊源由来已久。早在 1935 年，依云因其中性 pH 值的矿物成分，被医生们推荐为最适合婴儿的饮用水。进入 21 世纪后，适合给宝宝的饮用水逐渐衍生成为每个成年人从内心到外表，都可以像宝宝一样年轻快乐地活着。1998 年，依云首次推出游泳宝宝，成为法国最受欢迎的广告之一。2009 年，依云重新挖掘这一创意，推出滑旱冰、跳街舞的依云宝宝们，成为

YouTube 上播放量最高的视频之一。2013 年，依云推出“宝宝和我”系列广告，让成年人在镜子里看到婴儿时期的自己，将宝宝与成年人进一步画上等号（图 5–5）。

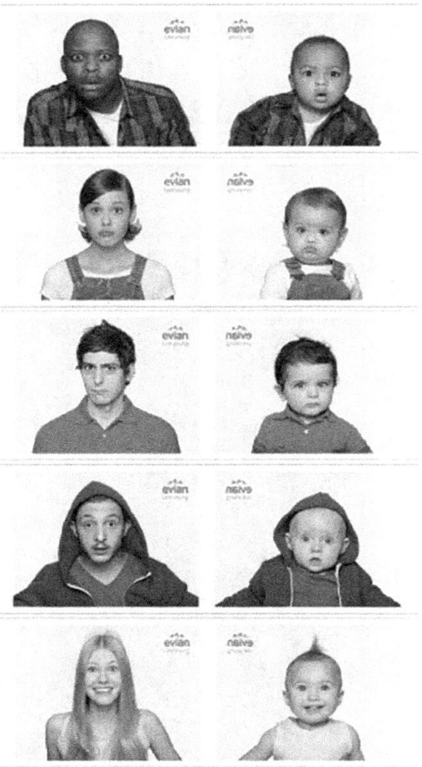

图 5–5 “宝宝和我”的依云品牌广告

资料来源：唐玮．“常年喝依云 你就会像宝宝一样嫩？”2016 年 4 月 21 日。

三、广告创意过程、方法和原则

1. 广告创意过程

创意虽说是天马行空，但也是有迹可循、有路可依。世间的万事都离不开一个方法，方法虽然不能让我们直接得到结果，但可以让我们得到结果的过程变得更顺利，更无阻。

在广告公司开始创意活动之前，必须对客户在广告的目标受众、产品概念、传播媒介和广告讯息等广告战略的四大要素方面有充分的了解并且达成一致。在绝大多数广告公司里，客户部负责制定广告战略。在有些大广告公司，客户策划人会花大量的时间调研市场，然后，依据客户部提供的资料，并在他们的认可下准备广告战略。在广告战略制定完成之后，客户部便写出一份创意纲要，将广告战略传达给创作部。创意过程开始启动。

（1）撰写创意纲要（文案框架）。

创意纲要（creative brief）指导创意小组撰写与制作广告。在某些公司，创意纲要也被称为文案框架（copy platform）、工作计划（workplan）或文案 / 创意战略文本（Copy/Creative Strategy Document）。创意纲要是对广告制作过程中必须考虑的一些重要问题的简单书面说明。这些问题涉及：谁是潜在消费者？消费者是否具有广告可以针对的特殊需要和欲望？产品是否具备能满足消费者需要的特性？何时何处传播这些信息？广告活动将采取什么风格？等等。

创意纲要必须说明准备向消费者展示产品的什么利益，但不涉及实施上的问题，如何表现这些利益则是创意小组的工作。

（2）制定讯息战略。

将创意纲要送至创作部意味着广告战略制订阶段的结束，但同时又标志着下一环节——广告创意过程——的开始。在这个环节，创意小组要制订出讯息战略，并开始寻找大创意。在写出第一条广告之后，文案应该对照方案框架，看看广告是否与框架丝丝相扣，如果不是，就要推翻重来。

创意小组负责为广告活动挖掘创意构思，并实施这些构思。在客户部提供的信息

（已写入创意纲要）和其他调研结果的基础上，创意小组制订出讯息战略。其时间可在寻找大创意的前、后或中。

讯息战略（message strategy 或 rationale）对广告活动的整体创意手段进行简单描述和说明：广告要说些什么？如何去说？为什么要这样说？讯息战略由三部分组成。

①文字部分（verbal）。指明广告要说些什么，影响措辞选择的因素有哪些，文案表现手法与传递讯息的媒介类型之间是什么关系。

②非文字部分（nonverbal）。说明广告图案的整体特性，广告必须使用的视觉形式以及图案与媒介之间的关系。

③技巧（technical）。所选的实施手段与配置结果，包括预算与排期限制（往往由相关媒介掌握）和其他规定（mandatory）——一条广告的具体要求，诸如地址、标识、广告语等。

由于所有这些因素都交织在一起，因此它们往往也同时发展变化，语言影响图像，反之亦然。不过，许多广告活动都从文字要素入手。

讯息战略有助于创意小组向客户经理推销广告构思或活动构想，也有助于客户经理向客户解释并维护创意作品。当然，讯息战略必须与创意纲要所列的广告战略保持一致，否则就有可能遭到拒绝。

在制定讯息战略的过程中，必须回答一些基本问题，如：市场如何细分？产品如何定位？谁是产品的最佳潜在消费者？目标受众与目标市场是否吻合？消费者可以获得的关键利益是什么？产品或企业目前的形象如何？产品的独特优势在哪里？在这个时候，调研数据显得尤为重要，调研会帮助创意小组回答上述问题。

2. 广告创意方法

（1）头脑风暴法。

头脑风暴法由美国 BBDO 广告公司的亚历克斯·奥斯本（Alex Osborn）于 1939 年首创，是指两个或更多的人聚在一起构思创意的一个过程。具体而言，是指组织一批专家、学者、创意人员和其他人员，召开一种特殊的会议——动脑会议，使与会人员围绕一个明确的会议议题，共同思索，互相启发和激励，填补彼此知识和经验的空隙，从而引发创造性思维的连锁反应，以产生众多的创造性思维。这种方法简易、有效，因而被广泛运用。头脑风暴法主要包括确定议题、脑力激荡和筛选评估三个步骤。

头脑风暴法具有时间短、见效快的优点，但也存在较多的局限性。比如，广告创意受到与会者知识、经验、创造性思维能力等方面的制约；一些颇具创造力且喜欢沉思的人在会议上难以发挥优势；严禁批评的原则会给构想的筛选和评估带来一定困难等。

（2）创意检核表法。

为了有效地把握创意的目标和方向，促进创造性思考，头脑风暴法的创始人亚历克斯·奥斯本于 1964 年又提出了检核表法。所谓检核表法，就是用一张一览表对需要解决的问题一条一条地进行核计，从各个角度诱发多种创造性设想。检核表法简单易行，通用性强，并且包含了多种创造技法，因而有“创造技法之母”的称呼。检核表法主要从表5–1所示的9个方面进行检核，根据这9个方面一一检核设问，提出创新问题或寻找创意思路。

表5–1　检核表法

序号	问题	创意
1	能否改变用途	是否还有其他用途，能否用于其他场所，能否改造后另作他用
2	能否模仿	能否在当前策划中引用别人的创意，该创意能否引申出新的创意
3	能否改变	能否在原设计基础上改变形态、颜色、声音、味道、制造方法
4	能否缩小或舍去	能否缩小体积，减轻重量，微型化，省略或消除或分割某些部分
5	能否扩大或增加	能否增大体积，增加重量，延长寿命，增加功能，扩大面积
6	能否替代	能否材料替代，工艺替代，方法替代，动力替代
7	能否重组	能否改变结构，改变布局，改变成分，改变顺序
8	能否颠倒	能否颠倒方向，调整正负，里外翻转，时间倒计，上下颠倒，功能颠倒
9	能否组合	能否将该产品功能组合到其他产品上，将其他功能组合到该产品上

资料来源：邓诗元，张颢．广告创意与策划［M］．北京：中国轻工业出版社，2017.

3. 广告创意的原则

现代广告创意是科学理念指导下的创造性活动，既要突破常规，追求新颖独特，又要建立在市场商品或服务、消费者要求基础之上，因此创意应该有明确的指导原则，具体如下。

（1）创新性原则。

创新性原则是指广告创意应呈现出独特性，拒绝平庸和因循守旧，要给受众以标新立异、出乎意料的感觉。广告信息要在信源多、信息杂、媒介多样的新媒体传播环境中凸显出来，本来就不是一件容易的事，再加上信息传播过程中会有很多干扰因素，如果广告信息缺乏创新，就很容易淹没在海量的广告信息中，被受众忽视。因此，创新性原则是首要的广告创意原则。

当然，在追求广告创新的同时也要注意广告内容是否可以被广大受众所接受。广告创意要具有适度的、可理解的新颖性和独创性，关键在于寻求新颖性与可理解性之间的平衡点。

（2）故事性原则。

故事性原则是指广告创意人员为了更持久地维持受众的注意力，激发受众的兴趣，选择以故事的形式传递广告信息，或者在故事中植入广告，以有效地减少受众对广告的回避行为。

故事性原则的可行性依据主要体现在以下两个方面。一方面，具有创新性的广告创意可以吸引受众的注意力，而充满故事性的广告创意能够延续这种来之不易的注意力。由于广告创意人员对受众注意力的获取一定是在碎片化时空中实现的，但受众一般习惯一次性的刺激。所以一旦吸引了受众的注意力，广告创意人员就要争取一次性讲述一个完整的故事。另一方面，故事大多来源于生活，很容易让受众产生情感共鸣，从而拉近广告与受众之间的距离，有效地削弱受众对广告的抵触心理。

（3）即时性原则。

即时性是指广告创意可以与社会上最新的信息、动态结合起来。这些最新的信息、动态往往已经积累了一定的注意力和关注度，或者已经形成了话题效应，受众的参与热情极高。当广告创意围绕这些热点展开时，受众对热点的参与热情自然会延续到新媒体广告上，其对广告的注意力和关注度也会维持在相对较高的程度。尤其在新媒体平台上（如微博、微信等），受众对各种碎片化信息的接受需求更要求广告要突出即时性的特点。

（4）简洁性原则。

广告艺术不仅受到信息的制约，还要受到时间的制约。广告信息的传达要求简约而且内涵丰富，广告创意必须简洁明了、切中主题才能令人印象深刻、过目不忘。无论是利用语言文字还是画面、图像来表现，都要尽量做到意在言外、含而不露，在准确地传递广告的诉求宗旨的同时，又能让受众感到意味深长。

（5）合规性原则。

合规性原则是指广告创意必须符合广告规则和广告的社会责任。广告创意的内容必须受广告法规和社会伦理道德以及各个国家、地区风俗习惯的约束，保证广告文化的健康发展。广告必须体现对人们和社会负责任的态度，不能做与竞争对手相互诋毁的广告，不能做违反某民族风俗、宗教信仰的广告，不能做法律明令禁止的广告。

四、广告创意的转变

1. 传统媒体时代的创意模式

（1）广告创意基本假设是“传递信息”。

广告创意基本假设是广告创意产生的前提，是创作者对创意环境、创意生产与受众等做出的合理设定。广告创意的基本假设偏向于向受众传递产品或品牌信息，即通过广泛利用各种视觉符号、声音符号等创意元素，搭建广告主与受众之间信息沟通的桥梁，从而说服受众相信产品或品牌。

（2）广告创意生产与分发具有“大规模人群”特征。

传统媒体往往通过固定装置或大面积印刷向社会发送信息，具有大规模、单向性的传播特点。受彼时传统媒体特征与数据处理技术限制，无法清晰地得知是谁、以什么样的方式、如何使用了媒体与观看了广告，因此，广告创意洞察是基于以年龄、性别、职业、区域等大规模人群特征标签范畴的抽样调查，受预算、时间、空间、精力以及抽样调查设计是否科学合理等因素影响，调查结果往往与大众真实行为出现较大偏差。因此，广告创意的生产较为依赖创意人的经验与能力，表现出较强的广告创意专业性，广告公司在广告创意生产链上的权力很大（图 5-6）。

一旦广告创意生产完成，就会通过电视、报纸、电台、杂志等媒介或媒介组合进行广告创意分发，虽然不同媒介之间的广告创意呈现可能不同，但在同一个媒体内，广告创意呈现往往是唯一的，从而导致成千上万的受众观看的是同一个广告版本。由于传统媒体为无差别传播，无法区分哪些受众真正需要广告信息，因而，对于多数民众来说，广告创意中设定的信息是无目的性的冗余信息。

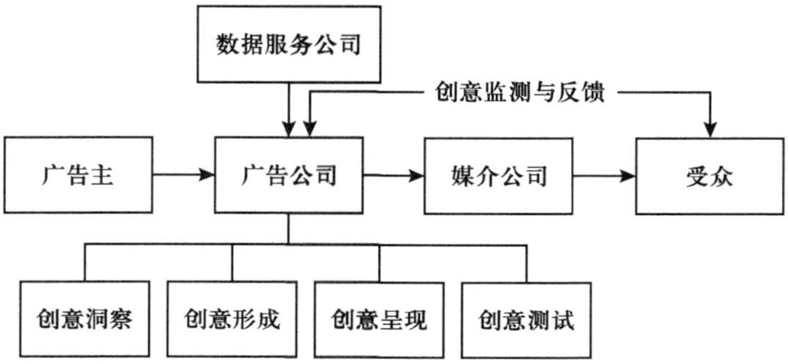

图 5-6　传统媒体时期广告创意生产系统示意图

资料来源：刘晓英. 改革开放四十年广告创意模式的发展变迁［J］. 广告大观，2020（4）：77-82.

（3）广告公司主导广告创意的生产与沟通。

广告公司主导广告创意的生产与沟通，具备完整的体系，一般需要经历创意洞察、创意形成、创意呈现、创意测试、创意分发、创意监测与反馈等阶段。在广告创意的各个阶段，市场中均存在不同类型的公司，它们通过社会网络协作完成广告创意。基于广告创意的较强专业性，社会生产存在较大难度，因此往往以广告公司为核心开展生产与沟通，形成了延续至今的广告代理制。

2. 数字化时代的广告创意模式

2012 年至今，媒体之间相互融合促进，为广告创意生产与分发提供了更为丰富的技术支撑。尤其是随着《新一代人工智能发展规划》《促进新一代人工智能产业发展三年行动计划（2018—2020 年）》等一系列国家政策、文件及法规的出台，人工智能技术在广告创意结构系统开始逐渐从选择性的单体介入到全面性的系统介入，不仅催生了大量新型广告创意关联公司，而且创新性地颠覆了广告创意的运营与管理模式，广告创意系统面临着结构性变革，形成了“价值贡献”的广告创意模式。与此同时，人工智能与大数据技术的应用创新了广告传播模式，广告创意从经验创意演变到动态程序化创意，成为衡量智能广告效果和质量的重要指标。

（1）广告创意从经验驱动向智能驱动转变。

技术与媒介的丰富性极大提升了广告创意的展现力，使得广告呈现出丰富多彩的形态。但同时出现的新问题是，多种媒体平台存在多样化的框架与存在形式，广告创意不仅要考虑框架与形式之间的差异，还要考虑不同框架和形式之间的兼容与联动。

传统的广告创意模式若要满足这些需求，需要创意人在创意元素排列组合大致确定情况下进行大量低创意的、调整性的广告版式修改。目前，随着各类动态广告创意技术和方法的广泛应用，这一问题得到了较好的解决。在深度学习基础之上，人工智能技术已经可以胜任这些类型的广告创意快速生产，从而解放创意者的生产力，使他们能更为专注于高端的广告创意生产。

（2）广告创意的基本假设向“价值贡献”转移。

广告创意的“价值贡献”是指通过广告为受众乃至社会创造的价值。这里的价值包括了经济价值与人文价值。广告创意“价值贡献”基本假设的形成是基于技术与消费文化的双驱动。

在技术层面，各种定位、数据挖掘技术蜂拥而出，受众的生活与消费变得有迹可循，身上的标签也越来越丰富，使得广告创意可以利用程序化广告平台、程序化创意分发平台等实现与受众之间的个性化匹配。反过来，广告创意推送系统的日益成熟也倒逼广告创意生产模式的转化，使得创意开始呈现出从传统的“无差别广告创意”向“定制化广告创意”模式的转变。目前，广告创意不仅实现了每个人看到的广告创意均不同，而且可以做到即使是同一个受众，在不同的时点观看的广告也是不同的创意呈现。此时，即使是枯燥的广告信息也因精准而对受众更有经济价值。

（3）广告创意从广告公司主导逐渐向群智共创发展。

一方面，原有广告创意上下游主体开始扩张至广告创意领域；另一方面，市场上亦出现了数量众多的与广告创意关联的新兴智能公司，这两股力量日益瓦解了广告公司在广告创意产业链上的网络权力，广告公司的创意主导地位逐渐被消解，从而推动广告创意产业开始从以广告公司为主导的行业生态向以群智公司（如广告主、广告公司、媒介公司、数据服务公司和受众等）聚合的网络协作结构转变。

借助社会链接的丰富性与多向性，广告主的主动性和能动性日益增强。广告主由各种路径整合社会资源，将广告创意落地执行，由此组建了创意部，将广告创意作为组织内部职能部门的职责之一，尤其是具备雄厚实力的公司，通过媒体联盟与内容中心搭建等方式，引发了“甲方去乙方化”的风潮。以宝洁为例，其在 2013 年就开始搭建名为“鹰眼”的程序化广告投放平台。而在腾讯公司，除拥有大量广告公司作为战略合作伙伴，“腾讯研究院”“腾讯社会研究中心”与市场部、公关部也一起为集团的广告创意洞察、创意形成作出贡献，更是通过整合其他媒体、创意生产公司与分发公司进行创意落地，形成了“内部人 + 外部人”的广告创意运营模式。

3. 程序化创意的发展

（1）程序化创意的定义和特征。

舜飞科技产品副总裁梁丽丽（2017）认为，程序化创意就是实现从创意制作到投放优化整个过程的程序化。针对不同受众的不同消费需求，或者同一受众在不同时期或多种场景的差异化消费需求，利用程序自动生成个性化精准创意，最大化地刺激消费需求，提升创意制作效率和广告投放效果。华南理工大学新闻传播学院教授段淳林

（2020）认为，程序化创意是以智能算法为基础，基于大数据的广告尺寸、大小、色彩等广告要素的自动化匹配，是通过广告要素的动态组合，使广告创意与用户的场景和需求个性化精准匹配的创意生产机制。

本书认为程序化创意是对创意进行自动化、程序化表现的过程，本质是以算法为核心，解决用户、环境和创意内容的匹配问题，在精准分析用户需求、精准推荐广告创意以及自动化匹配用户场景方面有着独特优势。程序化创意在发展中完成了与场景的匹配、与用户人群的协同以及与创意内容的相关呈现。当前，程序化创意仍处于萌芽阶段，但它初步实现了技术与创意的有机结合，呈现出新型的广告创意，为精准营销打下了基础。

程序化创意总体呈现用户相关性（relation）、场景匹配性（environment）、内容适配性（content）和用户协同性（matching）四个主要特性。也就是说，“创意 + 场景 + 内容 + 技术”是程序化创意发展的四大主题。

第一，从用户角度来说，程序化创意基于智能算法和智能推荐技术，与用户互联，能够动态满足用户的个性化需求，推进广告内容精准营销，是精准营销理论在创意内容层面的体现。大数据技术让广告精准营销成为可能，广告中的重要环节——广告创意也在营销过程中逐渐细分化，将广告创意内容个性化组合，传递给更细分的群体，满足用户的个性化需求。为此，可将程序化创意对用户需求的满足归纳为用户相关性。

第二，除了与用户精准互通，程序化创意的另一大特征在于与场景的个性化匹配。程序化创意通过大数据，动态抓取消费场景，与消费者实现包括地理位置和时间的场景匹配，满足不同场景中用户对创意内容的需求。为此，可将程序化创意的场景匹配性特征归纳为环境匹配性。

第三，广告创意最重要的部分还是创意内容。移动互联网时代，受众注意力分散，唯有高质量的内容才能长期留住用户。程序化创意从根本上来说是内容创意，图案、颜色、字体以及主题等广告元素构成了广告的创意内容。在大数据和智能算法的技术下，这些广告要素自动组合，生成多元化广告内容。为此，从内容层面，可将程序化创意的特征归纳为内容适配性。

第四，程序化创意能将创意内容精准推荐给用户，建立在精准的人群画像基础上，这一过程中用户的协同过滤是通过算法来实现的。程序化创意通过用户画像技术，对用户数据的采集以及合理的推荐，利用大数据技术，有效地存储、计算用户标签，用户画像将每个标签量化，在协同过滤算法的帮助下圈定相似用户人群，使创意内容与用户进行智能匹配。为此，可将程序化创意的这一特征归纳为用户协同性（matching）。

（2）程序化创意的运作流程。

程序化创意是指将广告创意素材的产品信息、文案、LOGO、背景、活动等元素任意调整、组合，在同样的广告位上进行投放，系统会根据用户属性、当前场景等生成多种动态创意进行展示。从运营模式来看，程序化创意摆脱了传统经验性的形式，生产流程是一种双向闭环生产模式。程序化的创意在与消费者互动的过程中，逐渐摆脱了“拍脑袋”决定创意的传统模式。由于数据的参与，创意生产的全流程更加公开和透明。程序化创意能够根据消费者行为数据，精准洞察用户偏好和需求，再通过机器学习和算法进行智能分析和决策优化，辅助创意内容生产，实现了广告创意与消费者需求的优化匹配。通过程序化技术和动态优化技术，创意能够在全网快速选择模板，将广告元素进行快速优化重组，实现一次制作，多次输出，使广告制作更加有效，具体如图 5–7 所示。

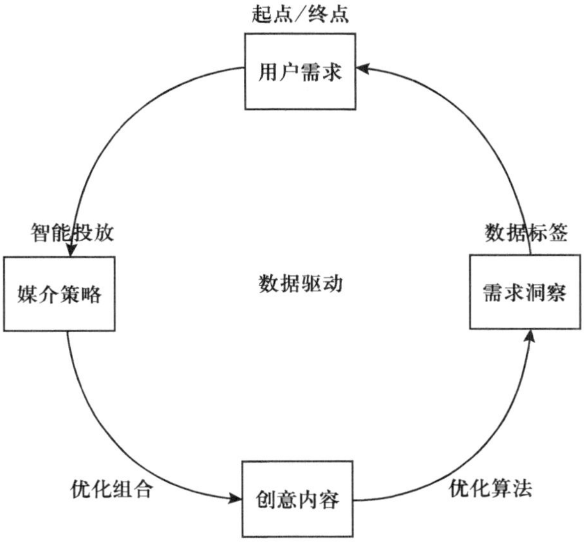

图 5–7　程序化创意生成路径

资料来源：段淳林，任静 . 智能广告的程序化创意及其 RECM 模式研究［J］. 新闻大学，2020（2）：17–31.

第三节　广告文案

一、广告文案的内涵

广告文案一词，起源于英文名词 advertising copy。文案既可以指一个广告作品中的文字组成部分（copy），也可以代表广告公司中从事文稿写作人员的岗位名称（copywriter、writer）。

当文案只是文字广告文案时：广告作品中的全部语言符号，包括有声语言和文字都是广告文案。每一则广告作品，均由语言符号与非语言符号构成。

在平面广告中，文案不仅包括标题、正文、口号、随文，更包括广告画面中常被忽视的部分，比如场景中的路牌名、产品包装上的文字、手机屏幕上的文字等；在电视广告中，文案包括了脚本、旁白、字幕、口号等；在广播广告中，文案包括了脚本、旁白以及对声音、音效的描写。它们更多以“有声语言”的形式出现。

今天，广告文案的构成早已突破了传统模式。在微博、微信、网络论坛等形式的文案中，除了主题内容之外，甚至连评论语、转发语等内容，都可归为文案创作的范畴。从广义上来讲，凡是有助于完成广告目标的一切形式的文字，都可以称为广告文案。

二、广告标题

有着广告文案创作奇才之称的BBDO副总裁约翰·卡普尔斯（John Caples）曾说：“在大多数广告中，无论插图多么精彩，标题都是最重要的。大多数读者在读过标题后，便会因对其感兴趣或不感兴趣来决定是否继续读下去。”因此，标题决定着一则广告的成败，它是一则广告中最重要的文字。

1. 广告标题的功能

（1）引起注意，煽动欲望，主副标题相互配合，将受众引入广告正文。

（2）传达重点，言简意赅，让读者确定这条广告信息是否与他有关。

（3）定义画面，视觉元素有时难免含糊不明，让标题锁定信息指向。

2. 一条好标题的三个角度

（1）是否承诺了一项利益点。

消费者会因为“利益点”买你的产品，也会因为“利益点”阅读你的广告。

①不伤衣，不伤手。（立白洗衣粉）

②怕上火，喝王老吉（图5-8）。（王老吉）

图5-8　王老吉标题

资料来源：百度图片截图。

（2）是否包含了具有新闻价值的消息。

具有新闻价值的消息，是指如新产品、旧产品的改良、使用旧产品的新方法等。消费者总是喜欢“新”的事物。新闻式标题，常用以下的词语：令人惊奇的、现在、终于、最新消息、再也不、首度、首次、领先、创新等。

①同步视听，开启娱乐厨房。（西门子E视听多媒体冰箱）

② iPad Air，轻，靓，重量级。（苹果平板电脑）

③联想，成就科技奥运梦想。（联想）

（3）是否包含品牌名。

标题包含品牌名的广告，比起那些没有品牌名的广告较易被人们记住。

①飘柔，就是这么自信。（飘柔）

②百事，新一代的选择。（百事可乐）

③ iPad Air，创、新、薄。（苹果电脑）

3. 标题禁忌

我国《广告法》及其他法规，对广告标题的创作有着相应的规范：

首先，不得使用国家级、最高、最佳等用语；

其次，广告不得贬低其他生产经营者的商品或服务；

再次，药品、医疗器械广告不得出现含有不科学的表示功效的断言或者保证、说明治愈率或者有效率的语言；

最后，食品、酒类、化妆品广告不得使用医疗用语或者易与药品混淆的用语。

三、广告正文

1. 正文撰写

广告正文撰写一般需要经过五个步骤，常称五部曲，见图 5-9。

图 5-9　广告正文撰写五部曲

资料来源：乐剑峰. 广告文案［M］. 北京：中信出版集团，2016：120.

（1）思考：动笔前应该做初步考虑。内容主要包括以下几点。

①把握整体的概念。

②产品卖点有哪些，确定必须说的诉求重点，把它们列出来。

③确定正文的类型、风格、文体、诉求方式。

④使用什么样的诉求主体。

⑤使用什么样的人称。

⑥跟你的搭档讨论：画面想好了吗？版面有多大？字数多少合适？

（2）草稿：试着列出一个提纲。

如果你不知道从哪里开始，到哪里结束，就不可能把事情说清楚。先在脑海中形成一个大致的结构，然后写出一个提纲来，试着将正文切成三段：开头——承接标题，保持兴趣；主体——展开诉求；结尾——行动号召。

你也可以信手涂鸦，在白纸上写下任何需要在这则广告中传达的信息点，或者任何你想到的字句。等到这些短语足够多的时候，就差不多可以进入下一阶段。

（3）开篇：想想标题说了些什么，万事开头难。

要寻找一句开宗明义的话是十分困难的。人的大脑就像一部机器，温度最高时工作效率最高，而当你坐下来写作时，你的大脑是冷的。

如果写不出来，就想办法说出来。想象你是跟一个朋友介绍某个产品，它是什么，它有哪些好处，你为什么需要买它……不用担心太过口语化，要先把事情给说出来，再去组织语句。

把最重要、最有说服力的事实放在最前头。

如果标题够好，就不必分两次起首。

（4）铺陈：展开你的内容，写完所有该说的。

在这一环节，你要做的就是展开你的论述，将刚才还没说清楚的，全部告诉给你的读者。在初稿的时候，可以先撒开了写，力求一气呵成。如果要 100 字，你就先写上个 300 字，然后再去不断地修整、精简。

多用短句。因为，长句增加阅读的困难性，而且出现病句的概率也高。

正文风格之一：口语化，追求真实感。

正文风格之二：书面语，构筑形式美。

（5）收尾：在小说、戏剧和影视等作品中，结尾部分往往会设定一个高潮。一则好的广告文案，同样应当在它的结尾处鼓动人心。还记得你在一开始写的那些没用上的标题吗？可能正好有一条在这里派上用场。

①主动、有力，向人们提出行动的号召。

◎好运说来就来，就看“今夜你会不会来”！

◎现在就试试，这款最方便的热水淋浴器！

◎为什么还要犹豫？现在就可以拨打我们的热线 12345678！

②提出事实结束文案。

◎制造一辆 Polo，是理性的；购买一辆 Polo，同样如此。

◎ HP Pavilion tx2000，让炫酷在指尖流动，玩转精彩一触即发！

◎与其说这是一款为阁下而造的豪华车，不如说是一件因您而生的艺术品。

③用一句机智、辛辣的语调，强化品牌性格。

◎人生只有一次，在玛莎拉蒂中度过。

◎假如你还需要知道它的价格，翻过这一页吧，年轻人。

2. 文案修订与“刷牙测试法”

好的文章总是需要反复修订的，《文体诸要素》（*The Elements of Style*）的作者之一威廉·斯特伦克（William Strunk）写道：“有活力的文字是简明的，句中没有不必要的词，段落没有不必要的句子，同样，一幅素描不应有不必要的线条，一台机器不应有不必要的零件。”文本没有被反复修订是不可能达到如此精练的。

另一位支持修订文章的人是欧内斯特·海明威（Ernest Hemingway），他曾告诉采访者，他重写了《永别，兵器》（*A Farewell to Arms*）的结局部分达 39 次之多。采访者问他为什么，他回答道："为了选择恰当的词句。"

（1）修订意味着"再看一遍"。

修订的过程从审视文案的内容开始，到文案的结构，再到文案与媒介特性的配合与否，甚至细化到文案的写作风格、写作技巧等。

同时，你还需要检查每个词是否经过仔细选择、是否有错别字、每个标点符号是不是用对了。严格来讲，你还应检查标点符号是全角还是半角的（中文匹配全角的标点，字间距较大，句号为空心圆；英文匹配半角的标点，字间距较小，句号为实心圆点）。

（2）修订意味着"再读一遍"。

读者们用无声的语言在读你的文案。一旦他读得不顺畅，就无法继续，你的文案也就失去了效用。因此，你自己最好先多读几遍。这有助于检查文字的韵律和文章的流畅程度，比如一句话是不是太长，或者充斥着专业词汇让人无法消化。

默读或大声朗读都可以，当然，最好是念出声音来。如果是电视广告、广播广告的文案，需要你一边想象着实际的画面或配乐，一边朗读里面的文字内容。要让你的声音有"表情"，就像你在讲电话的时候微笑的话，对方可以从听筒里感受到你的喜悦。

（3）文案测试小秘技——隔夜测试（"刷牙测试法"）。

每当完成了一篇广告文案，明智的做法是把它搁置一段时间，至少一个晚上。如果次日早晨重读还是觉得不错的话，才算基本过关。

这样做的道理是，当你隔了一个晚上，从热火朝天的创作状态中抽离出来，对昨晚的文字做冷静、客观的审视时，你很可能就会发现，昨天的那句有趣的标题，今天似乎不那么有趣了；而语病、错别字、偏颇的说法，统统浮出水面。这时，你只能继续调整或者干脆重写。

这招又叫"刷牙测试法"，同样适用于想创意或者画面的设计人员。就是说，当你在第二天早上刷牙时，回想起昨天想的创意，如果还觉得满心喜欢，就说明它至少过了你这关！

3. 长文案与短文案

顾名思义，长文案字多，短文案字少。长的可达成百上千字，极尽渲染之能事；短的则只十余字，甚至标题正文合而为一、寥寥数字已涵盖多重意义。

到底长文案好还是短的好？长的到底要多长，短的究竟有多短？一切，都得从广告目的说起，它取决于不同的企业、商品或者服务，取决于所传递信息量的多寡。

长或短，只是沟通方式的变化，并不意味着文案水准的高或低。

短文案，简单、直接，好消化。如果卖的是饮料、糖果、时装等产品，用上短促有力的标题、富有节奏感的内文、醒目的标识，就足以吸引眼球。

长文案，详尽、缜密、有说服力。如果广告卖的是"大件儿"，如房产、轿车、奢侈品等，这些产品有着复杂的新技术、陌生的专有名词以及需要深度解析的卖点，就需要一篇长文案才能担当重任。

只有包含了事实的信息才会有冲击力。不要担心文案太长，只要你的文案有意思，人们自然会迫不及待地阅读你给他们的整个文案；如果广告本身很乏味，那么文案再短也无济于事。

四、广告口号

创作广告口号，绝不只是文字游戏那样简单，有时比写一则广告还难。

就拿平面广告来说，为了传达一个商品信息，广告文案可以包括标题、副标题、正文、随文，广告内容可以包括精彩的画面、抢眼的产品、显赫的商标。而广告口号只有寥寥数语，却要求概括出公司的实质、产品的特性、品牌的精神。有时它还必须根据不同的广告战役需求，做出相应调整。同时，客户的个人品位对广告口号的影响非常之大，创作难度更是高出不少。

所以，一条成功广告口号的诞生，一定是建立在深谙广告目的的基础上的。几个字的背后，有着一个系统工程，它需要：策略精、目标准、洞察深、角度刁、文采绝，还要朗朗上口，具备流行力。好的创作者，要想能够持续产出杰出的口号，必须具备丰富的专业经验，以及语言上的天赋。

经典广告口号回顾：

◎不在乎天长地久，只在乎曾经拥有。（铁达时表）

◎雅芳，比女人更了解女人。（雅芳）

◎生命就该浪费在美好的事物上。（曼仕德咖啡）

◎万事皆可达，唯有情无价。（万事达卡）

◎钻石恒久远，一颗永留传。（DTC 钻石）

1. 广告口号的基础知识

（1）广告口号的定义。

广告口号又叫广告语，英文又称为 slogan、tagline 等。它是用来协助广告为某一个品牌或组织树立形象、明确定位、强调个性的标志性短语。简明扼要的口号在广告中起到画龙点睛的作用，它被广告主长期、反复地使用，用来加强受众对于品牌或产品的印象。

（2）广告口号的功能。

广告口号的功能是以最少的词汇，传达尽可能多的信息。具体来说：

①将主诉求信息和销售主张压缩成精练、简明的宣传短句，便于复述、便于记忆，以加深目标受众的印象，充实企业形象。

②使企业的形象、理念，在不同传播方式中得到统一。不管传播内容、媒介发生什么更改，每一次品牌讲的主信息都是一致的，在消费者心中形成信赖感。

③影响消费观念、社会文化和流行风尚。一句好的广告口号可以成为社会上的文化现象，它的生命力甚至超过了产品和广告本身。比如“中国移动通信”的广告口号“我能”。

（3）广告口号的特点。

①易读易记，口语化。

②句式简短，适合反复诉求。

③有一定的口号性与警示性。

④有一定的现代感和流行性。

2. 广告口号与广告标题的区别

（1）功能不同。

广告标题应该是一则广告中最为抢眼、最为诱人的文字。它侧重于如何诱导和吸引受众阅读正文，如何把广告的最主要信息传达给受众，强调信息的冲击力。广告口号，则是对企业个性、产品特征进行人性化的概括，侧重于如何用最精练的语言，表达物性与人性，强调信息的穿透力，即把主诉信息打入受众内心。

（2）形式要求不同。

广告口号，讲究顺口、流畅、言简意赅、易读易记，更讲究句子的锤炼、词语的推敲、音韵的和谐。它更注重对字数的吝啬和苛求，一般不会超过10个字，可谓惜墨如金。一句精妙的广告口号，寥寥数字，即可在瞬间光彩照人。而标题，对音律的要求就不是那么高了。文案撰稿人经常犯一个毛病，喜欢把标题写得像是口号，费很大劲儿去玩对仗、音律，甚至勉强缩短字数，而忽略了最重要的信息传达。标题的字数不是最关键的，关键看你讲的是什么。

（3）时效性不同。

广告口号，使用时间长。很多企业的口号，其实代表创始人对这家企业的愿景与使命，可以延续数十年。广告标题的时效性较短，通常只有“一次性”作用，它必须与相应的广告画面或者产品来配合。举个例子，某一系列广告中，每张的标题都是不同的，但是每张的广告口号可以都是一样的。

第四节　广告媒介

一、媒介战略

1. 媒介战略的定义

如第一章所说，媒介应兼具承载信息的物体，以及储存、处理、呈现、传递信息的实体两个方面。

媒介战略指广告客户为了实现既定的媒介目标使用哪个媒介、在哪里使用、采用什么频率及什么时候使用。正如市场营销人员可以通过整合营销组合的各元素来确定营销战略一样，媒介策划人员也可以通过综合媒介组合的各元素来确定自己的媒介战略。

有效的媒介战略主要包含五大因素，用5M来表示：市场（market）、资金（money）、媒介（media）、配置（mechanics）和方法（methodology）。

（1）市场。市场指媒介计划中的各种不同目标对象：同业受众和消费者受众；全球、全国或地区受众；某个民族或社会经济阶层或其他利益相关者。在使用整合营销传播计划时，整合营销传播策划人员希望找出潜在消费者的购买模式和消费模式形成的原因和动机，进而根据发现的结果制订相应的媒介计划。

（2）资金。如何分配资金，投向什么地方，多少投给印刷媒介、电视媒介、非常规媒介或辅助媒介，多少又投给每个地理区域。

（3）媒介。从整合营销传播的角度来看，媒介包括卖主所能获得的所有传播载体，包括广播、电视、报纸、杂志、户外和互联网，再加上销售推广、直复营销、公关活动、宣传活动、特别活动、小册子，甚至购物袋等。优秀的媒介策划人能够自如地整合所有营销传播手段，以帮助自己的客户实现他们的营销目标和广告目标。他们不仅以分析的眼光看待媒介因素，还以创意的眼光看待这些因素。

（4）配置。媒介策划人还要面对广告媒介与广告讯息的复杂配置。广播广告和电视广告有各种不同的时间单位，平面广告有多种尺寸和风格。整合营销传播策划人员也许还要处理非常规媒介的组合。

（5）方法。方法指选择和编排媒介载体以达到预期的到达率频次和持续性目标的整体战略，它为媒介策划、媒介谈判和媒介购买中的创新提供了机会。

2. 媒介战略的影响因素

媒介战略在很大程度上受一些媒介策划人员难以控制的因素影响，如竞争对手的战略与预算、媒介性质与讯息气氛、讯息大小、长短和位置以及顾客的购买模式等。

（1）竞争性战略因素与预算因素。

广告客户总要考虑竞争对手在干些什么，尤其是那些广告预算比自己大的竞争对手，因为对方的广告预算大小会影响到自己在媒介组合中的媒介类别、配置及方法等因素。通过了解对手的预算大小、使用的媒介、销售的区域安排和季节安排、有无任何新产品试验或上市等情况，广告客户可以更有针对性地制订自己的反击战略。

媒介策划人要分析公司的广告市场份额。如果广告客户的广告预算比竞争对手少得太多，广告客户的品牌就有可能被无声无息地淹没在竞争广告的汪洋大海之中，在这种情况下，广告客户应该避开对方的主打媒介，选用其他能给自身品牌创造优势的媒介。如果目标受众相同，或者，如果竞争对手的媒介运用不太得力，采用与竞争对手相近的媒介有时也能奏效。

（2）媒介属性与讯息气氛。

媒介与特定讯息的风格或气氛是否相符，这对媒介组合中的媒介因素有着重大的影响。广告讯息的不同表现为多种形式：有些简单明了，如耐克的“Just do it”；也有一些针对人们的需要和欲望进行情感或感官上的诉求，还有许多广告客户采用因果式讯息表现其产品的优点，如“双倍的空间、双倍的舒适、双倍的价值，大使级套房”。

较为复杂的讯息，如介绍新产品或新观念的讯息，一般需要更大的空间或更多的时间来进行解释，每个条件都会影响到对媒介的选择和对媒介组合的运用方法。为了使受众理解并记住新讯息或比较复杂的讯息，频次和曝光率就必须高。像耐克那种比较武断的讯息可能在一开始要集中火力，重点轰炸，随后再采用较低的频次和更高的到达率。

在消费者理解了因果讯息之后，广告曝光采用不定期的脉冲式排期一般就足以维持广告效果了。情感型讯息如果能定期发布，则更有利于培养受众对产品的持久感情。

（3）讯息的大小、长短和位置因素。

媒介策划人员对不同媒介独有的特征无法进行控制，但这些因素却会影响媒介组合的配置。

小广告客户是应该一个月发布一次整版广告，还是一周发布一次四分之一版广告？是用几次 60 秒广告的效果好，还是多用几次 15 秒或 30 秒的广告好？媒介策划人员必须考虑广告讯息的属性，有的讯息必须达到一定的时间长度或版面空间才会产生效果。竞争活动一般需要更多的讯息单元，产品本身的特点也会对版面或色彩提出一定的要求，如食品广告就需要彩色讯息。不过，总的来说，持续发布小广告总比偶尔投放一次大广告的效果要好。但是，讯息的时间单元和版面单元有时却不是由媒介策划人员，而是由其他人员（如创意部或客户服务部）来决定的。在这种情况下，媒介策划人员的选择余地相对较小。

广告发布的位置是另一个值得考虑的问题。杂志广告的首选位置是封底和封面，电视广告则是黄金档节目赞助。而特殊位置和节目赞助的费用也相对较高，因此，媒介策划人员必须权衡增加费用和提高到达率及频次之间的关系。

（4）顾客购买模式。

顾客的产品购买行为对媒介组合的每一个因素都会产生影响，因此媒介策划人员必须考虑顾客通常在哪里、在什么时间、什么情况下购买产品和重复购买产品。例如，购买频率高的产品（如方便食品和卫生纸等）比购买频率低的产品（如冰箱、家具等）更需要持续不断的广告投放。

3. 组合媒介法

将不同媒介组合在一起发挥作用，就叫组合媒介法（mix-media approach）。采用组合媒介的原因大致如下。

（1）到达仅靠一种媒介无法到达的人群。

（2）在获得首次最佳到达率之后，以较便宜的二级媒介维持重复接触。

（3）利用额外媒介的天然价值扩大广告活动的创意效果（诸如在广播中运用音乐，在印刷媒介中运用长文案）。

（4）如果主要媒介为广播，则用印刷媒介发送优惠券。

（5）形成协同效应（synergy），使综合效应大于部分效应的简单叠加。

在现代广告活动中，单独使用某个媒体往往达不到广告目的，通常需要使用两个以上不同媒体，相互配合，相互补充，协调运作。常用的方法有以下几种。

（1）点面效应互补法。在选择一个覆盖面极大的媒体的同时，再选择几个针对性较强的媒体进行发布。

（2）时效差异结合法。选择一个或几个短时效媒体（如广播、电视、报纸）的同时，再选择一个或几个长时效的媒体（如路牌、灯箱、杂志、网页等），这样有利于扩大信息接触面，提高信息扩散度。

（3）时间交替组合法。利用在时间上的交替形式，使信息送达主要媒体尚未达到的受众。

（4）媒体个性互补组合法。当以某个媒体为主时，选择另一个或几个与主媒体有互补作用的其他媒体作为补充，使信息传达更全面、更完整。

二、传统媒介的策划流程

媒介策划是广告策划的一部分，它的主要目的是通过对广告媒介选择的合理计划和安排，确保广告策划活动中提出的广告信息能够准确有效地到达目标受众。媒介策划和实施在整个广告策划活动中占据非常重要的地位，因为广告效率和广告效果都需要借助媒介策划和实施来体现。

传统媒介策划时主要考虑的问题包括时间、地理范围和具体地点、选用的媒介载体、广告发布频率以及媒介之间的整合等；涉及制定媒介目标、拟定媒介策略、执行媒介计划、评估执行结果几个步骤，以下将分别进行详细介绍。

1. 制定媒介目标

媒介目标主要分为两个部分，即预计到达的受众目标和广告信息的布局目标。

（1）预计到达的受众目标。

广告策划中一直强调的一个中心点，就是针对目标受众的需求制定策略。在媒介策划中，依然将目标受众作为核心和出发点。广告主希望到达的具体人群，反映在媒介上，就是要求媒介策划人员进一步界定清楚这些目标对象到底在哪里居住，他们具备什么特征，通常都接触什么类型的媒介。为此，媒介策划人员在制定媒介目标之初，必须着手实施一些正式的或非正式的调研，力求对目标对象和他们经常接触的媒介形成一个清晰的认识。

（2）广告信息的布局目标。

广告信息的布局目标指的是确定好广告信息应在何时、何处发布以及如何保证发布频率达到最佳传播效果。为了解决这些问题，媒介策划人还必须掌握下表中的一些媒介术语。正如表 5–2 的媒介术语所示，广告媒介的安排必须考虑该广告的刊播范围（到达率）、刊播次数（频次）、各媒介总和的刊播数量（毛评点），还有广告媒介的成本。在选择广告媒体时，媒介人员还要通过各种渠道获取备选媒体的详细资料，如节目的收视率、刊物的发行量、受众的人口统计数据等，才能够让所选媒介与整体营销和广告策略的目标相匹配。在安排广告信息在媒介上的曝光力度时，媒介人员可以将“三次暴露的假定”作为参考标准，即广告若要有效，需要至少三次的暴露。

表 5–2　媒介术语（1）

词汇名称	具体含义	计算方法
有效到达率	用来描述信息暴露质量的概念。主要衡量接收到足够次数的信息暴露、并确实接收到信息人数的百分比	只有当某一广告排期到达了目标受众人口时才是有效的。有研究认为 4 周有 3 次看见机会就可视为到达
频次	特定时间段内一则广告到达目标受众的平均次数，可以按个人或家庭计算	通常以 1 周或 1 个月为计算区间
有效频次	某人在信息产生效果之前必须听见或看见同一信息的平均次数	有效频次应该介于达到知晓目的的最小次数和过度暴露的最大次数之间
暴露频次	指同一人或家庭在特定时间内接触同一信息，如电台广告的次数，表明媒介排期的密度。频次计算以媒介或节目的重复暴露为基础	杂志广告暴露频次计算方法： 目标受众 × 周次 = 总暴露次数 平均频次 = 总接触次数 + 受众到达率
视听率	指家庭（或个人）接触广告媒介的百分比，视听率等于任意指定人口群中的一个百分点。常用于广播和电视节目，收视率越高，表明收看的人数越多	如果某电视台某节目的视听率为 20 点，那么就等于有 20% 有电视的家庭（称之为电视户或 TVHH）在收看该节目
毛评点（GRP）	毛评点是指一个媒介排期计划中所有媒介载体的视听率总和，毛评点可以充当比较两个媒介计划密度的评判指标。电波媒介毛评点（GRPs）以一周或一个月为计算单位；印刷媒介毛评点以整个广告活动的广告数目为单位；户外广告毛评点以天为单位	毛评点等于到达率乘以频次（GRP=R × F）。以某电台收视率为 40% 的节目广告为例，40% 的收音机用户（40 点）有机会在 4 周内平均收听到四次广告。GRP 计算过程为：到达率 × 频次 =40 × 4=160 GRPs
千人成本	到达 1000 名目标受众所需要的花费。通常只在同一标准上对某一特定媒介类型内的媒介载体之间进行比较，不会跨媒介类型进行比较	CPM= 广告成本 / 接触人口总数，测量成本效率，而不是效果

资料来源：钟静．广告策划：理论、案例、实务［M］．2 版．北京：人民邮电出版社，2016：128.

2. **拟定媒介策略**

在明确了媒介目标，包括到达受众的目标和媒介信息力度目标之后，媒介策划人便着手制定实现上述目标的策略。制定媒介策略时主要考虑两个问题。

（1）所选媒介和目标受众的吻合程度。

考察所选媒介和目标受众到底在多大程度上吻合，是拟定媒介策略最基本的一个原则。因为媒介策略需要达成一定的人群目标，而这一人群目标主要是依靠所选媒介能够到达的受众群体特性来体现。

（2）在媒介上发布广告信息的持续性。

什么时候发布多少的广告消息才能够用最少的支出水平维持人们对广告的记忆，是媒介信息持续性设计的关键。有效维持广告信息的持续性，是媒介安排重点考虑的内容。

3. 执行媒介计划

（1）制定媒介排期表。

媒介排期表是广告公司或媒介公司表明自己将在广告活动期间内如何安排广告时间与广告空间的计划明细，以对达成营销目标起到作用。制作媒介排期表时，需要对表 5–3 中所介绍的媒介术语特别熟悉，这些术语能够使我们在制订媒介计划时借助一些比较特别的思维方式，从而让整体计划更有效率。媒介计划包含设计媒介排期表的过程，而排期表则表明广告时间与广告空间在达成营销目标时如何发挥作用。

表 5–3 媒介术语（2）

词汇名称	具体含义	计算方法
受众规模	某个媒介整体受众的总数量	印刷媒介：媒介的订户数（或发行量）乘以每册读者数 电视媒介：覆盖地区的人口规模乘以收视率
到达率	一定时期内暴露在某一广告下至少一次的目标受众的比例，可以按个人或家庭计算。采用多种媒介组合会到达较多人群，采用数量与种类也会影响到达率	对广播电视媒介的计算周期为四周 对杂志报纸的计算周期以最后结束阅读为期限 户外媒体的计算期通常为 1 个月

资料来源：钟静．广告策划：理论、案例、实务［M］．2 版．北京：人民邮电出版社，2016：130.

媒介人员在制订媒介计划时需要处理大量类似的报价资料并将庞大的媒介预算科学、合理地分配到细小的广告空间或时节当中去，这项工作需要处理大量的细碎的信息以及进行复杂的计算。

（2）媒介购买。

媒介部制作出媒介排期表、征得客户同意之后，就可以开始与媒介接触并协商价格，最后实施计划。

4. 评估执行结果

在媒介如期播出之后，还需要对播出质量进行监控。不能说媒介排期表完成之后，交给媒介购买时段，媒介部门的工作就完成了，最后的媒介计划执行质量也需要持续地关注和检测。通常的做法是，在媒介排期内安排专人抽取不同的时间点和空间点，对媒介排期的执行情况进行抽样调查。如果发现问题，需要及时和媒介所有者取得联系并进一步交涉。这种机制能够保障广告策略中的媒介计划最终保质保量地如期执行。

对于整体媒介策略的效果也可以进行进一步的评估。例如，通过和前期设定的媒介传播目标进行比对，或者在消费者中实施调查，检验已经实施的媒介策略和计划是否达到了预先期望的目标。这一工作对下一步的媒介策略的改良和优化也有一定的积极意义。

三、数字化时代的媒介升维

1. 新媒体策划的特点

在广义上，新媒体是指依赖数字传播技术，传播信息和娱乐内容的平台、渠道和硬件设备。当今新媒体包括（但不局限于）互联网、数字电视、卫星广播、移动电话、短消息服务、播客、博客、微博、社交网站和搜索引擎等。新媒体之所以与传统媒体如报纸、杂志、无线广播、电视等有着本质的不同，是在于新媒体具有数字化（digitization）、互动化（interactivity）及全球化（globalization）三大基本属性。

不同于传统媒体的广告策划活动“一对多”的传播模式中受众接受信息较为被动，新媒体时代广告的传播模式已经转变为“多对多”，网络与新媒体和受众的关系趋于平等，受众的互动欲望越来越强烈。因此，在网络与新媒体广告策划中，广告主要转变观念，不是“对谁说话”，而是“与谁对话”。要想成功地完成网络与新媒体策划，首先要了解网络与新媒体广告策划的特点，主要表现在以下几个方面。

（1）互动性。网络技术迅速发展的同时，一些基于网络的互动技术也愈加成熟与普及。如果广告主在网络与新媒体广告策划中增加一些互动性的内容，就能丰富广告形式。这样的广告会比一般的广告更能吸引受众的注意，还能提高受众的参与度。

（2）娱乐性。如今是注意力经济时代，一板一眼的对话方式已经难以引发受众的注意。可以这样说，全民娱乐的时代已经到来，唯有那些具备娱乐元素的广告活动才可能引起反响，达到预期的广告传播效果。因此，“有趣”是网络与新媒体广告策划成功的重要条件。

（3）分享性。受众热衷于在微博、微信等社交平台上分享生活，彰显自己的个性。因此，网络与新媒体广告策划也要抓住受众的这一特质，给受众带来有“个性”且“值得分享”的体验，促使受众忍不住将广告分享给好友，从而扩大广告信息的传播范围。

（4）体验性。在这个选择越来越多且信息越来越透明的时代，受众不再盲目地听从商家告知的信息，他们更愿意相信网友所言或自己的亲身体验。从前者入手，广告主就必须使受众乐于分享发布的广告信息；从后者入手，广告主更要加强受众的“真实体验”，这种体验越贴近真实越好。

2. 数字化时代传播场景的深刻变化

（1）媒介多元化与传播资源盈余。

比起过去有限的报纸、广播波段和电视台频道资源，如今的传播资源进入了盈余时代，传播资源数量呈现指数型爆炸式增长，传播资源的种类也日趋多元，长尾市场的需求得到了满足。不仅传播资源的总量有了极大的突破，传播形态也发生了改变，今天的传播不再只是逻辑和信息的传播，更大程度上是在特定场景之下带着关系、带着情感状态的传播。

（2）受众地位改变与媒介话语权丧失。

过去，媒体机构垄断了传播资源，受众只能被动地接受媒体传递的信息，或是在极其有限的范围内做出选择。如今，在生产力盈余日渐充沛，娱乐需求日益提高，传播资源不断丰富而注意力资源愈发稀缺的时代，个人选择空间增加，传媒市场从卖方市场转变为买方市场。

（3）关系、情感和场景是媒介传播的核心内容。

“媒介多元体”（media manifold）构成发送平台的复杂网络，互联网有效而无限的存储为这一网络提供了支持。在传播资源日渐盈余、受众本位得到确立的今天，关系传播、情感传播、场景传播日益取代一对多的单向传播。

互联网的快速传输和超文本内容让传播场景呈现出诸多可能性，互联网用“连接一切”的方式重构了社会、市场和传播形态。“未来的时代是场景的时代”，正如罗伯特·斯考伯（Robert Scoble）和谢尔·伊斯雷尔（Shel Israel）在《即将到来的场景时代》中宣称的那样，未来的传播也将是完美契合场景的传播。传播资源供大于求的盈余时代的有效传播应该兼具参与、沉浸和反馈三大要素。

（4）泛内容生产平台的全新传媒生态。

人工智能将引领下一场媒介技术革命。基于人工智能驱动的传媒业内容生产机制的变革不再是狭义上对传媒内容生产流程的改良和提升，而是对整个传媒业内容生产机制的重新定义，并由此构造了一个全新的传媒生态，即泛内容生态平台。在这个平台中，媒体不再是我们理解的传统传媒机构，一切能够实现信息互联的载体皆可称为“媒体”。在新的传媒生态中，媒体的外延已不仅局限于报纸、广播、电视、期刊等传统媒体形态，还包括微博、微信等社交媒体以及淘宝、美团、大众点评、去哪儿等垂直功能性媒体，甚至包括正在集搜索、摄录和传送于一体的新型终端，如百度神灯和腾讯蓝鲸。未来媒体的主要限定性特征在于以兴趣为导向的连接，而不再以文字、声音和图像的生产供应及其组织机构作为判断基点。从这个意义出发，一切智能设备其实都属于传播媒介，基于信息传播形成的社会连接方式都参与到内容的生产机制中。该机制包括内容的生产、聚合、分发、反馈等一系列周而复始的逻辑闭环，通过人工智能的深度学习不断迭代升级，形成更加优质的内容集成和更加精准的个性分发。

◆ 本章小结

本章主要阐述了广告策略实施的相关内容。

第一，本章讲述了广告策略实施的依据，介绍了广告调查的概念与原理以及传统广告调查流程的三个阶段，并讨论了数字时代数据的采集与分析的问题。

第二，本章论述了广告创意战略以及创意的过程。首先介绍了广告创意的定义及其三大特征。介绍了广告创意过程，包括撰写创意纲要以及制定信息战略两方面。而在创意实施过程中，每个美工和文案人员都扮演着探险家、艺术家、裁判和战士四类角色，在此过程中找准自己的定位至关重要。其次，介绍了广告文案，涉及广告标题、广告正文以及广告口号三大模块。

第三，本章介绍了媒介战略和策略。其中，媒介战略选择需要考虑的问题，具体来说，包括五个因素——市场、资金、媒介、配置和方法。还介绍了媒介战略选择的影响因素，以及媒介策划的流程步骤，主要包括制订媒介目标、拟定媒介策略、执行媒介计划、评估执行结果。

第四，介绍了网络和新媒体策划的特点，以及数字化时代下传播场景的深刻变化。

◆ 关键术语

广告调查 advertising survey；用户数据 user data；广告创意 advertising creativity；创意纲要 creative brief；讯息战略 message strategy/rationale；广告标题 advertising title；广告正文 advertising text；刷牙测试法 toothbrushing test method；广告口号 advertising slogan/tagline；媒介战略 media strategy；组合媒介法 mixed-media approach；媒介策划 media planning

◆ 复习思考题

（1）广告调查分为几个阶段，具体流程是什么？
（2）数字时代的用户数据收集有哪些来源？
（3）广告创意的定义是什么，有哪些特征？
（4）传统媒体时代广告创意的方法和过程分别是什么？
（5）程序化创意的特点有哪些？
（6）广告正文撰写五部曲是什么？
（7）广告口号和广告标题的区别是什么？
（8）简述广告和新兴媒介策划的特点。
（9）试分析媒介战略的关键影响因素有哪些。

◆ 参考文献

1. 威廉·阿伦斯．当代广告学（通用教材版）［M］．11 版．丁俊杰等，译．北京：人民邮电出版社，2021.
2. 王凌峰．广告调查：大数据时代的消费者洞察［M］．成都：西南财经大学出版社，2019.

3. 陈韵博．程序化广告的道与术：数据技术时代的营销变革［M］．北京：社会科学文献出版社，2020.
4. 吴俊．程序化广告实战［M］．北京：机械工业出版社，2017.
5. 喻国明，杨雅．游戏与元宇宙：数字时代的媒介升维与深度游戏化［M］．北京：中译出版社，2023.
6. 乐剑峰．广告文案［M］．北京：中信出版集团，2016.
7. 孙亿文．广告创意与策划［M］．北京：人民邮电出版社，2015.
8. 钟静．广告策划：理论、案例、实务［M］．北京：人民邮电出版社，2016.
9. 空手．传神文案：文案写对，营销才能做对［M］．北京：机械工业出版社，2021
10. 李东进，秦勇．广告学：理论、方法与实务（微课版）［M］．北京：人民邮电出版社，2019.
11. 约瑟夫·休格曼等．文案大师进阶指南［M］．杨紫苏，等，译．北京：中信出版社，2017.
12. 乔晓娜，莫黎．网络与新媒体广告［M］．北京：人民邮电出版社，2021.
13. 艾进，李先春．体验经济下的广告与新媒体管理［M］．成都：西南财经大学出版社，2018.
14. 魏然，周树华，罗文辉．媒介效果与社会变迁［M］．北京：中国人民大学出版社，2015.
15. 黄升民，刘珊．“大数据”背景下营销体系的解构与重构［J］．现代传播（中国传媒大学学报），2012，34（11）：13-20.

◆ 章末案例

筷子科技，程序化创意

◎第一阶段：创意生产工具化，替代低阶设计师的价值

（1）创意难以规模化的痛点。

传播环境的碎片化在逐渐消耗受众的耐心，要尽可能避免单一版本创意，使用去中心化的创意群组。筷子科技基于一项千万级别曝光的真实广告活动数据说明了创意内容多样化的效果。在整个广告活动过程中，向同一个用户曝光广告的频次控制在3~7次之间，最终得出的结论是，在向同一人多次曝光同一产品广告的情况下，创意内容的多元化程度越高，转化效果越好。

互联网传播广告点位极其复杂，例如在腾讯社交广告这一DSP投放平台中，就有37种不同尺寸的展示广告；百度推广平台更多，达100余种。过去，企业的内容生产部门或广告代理商通常采用模板化操作的方式提高效率，但是将一个版本的广告内容适配到全部的尺寸，或者素材局部调整带来的整体修改，都需要大规模的、重复性的人工劳动，完全依靠人工服务的手段实现创意的多样化几乎不可能。程序化创意技术首先替代的就是这部分人工劳动。

（2）筷子科技的解决方案。

品牌方和中小企业需求不同，具体如表5-4所示。

表 5-4　筷子科技针对不同体量的企业的商业化逻辑

	面临的问题	创意能力	机会	路径	收费模式
品牌方	尺寸裂变 + 版本裂变 + 云管理	强（通常有 in-house 设计部门或 Agency）	精细化服务	云创意工具	技术服务费，价高（按 campaign）
中小企业	创意能力 + 成本	弱（或基本没有）	长尾变现	SaaS	平台调用费，价低（按次）

资料来源：韩霜．程序化创意的现状和发展路径分析［J］．广告大观（理论版），2017.

创意批量制作的优化在商业的层面也展现出了两种路径：一种是云创意工具的开发，适用于有一定设计能力、对质量要求较高的品牌企业，以筷子科技 KuaiPlay 为代表，主要解决尺寸裂变和批量制作的问题；一种是 SaaS（software-as-a-service，软件即服务）的开发，适用于缺乏设计能力、对质量要求较低的广大中小企业，以筷子科技“一键创意”为代表，主要解决设计能力不足的问题。

①针对品牌方：云创意平台 KuaiPlay 是筷子科技针对品牌广告主开发的工具性程序化创意技术，遵循传统模板化的创意生产逻辑，用技术控制模板中的内容要素。以展示广告中最常见的 banner 为例，通常可以被拆分为 Logo、产品、模特、文案、按钮、背景、点缀物等七个内容要素。在准备好多样化的素材后，在 KuaiPlay 操作界面接近一次设计就可以瞬间实现不同版本素材之间的全排列组合，并且可以适配到所有设定好的尺寸。

②针对中小企业：SaaS 软件企业服务中小企业的问题在于商户本身缺乏创意能力，同时能够分配给创意内容生产和设计的成本有限。但是中小企业的价值在于其长尾流量。所以在 B2B 的业务层面，程序化创意技术商业化的路径为 SaaS 软件企业服务工具的开发，以筷子科技的“一键创意”为代表。

一键创意的技术基础是人工智能技术对创意素材的标签化，在标签化的基础之上进行图片需求的自动匹配，能够在几秒钟的时间内迅速生成多种创意以供挑选，而且通过算法能够保证已经被调用过的创意不被提供给含有竞争关系的另一家中小企业。这个解决方案面临的问题是素材的来源问题，需要通过与拥有图片库的公司合作。筷子科技“一键创意”产品的商业模式是按在平台上调用创意的次数收费，且需求量不一样定价不同，量小价格要高一些，量大则价格低一些。这种商业模式的挑战有两个：一是如果与每一个中小企业对接，那沟通成本会极高；二是素材版权的问题。淘宝网、1688、美团网、大众点评等是中小企业的天然聚合地，可以直接与这类聚合平台达成合作，解决了沟通成本的问题。

◎第二阶段：创意内容数据化，替代部分传统消费者洞察服务的价值

（1）创意难以规模化的痛点。

创意实现实时优化后，下一步需要解决的是创意生产的问题，这也是更难解决的问题。基于程序化创意平台的创意优化过程将受众对创意的选择具体化、可视化，这个演绎的过程恰恰是创意经验归纳的基础，在这个过程中积累的不同的受众对不同创意的反应的数据才是最值得关注的。如何将这部分价值最大化，用技术的手段去归纳每一个人对创意的不同偏好，是这个层次的技术要解决的核心问题。

（2）程序化创意技术的解决方案：基于PCP的创意数据库。

指导创意生产的经验需要是一般性的。所以针对创意经验的研究应该围绕创意本身进行，将创意内容本身按照某种标准做标准化、一般化处理，处理的具体办法就是将创意内容标签化。其中涉及怎么选择标签和怎么运用标签去标注创意两个问题。

①标签体系建设标签化的目的是将创意内容转化为算法可以理解的语言。理论上讲，为了得到更加详尽的创意经验，对内容的描述应该越详细越好，所以标签要越多越好，那么选择什么样的标签去描述内容就是创意数据化面临的第一个问题。

②用智能化技术自动打标签实现“千人千面”，是企业与受众沟通的理想状态，但在持续的沟通过程中不断有新内容产生，所以依靠人力去给大规模的创意手动打标签是不可能的，需要图像识别等智能化技术的支持。对于筷子科技来说，利用智能化技术辅助创意标签化、数据化的工作已经有了一定的技术积累。将筷子元素标签化的定义输入到筷子自研发的人工智能的图像识别系统后，算法可以自动识别创意的属性，“比如说，这句话的占比是多少……包括它是促销类还是供销类，到底背景是什么颜色，它的纯度怎么样，这个是单品产品还是组合产品，到底上面有没有模特、模特是小孩还是大人”都能通过技术的手段、通过算法直接识别。除智能化系统设定的标签系统之外，如果对特定的创意内容设置有特定的标签，还需要根据情况进行手动的创意标签化和数据化。

将非标准化的创意进行标准化的标签解构后，能够对以创意数据库为基础、以标签为分析维度对创意的表现进行分析，使得得出的创意经验得到数据的支持。是否有数据的支持和验证，也恰恰是基于创意数据库的创意经验与以往完全靠人把握的创意经验的最根本的区别。有了创意数据库的基础，在创意生产的阶段遇到的问题都可以在积累的数据资源中寻找准确的答案。

◎程序化创意与存在的问题

目前来看，程序化创意存在两个比较大的问题。

第一，创意元素效果监测方法的局限。将内容效果的分析降维成了元素效果的分析的方法是开创性的，但是对于元素效果监测的方法却存在一定的局限性。

在目前的技术体系下，元素效果监测采取的办法是识别每一次鼠标点击发生和悬停的位置，以该位置上元素的点击率和悬停率来判定该元素的吸引力。这种监测的方法来自网站分析中“热力图”分析的方法，基本假设是点击的位置就是感兴趣的位置。展示广告和网站的不同之处在于，对于输出点击行为的受众来说，他们知道展示广告不论点击什么位置最终跳转到的落地页是一致的，所以“点击的位置就是感兴趣的位置”的基本假设在这个环境下变成一个概率事件，基于这种假设的元素效果监测方法，虽然提供了一种定量的思想、并且产生了一定的效果，但是尚有局限。

未来这一问题的解决必须依靠视线识别、表情识别、情绪识别甚至脑电波追踪等人工智能技术和智能化可穿戴设备等才能够得到真正的解决。目前这项技术由于成本较高，之前只在专业的市场调研中使用，近几年开始应用在户外的创新实验中，这或许可以给目前的互联网程序化广告提供一定的借鉴意义。例如，2015 年英国广告公司 M&C Saatchi 与微软联合开发了一个人工智能的户外广告牌，用虚拟的咖啡品牌 Bahio 做了一次实验。该广告牌中内置了微软研发的体感摄像头 Kinect，能够捕捉到广告牌前移动的消费者的反应，并在这个过程中沉淀出受欢迎的和不受欢迎的文案和图片。这种建立在人体识别上的监测方法比热力图量化的方法更加科学。

第二，创意洞察和人群洞察的割裂。

在目前的技术体系下，PCP 程序化创意平台作为一个新的角色加入整个程序化广告的闭环中，PCP 程序化创意平台和 DSP 需求方平台之间靠互认 ID 来进行创意的对接工作，PCP 对创意的解构和 DSP 对人群的解构是互相独立的。凭借人群 ID 和创意 ID 的互认，实现的只是创意触发实时优化上的协同，试错的过程和优化的过程还是互相割裂的。PCP 程序化创意平台并不了解最有效的内容元素对哪一类人群最有效，同样，DSP 需求方平台也不了解最有效的人群到底对什么样的内容最感兴趣。

产生这种局限性的根本原因是程序化广告领域长期存在的数据壁垒问题，这个问题不解决，技术难以往下推进。在互联网营销领域，技术是没有门槛的，只要投入财力、人力、技术，终归可以获得，数据才是核心资源，所以共享数据很难实现。创意数据和人群数据的割裂阻碍了数据价值的发挥程度，对于企业来说，数据没有发挥出最大的价值。从长远来看，数据的透明化一定是未来的发展方向。

资料来源：韩霜．程序化创意的现状和发展路径分析［J］．广告大观（理论版），2017（6）．

案例思考题：

（1）程序化创意可以为广告主解决什么问题？

（2）现阶段筷子科技的程序化创意是如何实施的？

（3）现阶段程序化创意还存在怎样的问题？

第六章 广告效果评估

学习目标

广告效果评估是对广告投放结果的检验，是评估广告是否有效的有效途径。数字媒体的发展，在线广告区别于线下广告的重要特征是效果可监测性，亦对广告监测提出新的挑战。通过本章的学习，应该达到如下目标。

◎理解广告效果的定义、层次和评估。

◎了解各类广告效果评估方式。

◎掌握各类广告效果评估指标。

◎了解广告效果监测的挑战。

引导案例

在元宇宙中狩猎——麦当劳

听到“汉堡”这个词，麦当劳汉堡的形象很可能会出现在你的脑海中。显然，你不是唯一一个会这么想的。

自 2021 年起，麦当劳已经为旗下产品、连锁餐厅、咖啡厅提交了超过 10 项与元宇宙相关的商标申请，先后发布了麦辣鸡块和巨无霸的 NFT 艺术藏品。2022 年年初，麦当劳携手时尚设计师温贝托·梁（Humberto Leon）推出线上“元宇宙虚拟十二生肖大厅”，为大众提供以中国生肖为灵感的 VR 十二生肖艺术品体验。2023 年 1 月，麦当劳与数字内容创作者凯伦·陈（Karen X Cheng）合作推出了一系列互动式阴历新年活动，用户可在元宇宙中体验围棋和麻将等中国经典游戏、VR 动物园、烹饪比赛等。

2023 年 5 月，菲律宾电子竞技明星发布了《侠盗猎车手》游戏中的汉堡图片，并指出这些汉堡与麦当劳产品非常相似，从而拉开了寻找麦当劳汉堡的序幕。然后，她请她的 800 万粉丝参与挑战，要求他们在其他游戏中找到麦当劳食品的复制品，并使用标签 #this is Mcdonalds 来称呼它们。狩猎开始！参与者可以将他们的“渔获物”换成麦当劳的餐券。这一活动的结果是惊人的：2700 万游戏粉丝参与其中，品牌提及率增加了 108%，参与度增加了 140%。与此同时，麦当劳在菲律宾和最近的亚洲顶尖创意奖（Spikes Asia）的“品牌参与度”中赢得了大奖赛。

资料来源：莫德·拉劳德．在元宇宙中寻找麦当劳［EB/OL］.（2023-3-15）. https://www.adforum.com/case-studies/hunting-mcdonalds-in-the-metaverse.

第一节　广告效果的定义、层次和评估

一、广告效果的定义

广告效果是指广告传播对受众的影响程度，有狭义和广义之分。

狭义的广告效果是指通过广告传播带来的直接经济效益，即提升直接转化率（如产品销售），如游戏行业比较关心的数据有点击、注册、下载用户数及相应的获客成本等。

广义的广告效果是指通过广告传播影响受众的认知、心理、行为和态度，由此带来的直接或间接广告效益的总和。这个定义比较接近“品效合一”的概念，直接广告效益可以理解为转化效果，间接广告效益可以理解为品牌知晓度、美誉度、忠诚度等。

二、广告效果的层次

从微观层面上看，根据受众是否已看到广告以及受广告影响的程度，广告效果可以分为传播效果、心理效果和行动效果三个层次，具体如图 6-1 所示。

图 6-1　广告效果传播层次

资料来源：梁丽丽．程序化广告：个性化精准投放实用手册［M］．北京：人民邮电出版社，2017：56.

传播效果：传播是指广告已成功曝光到用户面前且被用户所关注。传播效果是指广告到达的广度和深度，取决于广告覆盖范围、曝光质量和曝光频次。

心理效果：指通过广告曝光影响用户的认知、心理和产品态度，比如用户从没兴趣到感兴趣、从感兴趣到产生购买行为等。心理效果取决于广告的创意和场景。

行为效果：指用户看到广告、产生兴趣后发生的进一步的交互行为，包括点击、注册、购买、分享等。行为效果取决于广告的创意、场景及产品本身相关的信息。

三、广告效果的评估

1. 广告效果评估原则

为了保证广告效果的科学性与准确性，在广告效果的测定与分析过程中我们必须

遵循以下原则。

（1）针对性原则。

针对性原则是指测定广告效果时首先要有明确、具体的目标，即要明确测定的广告效果是经济效果还是社会效果，是短期效果还是长期效果，是传播效果还是销售效果、心理效果等；同时还要注意测试的内容必须与所追求的目的相关，不可做空泛或无关的测试工作。

（2）可靠性原则。

坚持可靠性原则是为了保证所得到的结论能够正确地为企业决策提供帮助，防止结论的片面性给企业认识或决策带来负面影响。内容包括：调查表的设计要合理；汇总分析的方法要科学；对广告效果影响因素的考察要全面；前后测试的结果应该具有连续性，并可多次进行，以证明其可靠。

（3）综合性原则。

在测定广告效果时，除了要对影响因素进行综合分析外，还要考虑广告效果之间的竞争性、媒体使用的并列性及广告播放时间的交叉性，以避免片面性的干扰，得到客观的测定效果。

（4）建立合理的评估体系原则。

在不同的阶段需要制定不同的评估目标，使评估活动反复进行，把各阶段的评估结果结合起来，最终形成一个有机整体。它要求在样本的选定、问卷的设计、统计方法的运用上要考虑前后联系，使它们能够相互关联、互相补充，以利于广告主掌握各方面的材料，为下一步广告战略的制订提供有利的参考依据。

2. 广告效果评估方法

根据广告效果层次来看，广告效果评估主要包括广告传播效果、广告心理效果、广告销售效果和广告社会效果四个方面。

（1）广告传播效果的测定。

①广告作品效果的测定方法。

◎实验室测定法。

在进行实验室测定时，首先要选择与目标相符的测定方法，并做好以下几项工作（见图 6–2）。

实验室测定法包括以下两种：一是斯威林法。这种方法是请被邀请的代表观众持票入场，挑选自己喜欢的商品后观看广告，在广告播放完后重新挑选商品。对比两次挑选的结果和变化，并由此判断哪个广告效果较好。此外，还可以对观众进行提问，测试观众对广告作品的记忆程度。二是仪器测试法。主要是在实验室场景内，在目标对象观看广告的过程中，使用程序分析仪、反应测定仪、瞬间显示器、眼睛照相机和皮肤反射测定仪等仪器设备测定不同目的的广告作品。

◎意见评定法。

意见评定法分为两种，一种是对广告作品的各个创作阶段进行测评，在不同的阶

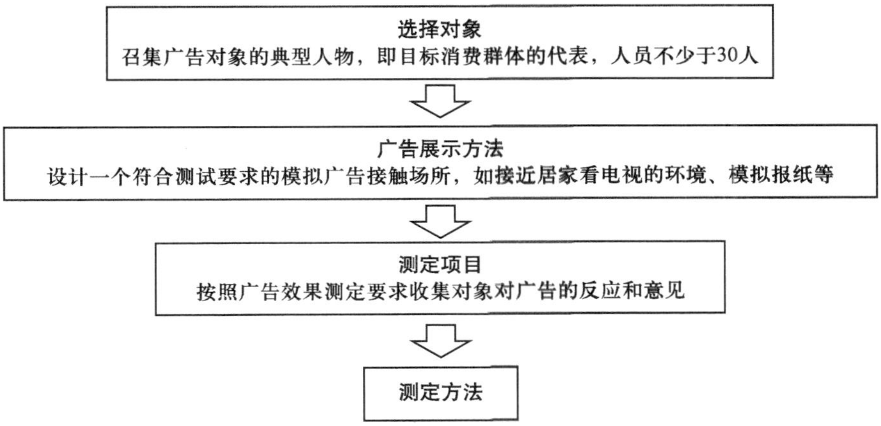

图 6-2　实验室测定法

资料来源：王艺，李列锋．广告学［M］．2版．广州：暨南大学出版社，2017：195.

段严格选择合适的测评人员对广告作品创作进行测评，例如，选择能够代表消费者态度的专家或直接选择目标对象；另一种是将同一商品制作多份广告原稿，请目标对象作出选择，测定哪一种广告作品的效果最引人注意，给人印象最深。

◎评分法。

评分法是将意见评定法进行量化处理，最后以统计方法进行测评。先列出对广告作品的评价项目，制订表格，请目标对象打分，以确定广告作品的实际效果。

◎实地访问调查法。

实地访问调查法是由调查员访问样本户，获取对象对所观看广告的反应态度。这种方法的目的是尽量不加入人为操作因素，任其自然反应。

这些方法还有部分可以应用于广告消费心理效果的测定。

②广告媒体效果的测定。

广告媒体效果的测定，是调查消费者对各种媒体，如报纸、杂志、电台、电视、户外广告等的接触情况。广告媒体的调查通常根据三个测定标准进行：一是媒体分布，如报纸、杂志的发行量，电视广播的到达范围，户外广告的装置情况；二是媒体的受众群，即读者群和收视群；三是广告的受众群，即对各媒体刊播的广告的接触群体。后两者的测量主要是考察媒体受众群与广告受众群之间的关系，以便于作出更精确的媒体计划。

主要的测定方法根据媒体的不同特质分为两大类：印刷媒体和电子媒体。

印刷媒体主要是指报纸、杂志以及户外招贴广告。常见的测定内容包括：报纸、杂志的发行量、读者对象、阅读状况。测定读者群和广告阅读状况有利于了解广告的认知效果。测定的阅读情况主要通过三个指标表明（见表 6-1）。

表 6-1　测定阅读情况的三个指标

指标	定义	测评公式
注目率	接触过广告的人数与阅读报刊的读者人数的比率	$注目率=\frac{接触过广告的人数}{阅读报刊的读者人数}\times 100\%$
阅读率	通过向接触过广告的人提问广告的主要内容，如主题、商标、插图等元素，测定能记得这些元素的人数所占的比率	阅读率的计算方法与注目率大致相同
阅读效率	是指不同程度的广告阅读者人数与支出的广告费用之间的比率	$阅读效率=\frac{报刊阅读人数\times 每一种程度读者的百分比}{支出的广告费用}\times 100\%$

资料来源：王艺，李列锋．广告学［M］．2 版．广州：暨南大学出版社，2017：197.

电子媒体通常指的是广播和电视，主要是通过视听率调查来测定广告媒体的接触效果。目前通用的视听率调查方法有以下四种。

◎日记调查法。

由被调查者（抽样选出）将每天所看到或听到的节目一一填在调查问卷上。主要以家庭为单位，把全部成员收看（听）节目的情况按性别、年龄等类别填好。一般调查时间为一周或更长。在此期间，必须有专门的调查员按期上门督促被调查者填好问卷；调查结束后，收回问卷。经过统计分析得出的百分比，就是视听率。

◎记忆式调查法。

在节目播出后的当天（如果是下午或晚上的节目就在次日上午），调查人员立即进行访问调查，请被调查者回忆所看到的节目。从调查视听率角度而言，调查访问的时间离节目播出时间不能太久，以免产生遗忘；从调查目标对象对节目或电视台的态度而言，这是个可行的办法。问卷设计可在日记调查法的问卷基础上稍作修改。

◎电话调查法。

电话调查法，就是向目标对象打电话询问正在观看的节目。选定一个时间段（如 19：00—20：00），请调查员同时向目标对象打电话，询问他们是否在看电视、看什么节目、有几个人在看等，并记录下询问结果。记录表上要有电话号码以及被调查者姓名、性别、年龄段的记录。提问的问题要特别简单，时间不能太长，以免引起受访者的厌烦情绪，一般只设 4~5 个问题，如：您是否在看电视？请问您在看哪个台？请问您是不是常看这个节目？请问您家现在几个人在看电视？请问您有否看过 ×× 节目？（回答有）您认为这个节目好不好？

◎机械调查法。

采用机械装置进行收视率调查的公司较早的有美国尼尔逊公司和日本电通广告公司。在目标对象家中安装自动记录装置，按照时间自动在装置内的软件上记录下目标对象所观看的电视台、电视节目等。随着机械装置的不断发展，装置也能够自动识别收看电视者的性别、年龄等信息。机械调查法可以以家庭为单位进行统计，也可以以个人为单位进行统计。

（2）广告心理效果的测定。

广告心理效果测定的目的是了解广告对受众在知晓度、了解度和偏好度方面产生的影响。其中，广告知晓度是指广告受众了解某则广告的比率和程度，广告了解度是指此则广告的受众对广告宣传的内容有较深入了解的比率和程度，而广告偏好度是指对广告内容有较深入了解的受众对广告有好感的比率和程度。

广告心理效果测定的方法很多。根据广告的不同阶段，可以把它分为事前、事中和事后测定。大部分企业在广告心理效果测试中，只注重对事前和事中的效果进行测定，而对广告的事后测定认识不深，以致不能全面把握广告的整体效果。虽然心理效果的事后测定不能直接对广告促销活动进行修改或补充，但对广告的宣传效果却能进行全面、正确的评价，以指导来年广告策略的科学制定。

（3）广告销售效果的测定。

影响产品销售效果的因素是多方面的，一方面有广告持续的传播效果的累积效应；另一方面也有营销策略中各个因素的综合效应，例如，促销、产品试用、公共关系等。同时，有人购买商品不一定看过广告，而是通过人际传播、柜台推荐等方式购买。因此，测量广告销售效果时，还要在确定广告是唯一影响销售的因素而其他因素能够暂属于不变量的条件下进行测定。

广告销售效果测评，主要是通过广告活动实施前后销售额的比较，检验和测定商品销售的变化情况、商品销售额是增加还是基本持平、销售增长率是多少、广告增销率是多少、广告占销率是多少、单位广告费效益是多少等。各衡量指标的计算公式如表 6–2 所示。

表 6–2　广告销售效果衡量指标

	计算公式	意义
销售增长率	销售增长率 = $\frac{（广告实施后销售额 - 广告实施前销售额）}{广告实施前销售额} \times 100\%$	反映出广告对促进商品销售所发挥的作用
广告增销率	$广告增销率 = \frac{销售增长率}{广告费增长率} \times 100\%$	反映出广告费增长对销售带来的影响
广告占销率	$广告占销率 = \frac{广告费用支出}{同期销售额} \times 100\%$	反映出一定时间内企业广告费支出占同期销售额的比例，广告占销率越小，广告效果越大
单位广告费效益	单位广告费效益 = $\frac{（本期销售额 - 上期销售额）}{本期广告费用支出} \times 100\%$	反映出平均每元广告费带来的促销效益

资料来源：王艺，李列锋．广告学［M］．2 版．广州：暨南大学出版社，2017：200.

（4）广告社会效果的测定。

广告社会效果是指广告在社会道德、文化教育等方面所产生的影响和作用。广告社会效果的测定方法分为两种情况（见图 6–3）。

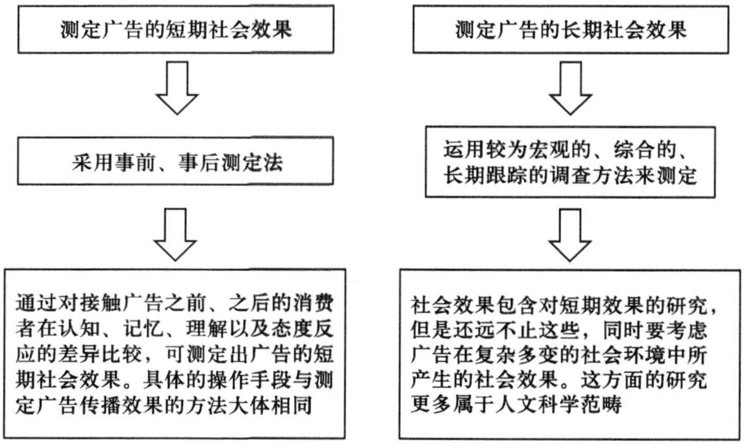

图 6–3　广告社会效果的测定方法

资料来源：王艺，李列锋 . 广告学［M］. 2 版 . 广州：暨南大学出版社，2017：201.

第二节　在线广告效果的评估

一、在线广告效果评估的意义

在线广告效果评估贯穿整个在线广告活动的全过程，包括在线广告调查、在线广告策划、在线广告创意和制作、在线广告发布和实施等活动。在线广告效果的评估，不仅可以对企业前期的广告运作做出客观的评价，而且能够对企业今后的广告活动起到有效的指导作用，它对于提高企业的广告效益具有十分重要的意义。

首先，有利于完善广告计划。通过在线对广告效果的评估，可以检验原来预定的广告目标是否正确，在线广告形式是否运用得当，广告发布时间和网站的选择是否合适，广告费用的投入是否经济、合理等，从而可以提高制订在线广告活动计划的水平，争取更好的广告效益。

其次，有利于提高广告水平。通过收集消费者对广告的接受程度，鉴定广告主题是否突出，广告诉求是否针对消费者的心理，广告创意是否吸引人，是否能起到良好的效果，从而可以改进广告设计，制作出更好的广告作品。

最后，有利于促进广告业务的发展。由于在线广告效果评估能客观地肯定广告所取得的效益，可以增强广告主的信心，使广告企业更精心地安排广告预算，而广告公司也容易争取广告客户，从而促进广告业务的发展。

二、在线广告效果评估的特点与标准

在进行传统广告效果评估时，很难制定出标准，这是因为传统的广告效果很难用直接的方法加以测评，因而也没有准确的评估标准。在线广告则不同，它的数字化特征决定了其精确性和可统计性。因此，同传统广告相比，在线广告效果评估具有其独到之处。

1. 在线广告效果评估的特点

（1）测评迅捷性。

测评迅捷性一方面指的是信息的发布，另一方面指的是信息的反馈和更换。对于广告运作来说，从材料的提交到发布，所需时间可以是数小时或更短。传统的广告形式很难及时、快速地反映广告的效果，它往往要等到广告播出一段时间后再进行评估。这样，广告主就不能及时地得知用户的反应，而且如果选择的评估时间不合适，就不能较准确地评估出广告效果。在线广告与传统广告形式相比最大的特点就是它具有交互性。广告受众或访问者在访问广告站点时，能够在线提交表单或发送电子邮件，广告主能够在很短的时间内迅速接收到信息，并根据客户的要求和建议及时作出反馈。在线广告的交互性使得在线广告效果评估既迅速又直观，广告主可以随时了解广告的受欢迎程度、广告的传播效果，甚至通过计算还可得知广告的经济效果。

（2）数据准确性。

传统广告效果评估无论是采用问卷调查还是专家评估，都只能得出一个粗略的统计数据。如果在调查时间和调查对象的选择上不恰当的话，还可能得出错误的数据。在线广告在这一方面具有巨大的优势：首先，因特网从诞生起就是一个技术型的网络，它的技术优势是传统广告媒体所不可比拟的，它的全数字化表明了统计数据的准确性。其次，因特网是一个开放的全球化网络系统，因此在线广告的传播时间是全天候的，传播对象几乎是无限广阔的。而对于在线广告效果评估来说，它具有极其广泛的调查目标群体，其评估结果的准确性也得到了前所未有的提高。在线广告主通过亲自或委托 Web 评级公司安装使用适当的软件工具，就能很容易地统计出具体、准确的数据。

（3）统计自愿性。

统计自愿性是在线广告所特有的。传统的广告媒体特别是电视广告，不管观众愿不愿意，都强行地把广告塞给你。广告对象只能被动地接收这些信息，几乎没有选择的权利。而在线广告本身就带有自愿性的特点，它使访问者充分享有自主选择的权利，可以按照自己的需要查看广告。在线广告效果评估的调查表也完全由网上用户自愿填写，这也在一定程度上提高了评估的准确性。

（4）互动性。

通过网络，广告受众可以方便地与广告主交换意见，避免了调查者个人主观意愿对被调查者产生影响。因而，得到的反馈结果更符合消费者本身的感受，信息更可靠、更客观。这一点是得到公认的。这种互动性的另一个显著特点是一对一的直接沟通，隐蔽性好，广告受众反映的意见准确、真实。

（5）广泛性。

在线广告效果测评成本低，耗费人力、物力少，能够在网上大面积展开，参与调查的样本数量大，测评结果的正确性与准确性大大提高。

2. 在线广告效果评估的标准

传统广告效果评估是一项长期、复杂的工作。传统广告媒体具有时间推移性、积累效果性、间接效果性、效果竞争性等特点。由于这些局限性，即使使用较科学的方法评估，最终的效果也并不理想。在线广告虽然具有传统广告所不具有的优越性，在统计数据的科学性和准确性上有很大优势，但是任何统计数据都只能作为在线广告效果评估的参考，并不能完全反映广告的效果。广告的根本目的在于促成消费者购买商品或劳务，由于在线广告的作用是一项缓慢的过程，因此应把广告的经济效果和传播效果两方面进行综合衡量，并按照在线广告活动过程分阶段进行评估，排除其他一些客观条件的影响。一般认为，经济效果是在线广告效果最直接的体现，但经济效果往往比传播效果更难测定。

（1）在线广告经济效果评估标准。

在线广告的主要目的在于促进商品或劳务的销售，经济效果是评价在线广告效果的主要标准。点击率、跳转率、CPC、CPM这些统计指标都是评估在线广告效果的标准。但广告对销售有无帮助，是受到多方面因素影响的，有时销售量的变化并不能客观地反映在线广告的效果。所以，在进行经济效果评估时，还应考虑下面三种因素。

①商品销售统计的复杂性。在线广告只是影响商品销售的一个因素。商品销售额是诸多因素共同作用的结果，其中有商品质量、价格、销售渠道、售后服务、其他广告形式等，还涉及很多难以统计计算的消费者心理活动因素，这些因素组成一个有机的推销系统，衡量在线广告对商品销售的影响要把本系统内的各个因素综合考虑。销售效果不能只用在线广告效果来评价。

②在线广告效果的长期性。在线广告对商品销售的影响是长期的，有些在线广告的影响要经过一定时间才能表现出来。如果不考虑在线广告的这个特点，只通过商品销售的数据来评估在线广告的效果，这种评估就是不科学、不准确的测定。

③在线广告效果的间接性。由于商品销售的影响因素是多方面的，同时有关产品商标或企业印象建立等产生的推销效应也很难度量，有的消费者由于受广告影响的人推荐而购买。因此，广告销售效果只是在一定时期、一定范围内的相对效果。鉴于此，对在线广告效果的认识，不仅仅停留在是否马上促成了销售量的增加，还在于了解人们对企业信誉的了解、对产品信誉的看法，因为这影响到商品的长远销售。

（2）在线广告传播效果评估标准。

广告传播效果测定可以了解广告活动的有效性，了解有多少人真正准确地注意到广告所传达的信息，多少广告信息已被消费者接收，并被消费者准确地理解。广告传播效果测定的内容主要是广告本身的设计效果，包括广告标题、图片、文稿内容、版面安排及印刷技术等效果的机械性测定，以及广告的号召力，主题、信息表达的准确性，诉求、文案叙述的清晰性等观念性测定。此外，评估的标准还有广告本身以外的传播媒体、时间安排等。

目前，测定和评估在线广告传播效果主要侧重于两个方面。

①注意率。包括广告的接触者数量、接触者范围及在一定时期内接触广告的次数，即接触频率。

②到达率。包括三个层次：知名度、理解率、确信率。即通过广告活动，有多少消费者知道了企业名称、产品品牌等，有多少消费者理解了广告所传达的各种信息，又有多少消费者信服了这些广告信息继而转变了心理态度或采取了一定的购买行为。

过去，用点击率计算网站的浏览量（Hit），现在许多正规的网站都已不再使用这个指标。因为它代表的不是网民已看过一个网页，而是一个网页在屏幕上显现的次数。通常，一个网页上有许多图标，当观众打开一个图标浏览里面的内容时，往往已访问过几次网页。因此，用点击率来计算网页的浏览次数，“水分”未免太多。目前，网页浏览（pageview）次数是一个被正规网站视为标准计算浏览量的指标。

（3）在线广告过程效果评估标准。

在线广告效果的测定是对整个广告活动过程的效果测定，因此我们可以参照传统广告过程效果评估，也把在线广告过程效果评估的主要标准确定为以下几个方面。

①广告调查的评估标准。

◎本次广告调查的可信度如何，误差大小，其调查方法是否科学。

◎收集的原始信息是否充分、全面、有代表性，对重要信息有无遗漏和误用。

◎调查收集的信息内容对广告评估活动的适应性如何。如果收集的信息不能实际应用于评估中，其调查的价值就会大打折扣。

②广告策划的评估标准。

◎广告计划是否与广告目标一致，其内在逻辑联系是否紧密，以及广告成功的可能性是否得到了充分的利用。

◎评价广告策略是否运用恰当。

◎广告预算是否科学、准确、合理。

③广告创意的评估标准。

◎广告主题是否正确，是否重点突出。

◎广告创意是否有创造性、独特新颖。

◎广告表现是否生动、形象。

◎广告制作是否精美。

④广告实施的评估标准。

◎广告发布策略运用是否合适，包括广告发布的时机、频率选择是否正确、合理。

◎发布网站选择及其组合是否科学、合理，发布的广告信息是否准确抵达目标消费者。

◎广告发布的区域选择是否与广告目标一致。

（4）在线广告要素效果评估标准。

广告活动本身的要素主要有广告信息、广告作品、广告媒体等。

①广告信息的评价标准。

广告信息是广告活动的主要内容，包括产品信息、劳务信息、观念信息等。其评价的标准有三个。

◎广告信息是否真实、可靠，是否准确地反映了产品或劳务本身的基本属性。

◎发布的广告信息是否重点突出，是否具体体现了产品或劳务市场竞争的要求。

◎发布的广告信息是否与目标市场消费者的需求及购买过程、心理过程相吻合。

②广告作品的评价标准。

广告作品的评价标准是指对完成的广告作品或对即将发布的广告作品方案的效果进行事先测定的标准。主要评价其商业价值、艺术价值及能引起人们注意、促进认知和理解、唤起兴趣、产生好感的程度。

③广告媒体的评价标准。

广告媒体的评价标准主要有三个方面。

◎媒体所覆盖的受众人数。网站的点击量越大，说明其受众越多，广告影响越广泛。

◎受众对广告的有效接触率。在现实中，受众接受了媒体所传播的内容，但未必会接受媒体的广告。例如，在线广告中比较流行一种网页右下角的弹出广告，不少人往往要么视而不见，要么直接关掉，很少去关注该广告到底说了些什么。所以，这类在线广告的有效接触率就比较低，广告的价值很难得到体现。

◎媒体的权威性。媒体的权威性即媒体所传播的信息在受众中的可信度。网站越是权威，其所刊载的广告在受众中越具有可信性，这是一种信任的转移。

综合以上关于媒体广告价值的各种特点，可以通过以下公式来估算一个媒体的广告价值：

$$\text{媒体广告价值} = \text{受众人数} \times \text{受众消费能力} \times \text{广告有效接触率} \times \text{媒体权威性} \times \text{媒体受众结构与广告产品的相关性}$$

（5）在线广告的社会效果测定。

在线广告的社会效果主要是对广告活动所引起的社会文化、教育等方面的作用进行综合测定。对在线广告社会效果的测定，很难像对在线广告传播效果和经济效果测定那样用几个指标来衡量，因为在线广告的社会影响涉及整个社会的政治、法律、艺术、道德、伦理等上层建筑和社会意识形态。测定在线广告社会效果的基本原则是企业的广告活动必须坚持四项基本原则，坚持以社会主义核心价值观为引领，只有这样，在线广告活动才能够有利于社会经济的发展，才能体现社会主义的生产目的。

（6）在线广告的受众测定。

在线广告效果评估中非常重要的一点就是看广告受众的选取是否准确。这是因为获得准确的用户信息和最佳的广告目标用户可以让广告主事半功倍。但这会涉及发行商、广告主和广告网络的隐私问题。广告主想获得用户浏览广告的相关信息，而用户要保护自己的隐私，平衡两者的关系就成为广告受众评估的一个难点。

广告网站获取用户资料的方式多种多样，因此评价标准就是看其如何获取用户相关信息。除了传统的媒体广告评估标准（如 CPM 和编辑环境），在依据用户资料进行广告定位时，还应考虑另外三个准则。

①恰当。如果广告主的销售计划专门针对某些特定用户，而某个广告网的访问者又符合这些特定要求，那么在该广告网进行广告定位可以明显提高效率。

②准确。通过跟踪获取用户的兴趣、爱好等资料，虽然有一定限制但却准确实用。

③分析。可以定期比较浏览量、点击率和销售情况，统计顾客个性、兴趣等资料并分析总结。

采用匿名记录的方式对在线目标用户进行定位是一个常用的方法。对用户访问过的网站进行登记并加以分类，可以据此分析网民的兴趣偏好。

如果浏览者已经注册为某网站的会员，那么，当他在该网站上浏览广告时，他的个人资料就会通过广告管理系统被广告商获知。根据众多资料及他们正在浏览的广告内容，广告商可以比较准确地分析出受众乐于接受的广告形式。

网上调查问卷也是收集用户信息的有效方法。通过调查问卷，从中获取个性化的资料，从而判断广告的目标受众是否准确。

三、在线广告效果评估的原则与方法

1. 在线广告效果评估的原则

由于在线广告效果具有自身的特性，因此，在在线广告效果评估工作中必须遵循以下原则。

（1）有效性原则。

评估工作必须达到测定广告效果的目的，要以具体的、科学的数据结果而非空泛的评语来证明广告的效果。由于目前我国还未形成规范的在线广告市场，有的广告商采用一些不正当的手段来获取高统计数字。例如，广告商很可能为了争取利益而通过各种虚假诱惑广告甚至强制弹出手段制造点击次数，这些点击往往造成访问率很高的假象。广告来访用户的回访情况分析能对这种行为进行很好的甄别。当然，该分析数据依然与广告主站点本身设计密切相关，但是通过对比不同广告商来访用户的回访情况，对比搜索引擎来访用户的回访情况及其他广告商来访用户回访情况数据，就可以很容易地分辨究竟怎样的广告带来的来访才是真实有效的。所以，在测定广告效果时必须选定真实有效、有代表性的数据来作为衡量的标准，否则，就失去了有效性。这就要求采用多种测定方法，多方面综合考察，广泛收集意见，得出客观的结论。

（2）可靠性原则。

前后测定的广告效果应该有连贯性，以证明其可靠。若多次测定的广告效果的结果相同，其可靠程度就高；否则，此项测定就有问题。这就要求广告效果测定对象的条件和测定的方法前后一致，才能得到准确的答案。

（3）相关性原则。

这是指广告效果测定的内容必须与所追求的目的相关，不可做空泛或无关的测定工作。倘若广告的目的在于推出新产品或改进原有的产品，那么广告测定的内容应针对消费者对品牌的印象；若广告的目的在于在已有的市场上扩大销售，则应将广告效果测定的重点放在改变消费者的态度上；若广告的目的在于和同类产品竞争，抵消竞争压力，则广告效果测定的内容应着重于产品的号召力和消费者对产品的信任感。

（4）综合性原则。

影响广告效果的可控性因素是指广告主能够改变的主观选择因素，如广告预算、媒体的选择、广告刊播的时间、广告播放的频率等。不可控因素是指广告主无法控制的外部宏观因素，如国家有关法律法规的颁布、消费者的风俗习惯、目标市场的文化水平等。在测定广告效果时，除了要对影响因素进行综合性分析，还要考虑到媒体使用的并列性及广告播放时间的交叉性。只有这样才能排除干扰，获得客观的、全面的评测效果。

（5）经济性原则。

进行广告效果测定，所选取的样本数量、测定模式、地点、方法及相关指标等，既要有利于测定工作的展开，同时也要从广告主的经济实力出发，考虑测定费的额度，充分利用有限的资源为广告主做出有效的测评。

（6）经常性原则。

现在广告效果测评有时间上的滞后性、积累性、符合性及间接性等特征，因此就不能抱有临时性或者一次性测定的态度。要坚持经常性原则，要定期或不定期地测评，并保证一定的量。

总之，广告效果测定的内容及其一切设计都应以解决问题为目标。此外，在广告效果测定工作正式开展之前，必须作好充分的准备工作，这样才能保证广告效果的测定工作能够顺利地进行。

2. 在线广告效果评估的方法

（1）在线广告效果评估的基本思路。

对于广告效果评估的理解，通常是从两个方面结合展开的：第一个方面是根据广告发布方的原始意图来评价该意图与发布方的营销战略的匹配程度，进而研究这种意图是否能够实现营销效果。第二个方面是广告接收方对广告效果的感知，通常这一部分需要对消费者进行各类特殊环境的心理测试，用以探知消费者接触广告过程中的深度心理状态，进而研究广告发布方的意图是否能够实现，同时也需要研究消费者在目前心理感知条件下广告的真实作用。

①发布方对广告目标的研究。

对于广告发布方而言，由于企业或企业所销售的产品的生命周期、产品营销战略阶段的不同，企业的在线广告目标也有所区别。比如，对于一款即将上市的新车而言，由于还没有对应的销售量，企业的在线广告目标很可能是扩大该产品的影响，进而为以后的正式投放市场作好铺垫。而对于一款处于成熟期的车型而言，尽量扩大其销量为企业收回更多的现金才是广告营销的关键。可以看出，此时的广告营销的目的主要是通过各种表现手段来刺激消费者的购买。所以，在评价一个企业的广告效果的时候，必须首先明确该企业的营销目标及该营销目标所对应的广告目标。

②接收方对广告的感知研究。

广告接收方的效果评估不能仅仅局限在对现有用户的评估中，还需要调查潜在用户的心理，如研究这部分潜在用户对品牌的认知、对广告的记忆及心目中希望购买的品牌等。还需要进一步深入到这些潜在用户的内心，去探究他们对广告的感知。比如，为潜在用户设置一个情景，通过对他们的行为的研究来衡量广告可能对他们产生的影响，进而评价各企业广告在接收方的效果。

③发布方和接收方对广告媒体的研究。

尽管研究了发布方与接收方对广告的理解，但如果要将其连成一个整体，还必须考虑一个很重要的问题，这就是广告传递媒介的作用。研究广告的效果就必须研究广告媒介的特征，研究广告发布方是否选对了媒体，是否将广告资源合理地投放在了适当的媒体当中。

◎媒体的受众研究。由于各个媒体的受众是相对固定的，因此广告发布方在选择该媒体前必须首先考虑自身的广告希望被哪个群体看到，然后再考虑广告所投放的媒体是否适合这一特征。

◎媒体的覆盖区域研究。每个企业都有自己的重点区域，因此在不同区域范围内广告投放的力度应当是有所区别的，因为各企业的资源都是有限的，营销资源也是如此，如果营销资源本身在各区域分布是平衡的，那么广告自然也应该是平衡的，否则一部分地区就会出现浪费，另一部分地区就将有所不足。

◎媒体类型的研究。这里的媒体类型主要是指专业型、大众型或行业型。对于某些特殊行业的产品，在行业媒体上发布广告的成本会更低，收益会更高，这一点也值得企业关注。

◎媒体档次、形象的研究。不同媒体档次、形象等方面不同，消费者对其信任程度、接受程度等也有所不同，同时如果一个高档品牌的广告出现在了低档媒体中，对其品牌形象也会产生影响。

在界定了上述几个问题之后，我们可以更全面地把握企业在广告传递过程中可能出现的偏差，进而评估其广告效果。

（2）在线广告效果评估的基本方法。

① web 日志分析模式。

web 日志分析模式是指通过分析 web 服务器日志来获取流量的来源，从而判断用户是否来自广告，并追踪广告用户在网站上进行的操作。当因特网用户在浏览器中打开某一网页时，web 服务器接受请求，在 web 日志中为这个请求创建一条记录（数据一般包括页面的名称、IP 地址、客户的浏览器及日期时间戳）。

该模式采用 Web 日志分析，不需要额外在网站上添加代码，不易造成数据缺失。但该模式主要以服务器端数据为分析依据，而不管客户端的情况如何，容易造成数据不准确，且当数据量较大时，很难实时分析。

② JavaScript 标记模式。

JavaScript 标记模式是指通过在被统计对象网站的网页上（包括静态页面、动态页面和基于浏览器的视频播放窗口等）嵌入 JavaScript 监测代码的方式获取互联网用户访问被统计对象网站的信息。互联网用户使用浏览器访问被统计页面时，会同时向监测服务器发送统计信息，监测服务器汇总接收到的浏览器请求数量，统计被监测网站或广告的流量数据。

JavaScript 标记模式有利于获取被统计对象网站的全样本（所有被用户访问过的网页和用户在被统计对象网站上的所有访问行为）细节数据。当被统计对象网站数量和行业分布具有一定的规模后，此种模式获取的数据也可以反映互联网行业的中观和宏观状况。

③通过查看客户反馈量评估。

一般来说，如果广告投放后广告对象的反应比较强烈，反馈量大大增加，则说明所投放的广告比较成功；反之，则说明所投放的广告不太成功。例如，我们可以通过观察表单提交量和电子邮件在广告投放后是否大量增加来判断广告投放的效果。

④通过广告评估机构评估。

无论是站点流量审计，还是广告服务审计，都是非常严谨的商业行为。如果没有准确、全面的统计结果，将使广告客户无所适从，那么就很可能断送在线广告这一新兴产业。专业的评估应包括两个方面：首先是量的评估，比较计划和执行在量上的区别；其次是研究广告的衰竭过程，方法是将同一广告的每天的点击率在坐标轴上连成线，研究每个创意衰竭的时间，为设定更换广告创意间隔提供依据。

四、程序化广告效果的评估指标

程序化广告是在线广告的一种重要形式。接下来将以程序化广告为例阐述其效果评估指标。广告效果的评估通常用关键效果指标（key performance indicator，KPI）来表示，它是广告主用来评估广告营销活动是否有效的指标体系和评价标准。程序化广告的 KPI 评估主要围绕广告效果、成本收益和投放保障三大方面展开。

广告效果：衡量用户活跃度及其对广告的接受度。从广告效果的层次来说，传播效果可以用广告曝光维度衡量；心理效果一般很难直接评估，但是可以通过用户的行为效果进行衡量；行为效果可以从落地页 / 网站 /App 访问以及用户互动角度进行考核。

成本收益：衡量广告投放整体消耗、各渠道等维度的性价比。

投放保障：衡量广告投放的真实性和安全性，用于保障广告效果以及成本收益。

广告主在品牌和效果方面都有投放需求，按照重心方向的不同可将其分为效果广告主和品牌广告主。相应地，将广告主考核指标分为三类：基础、效果（performance）、品牌（branding）。首先定义广告消耗为 Cost，广告展示次数为 Impression，广告点击次数为 Click。

1. 基础指标

CPM：Cost per Mille，或者 cost per thousand impressions，指每千人成本，即广告被展示 1000 次对应的价格。普通 banner 一般在 1 元 /CPM 以内，也就是 banner 广告曝光 1000 次的价格是 1 元。请注意，这里说的是 1000 次展示，而不是一次，即每次广告曝光需要 1/1000 元，由于单位太小，所以行业约定为按千次计算。用公式表示即：

$$CPM=\frac{Cost}{Impression}\times 1000$$

CTR：Click Through Rate，指广告的点击率，即广告点击次数占广告展示次数的百分比。用公式表示即：

$$CTR=\frac{Click}{Impression}\times 100\%$$

CPC：Cost per Click 或 Cost per Click-Through，指每点击成本，即广告被点击一次对应的价格。用公式表示即：

$$CPC=\frac{Cost}{Click}$$

综合 CPM 和 CTR 也可以得出 CPC，用公式表示即：

$$CPC=\frac{CPM}{(CTR\times 1000)}$$

如果广告主要考核 CPC，一般会从 CPM 和 CTR 着手。

广告费用：特定周期内，广告投放的花费成本，比如每周投放成本、每月投放成本等。

2. 效果指标

点击量：广告被有效点击的次数，有点击总量和排重点击量之分。比如同一用户（同一 Cookie 或同一设备 ID）在一小时内 5 次点击同一页面同一广告（页面未刷新的情况下），点击总量加 5，排重（即排除重复）点击量加 1。下面指标中出现的点击量均指排重点击量。

转化量：转化量包括注册量、激活量等。PC 环境中，注册量是指在 Landing Page 页面注册成为玩家的用户数量；移动设备中，注册量是指通过点击广告进入应用市场或者 App Store 下载、安装并打开应用进行注册的用户数量，一般称为激活注册量。有些广告主的激活定义可能是注册成为玩家并成功创造角色，甚至是玩游戏升级到某个级别。转化量达到一定量级时才有可能获取充值玩家，所以广告主会考核广告能为游戏导入多少转化量。转化量跟点击量一样，有转化总量和排重转化总量之分，下面指标中出现的转化量均指排重转化量。

登录量：已注册成为玩家的用户，后续通过点击广告进入 Landing Page/App 登录进入游戏，这种情况一般是重定向（retargeting）广告（老用户召回）时出现的。

CPA：cost per action，指每行动成本，行业内常用于计算每注册成本，即获取一个注册用户对应的价格，如游戏广告需要用户通过广告页面注册成为玩家。用公式表示即：

$$CPA=\frac{Cost}{注册数}$$

CPL：cost per lead，指每潜在客户获取成本，即获取一个潜在客户信息对应的价格，如汽车行业需要潜在客户通过广告页面填写表单预约试驾。用公式表示即：

$$CPL=\frac{Cost}{Lead\ 数量}$$

CVR：click value rate，指广告的点击转化率，即广告转化次数占广告点击次数的百分比。用公式表示即：

$$CVR=\frac{转化次数}{Click}\times 100\%$$

其中，转化次数可以是注册数、lead 数量、订单数等。

召回率：在重定向广告中，被重定向的用户通过广告重新注册或者登录的数量占总重定向用户数量的比例。

以上列出的是比较直接的广告投放效果考核指标，但在实际投放中，广告主（特别是游戏和应用类广告主）通常还会考核后续数据，根据后续效果的好坏来决定是否继续在该渠道投放或者是否需要加大投放力度。后续数据指标通常包括以下几种。

ROI：return on investment，指投资回报率，即特定周期内，广告主通过广告投放收回的价值占广告投入的比例。一般来说 ROI 都会带上周期，如日 ROI、月 ROI 等。用公式表示即：

$$ROI=\frac{回收价值}{Cost}$$

如某电商在 5 月份投放了 100 万元的广告费用，并于 5 月份获取了价值 200 万元的有效订单金额，则 5 月 ROI 为 200/100=2。

留存用户数：留存用户是指在未来一段时间内再次登录的用户，通常会带上时间周期，如次日留存用户、3 天留存用户、7 天留存用户等，分别代表注册并首次登录日期后的第 1 天、第 3 天、第 7 天再次登录的用户。

活跃用户数：活跃用户没有标准的定义，活跃用户可能是未来一段时间内再次登录或者未来几天内多次登录的用户，通常还带上时间周期，如次日活跃用户、3 天活跃用户、7天活跃用户等。7天活跃用户可能是注册并首次登录日期后的第7天再次登录的用户，或者7天内登录4天以上的用户。目前广告主考核需求方平台（DSP）的活跃用户数一般等于前文提及的留存用户数。

付费用户数：成功付费的用户数量。

充值金额：付费用户成功付费的总金额。

DAU：即 daily active user，指每日成功登录的用户数。有些用户在当天可能有多次登录，因此计算 DAU 时需要按照玩家账户 ID 排重。

WAU：即 weekly active user，指一个自然周内成功登录的总用户数。跟 DAU 一样，计算该指标时也需要按照玩家账户 ID 排重。

MAU：即 monthly active user，指一个自然月内成功登录的总用户数。跟 DAU 一样，计算该指标时也需要按照玩家账户 ID 排重。

ARPU：即 revenue per user，特定周期内，活跃用户的平均付费金额。用公式表示即：

$$\text{ARPU}=\frac{\text{统计周期内的付费金额}}{\text{活跃用户数}}$$

$$\text{日 ARPU}=\frac{\text{日付费金额}}{\text{DAU}}$$

$$\text{周 ARPU}=\frac{\text{周付费金额}}{\text{WAU}}$$

$$\text{月 ARPU}=\frac{\text{月总付费金额}}{\text{MAU}}$$

ARPPU：即 average revenue per paying user，特定周期内，付费用户的平均付费金额。用公式表示即：

$$\text{ARPPU}=\frac{\text{统计周期内的付费金额}}{\text{付费用户数}}$$

$$\text{日 ARPPU}=\frac{\text{日付费金额}}{\text{日付费用户数}}$$

$$\text{周 ARPPU}=\frac{\text{周付费金额}}{\text{周付费用户数}}$$

$$\text{月 ARPPU}=\frac{\text{月付费金额}}{\text{月付费用户数}}$$

留存率：特定周期内，留存用户数量占广告导入的注册用户数量的比例。用公式表示即：

$$\text{留存率}=\frac{\text{留存用户数}}{\text{注册量}}\times 100\%$$

活跃率：特定周期内，活跃用户数量占广告导入的注册用户数量的比例。用公式表示即：

$$活跃率 = \frac{活跃用户数}{注册量} \times 100\%$$

付费率：特定周期内，付费用户数量占广告导入的注册用户数量的比例。用公式表示即：

$$付费率 = \frac{付费用户数}{注册量} \times 100\%$$

留存成本：单个留存用户的获取成本，即获取一个留存用户对应的广告费用。用公式表示即：

$$留存成本 = \frac{广告费用}{留存用户数}$$

活跃成本：单个活跃用户的获取成本，即获取一个活跃用户对应的广告费用。用公式表示即：

$$活跃成本 = \frac{广告费用}{活跃用户数}$$

付费成本：单个付费用户的获取成本，即获取一个付费用户对应的广告费用。用公式表示即：

$$付费成本 = \frac{广告费用}{付费用户数}$$

LTV：即 life time value，指一段时间内用户生命周期总价值。用公式表示即 LTV=统计周期内的充值金额 / 注册量。一般有 LTV0、LTV7、LTV30，分别表示当天 LTV、7 天 LTV、30 天 LTV，对应的计算公式分别为：

$$LTV0 = \frac{当日注册用户的充值金额}{当日注册量}$$

$$LTV7 = \frac{当日注册用户的7天内充值总额}{当日注册量}$$

$$LTV30 = \frac{当日注册用户的30天内充值总额}{当日注册量}$$

需要说明的是，所有效果广告的投放目的一般是最终的投资回报率（ROI）。但 ROI 数据具有滞后性，需要过一段时间才能得到最终数值。为了达成 ROI 的 KPI 要求，广告主前期会通过 CPA、付费率、留存率等数据来参考判断，并结合一定时期的 ROI 和 LTV 情况进行整体预测。比如，有些资源的 CPA 虽然很低，留存率和付费率也较好，但是因为用户的整体付费水平偏低，导致最终无法完成 ROI 的 KPI 要求，因此，这类资源不宜大量投放；又比如，有些资源的 CPA 虽然较高，甚至超出 CPA 的 KPI 要求，但是由于用户的付费水平高，最终也一样可以完成 ROI 的 KPI 要求，因此，这类资源可以加大投放。

3. 品牌指标（branding）

某些品牌广告主要求进行纯广告展示，比如要求哪天在哪些渠道要投放多少广告量等，这类广告的考核集中在投放量上。目前这类广告主的比例在逐步下降，特别是在程序化广告市场中，大部分品牌广告主对投放效果会有一定的要求，只是不能像效果广告主那样用短期效果来衡量，而是从广告投放环境和投放受众群体等角度来考核。《2021中国数字营销趋势报告》显示，对于"投放广告希望达到的目的"，分别有 79% 和 78% 的广告主选择了品牌目标（强化品牌形象和提升品牌认知）及效果目标（提升销量）。[①]

图 6–4 为广告投放 KPI 评估指标体系。其中，广告可见度、Viewable TA%、Viewable TA N+Reach 和 Viewable IGRP 指标主要用于 OTV（online TV，即网络电视或网络视频）广告投放中。

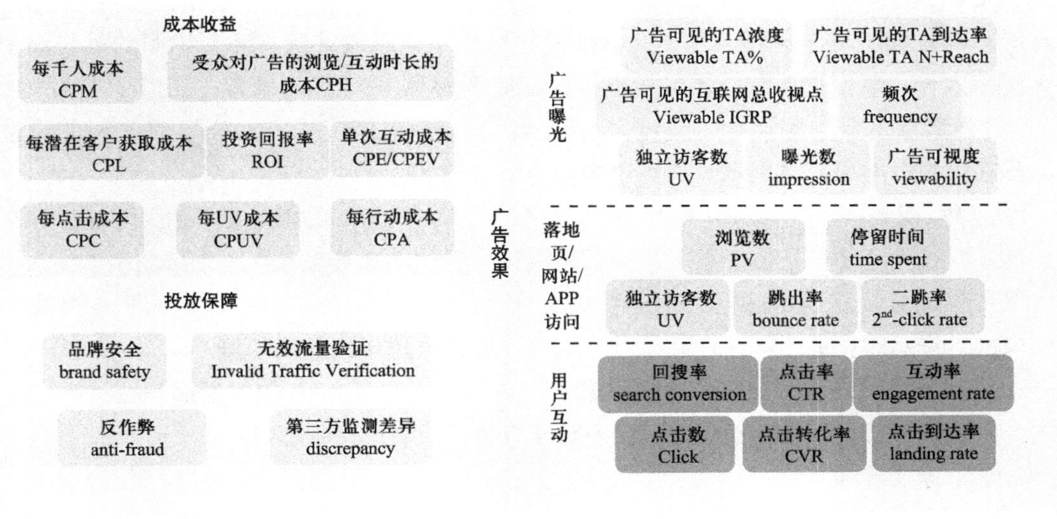

图 6–4　程序化广告投放 KPI 评估指标体系

资料来源：梁丽丽．程序化广告：个性化精准投放实用手册［M］．北京：人民邮电出版社，2017：61.

（1）广告可见度（visibility）：有些广告位置是在第二屏甚至最后一屏，用户进入媒体如果没有滚动页面，广告则无法进入其视野。以曝光计费的广告购买，只要广告曝光到广告位就会产生费用，而不管用户是否看到广告。广告可见度指广告出现在窗口可见区域的广告曝光量占广告总曝光量的比例。PC 和移动广告的可视度计算标准不同，展示广告和视频广告的计算标准也有所差异。另外，不同广告投放平台的计算标准也有可能会不一致。美国互动广告局 IAB 和媒体分级委员会 MRC[②] 对可见曝光（viewable impression）的计算标准如下。

① 王幸，谭北平．弱品牌，强品牌：数字时代增长知与行［M］．北京：人民邮电出版社，2022.

② MRC（Media Rating Council）即美国媒体分级委员会，是一个非营利组织，其目标是确保广告测量数据经认证、真实可靠和有效。

①对测量对象的基本要求如下。

◎在客户端计数；

◎过滤非人类流量和无效流量；

◎缓存清除技术；

◎区分明显的（机器人）自动刷新行为与人为活动；

◎区分被遮挡的及不在显示区域的曝光（由于用户可能同时打开多个窗口导致当前测量对象失焦而不在显示区域）；

◎广告素材的曝光数据透明性；

◎媒体网站 /App、广告投放平台、广告网络和广告交易市场的流量透明性。

②对可见曝光的计算要求如下。

◎ PC 展示广告（PC display Ad）：广告有大于等于 50% 的像素面积在可视空间内，且展示时长大于等于连续 1 秒。此标准同样适用于信息流环境。需要说明的是，对于大面积广告，可以适当加以不同标准，比如对于大小为 242500 像素（相当于 970 像素 ×250 像素展示广告的尺寸）或更大的展示广告，只要求广告有大于等于 30% 的像素面积在可视空间内，且展示时长大于等于连续 1 秒。

◎ PC 视频广告（PC video Ad）：广告有大于等于 50% 的像素面积在可视空间内，且展示时长大于等于连续 2 秒（不要求是视频广告的前 2 秒）。

◎移动展示广告（mobile display Ad）：广告有大于等于 50% 的像素面积在可视空间内，且展示时长大于等于连续 1 秒。此标准同样适用于信息流环境。

◎移动视频广告（mobile video Ad）：广告有大于等于 50% 的像素面积在可视空间内，且展示时长大于等于连续 2 秒（不要求是视频广告的前 2 秒）。

③特殊要求如下。

在用户与广告之间产生了互动的情况下，即使广告不符合上述像素面积和时间条件，该广告展示也可直接定义为可见曝光。互动是指用户在广告上的有效点击行为或有效鼠标移动行为等，但不包括鼠标悬停或者点击视频广告的播放按钮等行为。

表 6–3 对各类型广告的可见曝光定义进行了差异对比。

表 6–3 各类型广告的可见曝光定义对比

广告类型	面积	时长	窗口要求
PC 展示广告（普通）	≥50%	≥1 秒	浏览器的可视空间
PC 展示广告（大）	≥30%	≥1 秒	浏览器的可视空间
PC 视频广告	≥50%	≥2 秒	浏览器的可视空间
移动展示广告	≥50%	≥1 秒	移动浏览器或 App 终端的可视空间
移动视频广告	≥50%	≥2 秒	移动浏览器或 App 终端的可视空间

资料来源：梁丽丽．程序化广告：个性化精准投放实用手册［M］．北京：人民邮电出版社，2017：63.

（2）广告可见的 TA 浓度（Viewable TA%）：TA 是指目标受众，即 target audience，TA% 表示目标受众占广告投放曝光总人群的比例，计算公式为：

$$TA\% = \frac{\text{目标市场中看到广告的 TA 数量}}{\text{目标市场中的人群总数}}$$

（3）广告可见的 TA 到达率（Viewable TA N+Reach）：N+ 表示 1+、2+、3+……N+。常见的指标有 1+Reach、2+Reach 和 3+Reach。Viewable TA N+Reach 特指可见曝光前提下的 TA N+Reach。

① TA1+Reach，又叫 TA Reach、净到达率、1+ 到达率，简称为 Reach，是指目标市场中看到广告 1 次或 1 次以上的目标受众占总目标受众的比例。一般来说，不同城市、不同时期的 TA Reach 都是不同的。用公式表示即：

$$TA1+Reach = \frac{\text{目标市场中看到广告的 TA 数量}}{\text{目标市场中符合条件的 TA 总数}}$$

② 2+Reach、3+reach……N+reach 分别代表目标市场中看到广告 2 次或 2 次以上、3 次或 3 次以上……N 次或 N 次以上的目标受众占总目标受众的比例。由于同一受众看到广告的次数关系着该广告或者该品牌对受众的影响强度，因此广告投放会设置频次，如每天 6 次或每周 9 次。相应的，广告主会考核 2+Reach、3+Reach 等指标。

（4）广告可见的互联网总收视点（viewable IGRP）：IGRP，即 Internet gross rating points，译为互联网总收视点或互联网毛评点。用公式表示即：

$$IGRP = \text{平均曝光频次} \times \text{到达率} \times 100$$

假设对目标受众的平均曝光频次为 3，到达率为 70%，则 IGRP 为 210。Viewable IGRP 特指可见曝光前提下的 IGRP 值。

（5）独立访客数（UV 数）：unique visitor 数量，指在特定时间内访问页面的虚拟自然人（用客户端标识）的总数。

（6）跳出率（bounce rate）：指只浏览了入口页面（一般指落地页 Landing Page）就离开的访问量占进入该页面的总访问量的比例，用于衡量用户点击广告后进入页面的访问质量，或者衡量该页面对用户的吸引力。

（7）频次（frequency）：每波品牌广告通常会有频次控制的需求，以提升广告展示的有效性。比如在同一波投放活动中，对每个 UV 的广告曝光频次不超过 3 次，或者是总共需要投放 3 套素材，每套素材向每个 UV 的曝光频次不超过 2 次。

（8）二跳率（2nd-click rate）：二跳是指浏览入口页后在页面上产生的首次有效点击。二跳量是二跳的次数，二跳率是二跳量占进入该页面的总访问量的比例，可用于衡量用户的访问质量或该页面对用户的吸引力。

（9）CPUV：cost per UV，指每 UV 成本，即广告曝光中获取一个 UV 的价格。用公式表示即：

$$\text{CPUV}=\frac{\text{广告消耗金额}}{\text{UV 数}}$$

（10）CPE 或 CPEV：CPE（cost per engagement）或 CPEV（cost per engaged visit），指单次互动成本，即获取一个用户互动行为对应的价格。

（11）CPH（cost per hour）：受众对广告的浏览 / 互动时长的成本。根据广告可见度的概念可知，可视广告对受众浏览广告的面积和时长都有要求，因此 CPH 是对评估可视广告的进一步延伸，它可以考核受众对广告的关注度、兴趣度和活跃度。该指标特别适合品牌广告主，它在一定程度上代表了广告对受众品牌意识的影响力。

（12）互动率（engagement rate）：用于衡量广告投放中用户在广告素材或者站内（网站或 App）的交互度和参与度。交互行为（engagement）是指用户对广告产生兴趣之后，到发生最终转化之前的动作或行为过程，如点击、分享、在线体验、站内搜索等。相应地，还可以用单次互动成本 CPE（cost per engagement）或 CPEV（cost per engaged visit）来衡量。

（13）回搜率（search conversion）：在看过广告的用户中，在之后一段时间（如 1 天后、7 天后、30 天后等）在各个平台（包括百度、360、新浪、淘宝等）搜索广告主相关关键词的用户数占比，可用来衡量品牌广告对用户品牌认知的提升程度。

（14）品牌安全（brand safety）：由于品牌广告宣传的是品牌的美誉度，因此对投放环境的要求非常高。比如品牌广告不允许出现在不健康网站、敏感时事新闻等媒体上，否则用户可能会对此品牌产生负面印象，严重时还会影响品牌形象。品牌安全保障一般由广告验证平台（如 Adbug、Sizmek）提供，广告主通过广告验证平台过滤敏感或非法的关键词 / 页面。每个广告验证服务商都需要维护并公开潜在规避类别。因此，品牌安全就是保证品牌广告投放网络在抵达受众时，能呈现出未受妨害、绝对安全的视角，并能预见或察觉最细微的失误。

（15）反作弊（anti-fraud）：所有广告主都需要反作弊，只是效果广告主衡量短期效果时已经可以把大部分作弊流量过滤掉，因此对反作弊的需求没有品牌广告主那么强烈。相比之下，品牌广告主的考核指标比较容易作弊，因此广告主需要考量服务方的反作弊能力。

（16）无效流量验证（invalid traffic verification）：需要说明的是，无效流量不等同于作弊流量，作弊流量只是无效流量中的一部分，并且无效流量的曝光不能计入可见曝光。MMA① 中国无线营销联盟在 2017 年 5 月发布的移动互联网无效流量验证标准指出，无效流量分为两类。

第一类是“常规无效流量”（general invalid traffic，GIVT），即通过使用名单或者其

① MMA 即 Mobile Marketing Association，是全球著名的行业组织，旨在推动无线营销行业在全球范围内的发展。2011 年 4 月，中国无线营销联盟（MMA China）在上海成立。2017 年 1 月 3 日，中国区无线营销联盟宣布成立品牌安全与流量质量标准小组，进一步加强品牌安全保护和打击虚假流量的能力。

他标准化参数、定义及预设规则可检出的无效流量。

第二类是“复杂无效流量”（sophisticated invalid traffic，SIVT），包括需要通过高级分析、多方合作乃至人工介入等方法，以及广告投放活动以外更大范围的数据信号才可能分析和辨识的无效流量。

另外，中国广告协会互动网络分会（IIACC）2017 年 7 月 20 日推出了业界首个异常流量黑名单——《中国互联网广告异常流量基础过滤名单》。该名单在制作时参考了《中国互动广告标准》中关于异常流量的排查要求，以及美国于 2016 年 10 月底联合发布的最新异常流量监测和过滤标准，主要针对来自数据中心或由机器人、爬虫等产生的异常流量。

（17）第三方监测差异（discrepancy）：品牌广告主一般会寻找值得信任的第三方监测公司为其提供投放监测服务并输出数据分析报告，比如性别、年龄等人群属性以及地区定向的投放结果。因此，DSP 的投放效果是否达标，不仅仅在于 DSP 平台统计的数据，还需考核该数据与第三方监测数据之间的差异值（一般称为 gap 值）。[①]

第三节　品牌广告效果的评估

一、品牌广告效果的评估指标

本书第一章广告类型划分中指出，品牌广告是以提升品牌知晓度为主要目的的广告，需要广告触达尽可能多的目标人群，一直以来都是广告市场上非常重要的一种广告类型。与之相对应就是效果类广告。从广告投放规模和对媒体整体盈利贡献上划分，广告客户主要被分为重点客户（key account，KA）和中小类客户（small and midsize business，SMB）两大类。有些品牌广告主推广的主要目的是扩大品牌广告在特定人群中的曝光量，希望品牌的知晓度能有所提升，使得企业能得到更加长远的收益，而有些广告主对广告投放的短期转化也非常看重。图 6-5 是品牌营销人员从营销链路中的关键触点出发，整理出的品牌广告核心评估指标 KPI，主要包括品牌关注、品牌传播、落地页 /App 内访问、品牌认知、投入产出比（ROI）、投放保障以及 A/B testing 几部分。

在投放保障中一个比较重要的问题是数据是否真实。广告主一般会对比广告投放平台与第三方机构给出的投放监测数据，避免广告投放平台对数据造假。并且，出于品牌安全考虑，品牌广告主需要监测广告是否被投放到了有损品牌形象的位置上。此外，为了更准确地衡量广告投放效果，也可以对投放过广告的人群和没有投放过广告的人群在某些核心触点上做 A/B testing 试验，对比售卖量、产品咨询量、口碑、广告

① 该数据考核分为：主考核指标和潜在考核指标。主考核指标一般会在合同中列明，并作为结算的依据；潜在考核指标一般是在达到主考核指标的基础上额外增加的那些指标，用来衡量广告投放的质量。

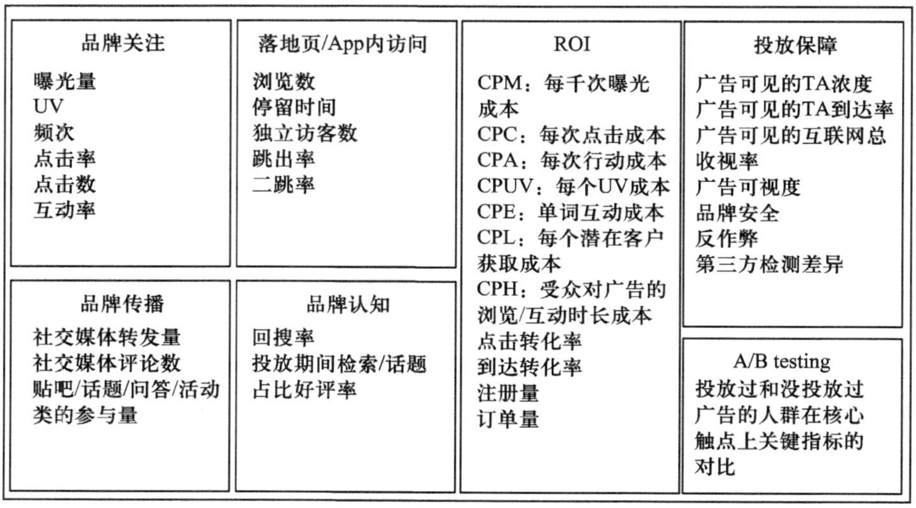

图 6-5 品牌广告效果评估指标

资料来源：张亚东. 在线广告：互联网广告系统的架构及算法［M］. 北京：清华大学出版社，2019：73.

可见度、广告可见的 TA 浓度、广告可见的 TA 到达率等核心指标。上一节我们已经对这些指标进行过解读，在这里不再赘述。

二、未来品牌传播效果指标

从传统意义上讲，广告是品牌主发起信息，是品牌传播主动连接消费者的先行军。品牌是消费者与特定商品识别系统之间的连接与联想。舒尔茨直言："没有消费者，就没有品牌。故事结束。"当前，广告业变化亦引发品牌的变化。主要体现在：首先，广告是与品牌发起的消费者连接，原有目标是到达（reach），需要消费者接受才能形成有效接触和认知印象。其次，消费者主动发起的连接品牌行为，包括订阅、复购和使用，在品牌数字用户订阅账户和传统营销客户关系账户上，同时产生价值。再者，消费者和品牌的接触点，绵延地分布在品牌线上广告（ATL）、地面营销传播（BTL）、营销渠道（distribution）、购买体验（purchase）、使用体验（experience）、反馈评价（comments）、忠诚行为（loyalty）的全链路上。由于互联网平台加强品牌的数字化供应和消费者数字化主动行为，使得以上阶段开始数字化重组与整合闭环。最后，数字时代，消费者媒介行为引领品牌传播发生变化，直达数字化营销。营销者需要付出更多的努力，与消费者和营销供应网络齐心协力，推动品牌价值实现，帮助消费者成长。这依赖于消费者与品牌关系的数字化重建。

进入营销技术时代，越来越多的企业发现，品牌与消费者关系值得重新构建。而未来品牌传播效果的考核指标可能从以下方面发生变化，具体如下。

（1）品牌认知与记忆在未来品牌传播效果考量中的重要程度。

品牌认知与记忆是指对消费者认知心理或品牌传播效果的测量。对用户品牌态度或品牌记忆的计算，是经典广告效果计算中最常使用及年度测量品牌基准值的方式。在营销传播漏斗中，它被认为是消费者购买旅程的起点。持久的挑战来自品牌主营销部门的数字化转型，这有助于计算实施品牌行动的成本与回报。未来品牌传播更关注个人，可能不再强调广告和营销传播产生多少关注，而更注重通过数字广告技术追踪投放产生的用户行为和意图反应。品牌认知与记忆是经典的广告传播效果，数字时代，这项传统广告的管理优势反而可能成为未来广告的劣势。

（2）浸合在未来品牌传播效果考量中的重要程度。

浸合（engagement）将成为未来营销传播的重点任务。追求浸合的重要性，远远超过了品牌认知与记忆。浸合存在两个方面的含义，一方面是消费者对广告媒体的投入程度，另一方面是消费者对媒体的浸合如何影响广告的有效性。强调“深度”的浸合指标与强调“宽度”的品牌认知与记忆指标不同。浸合的过程包括参与和诸多体验（如讨论和分享体验、实用性体验、社会联系体验等），浸合的结果有媒体使用程度及专注、情感性反应、广告的态度反应三种类型。营销者需要加强测量用户浸合的新能力，并以此来评估营销传播活动的影响和效果。未来企业经营，靠单纯的广告投放是不够的，营销传播势必要去经营品牌浸合和用户浸合。

（3）顾客品牌资产形成在未来品牌传播效果考量中的重要程度。

数智时代，即以数字化和智能化技术为核心驱动力的时代。广告技术作用于互联网广告平台和互联网电商平台，使得用户流量和品牌接触点得到了更详细的测量。品牌资产通常包括品牌知名度、品牌感知质量、品牌口碑分享与流行，以及最重要的品牌忠诚。这些正在因为营销者对数字接触点的掌握而变得愈加可计算，包括计算客户终身价值。

品牌资产需要由数据系统支持的高维数据计算，国内阿里平台已经开始通过 AIPL 和 FAST 等指标体系获得数据，旨在完成闭环营销计算，得到单个用户购买习惯及其终身价值，并联合计算新型品牌资产。同样，字节跳动的广告平台巨量引擎也通过 O-5A-GROW 模型开始进行用户在平台停留时长、内容观看和消费的品类分布计算。基于数据分析的开发及管理进化，营销者和营销组织将能够从测量历史回报转向预测未来回报，这将使管理层能够将短期回报测量视为边际投资回报率，从而改变广告传播的计量标准。因此，未来营销传播需要将顾客品牌资产增量纳入品牌传播效果考量。

（4）用户联结（时长与意图）在未来品牌传播效果考量中的重要程度。

用户联结包括日活用户（DAU）量及使用时长，通过关键词判断用户行为意图与场景，才能带来客单用户购买数量与价格增长。由于应用下载、小程序、订阅自媒体和电商、直播等数字营销手段的多样化，用户联结成为未来品牌传播效果考量的新兴趋势。用户联结是以时间 × 场景意图（time × willpower）来计量用户目标，该理论能有效帮助营销者洞察商业环境下消费者的购买动机。通过测量用户的时间投入和用户行为意图，验证品牌传播与用户任务的一致性。实际上，卖方组织的侵入式“硬广”信息的完全失败，未来越来越强调使用互惠或共享的消费者—品牌关系。前沿企业甚至希望用户将品牌当作媒体来使用。

以上四项要素将成为未来品牌传播的考核指标。品牌传播效果考量指标变化为基本满足的品牌认知和记忆、重点增长的浸合和顾客品牌资产增量，以及具有潜力的用户联结的时长与意图。

第四节　广告监测与归因

如前所述，在线广告区别于线下广告的重要特征就是可监测性。广告的交易过程涉及媒体、广告平台、广告主等若干环节。根据第一章阐述的几种广告计费方式，除了用 CPC 计费模式的广告活动，其他广告活动都存在计费指标为媒体或广告主某一方不可见的情形。因此，需要有独立、公正的第三方对广告展示量或转化效果进行度量，这就产生了广告监测和归因的问题。

一、广告监测

在 CPM 计费模式下，需求方需要委托某家第三方监测公司对实际发生的展示或点击数目进行核对，以确保自己的利益。不过，监测的主要需求存在于按 CPT 计费模式计费或 CPM 计费模式计费的合约广告中。这是因为在竞价广告系统中广告主与媒体之间并没有约定的价格，可以根据后续的效果来调整自己的出价，因此展示或点击的监测并不是他们的强需求。从这里可以看出，效果监测主要的服务对象是那些品牌广告主，效果监测一般会占有在线品牌广告投放 1% 左右的预算。

借助监测代码或者 SDK 实现广告展示或点击计数并不困难。监测代码是指具有客户端信息收集功能的代码。它的主要工作是将客户端的信息以参数的形式拼凑成 URL，并以 ITP 请求的方式传给第三方，告知“谁，在什么时候，看到了来自哪个媒体展示的，哪个广告主的广告”。如表 6-4 所示，以移动端为例，根据《中华人民共和国广告行业标准》，客户端监测代码的参数有 6 种。

表 6-4　移动端广告监测代码参数一览

参数	解释
OS	客户端操作系统的种类：0 表示 Android，1 表示 ios，2 表示 WP，3 表示其他
IMEI	15 位，适用于 Android，需要 MD5 加密
MAC	用户终端的硬件地址，适用于 Android 和 ios，字母转换成大写后 MD5 加密
Android ID	适用于 Android，需要 MD5 加密
IDFA	适用于 ios，保留原始值
OpenUD ID	适用于 ios，保留原始值

资料来源：刘鹏，王超．计算广告：互联网商业变现的市场与技术［M］．3 版．北京：人民邮电出版社，2022：305.

当广告投放基于受众进行时，监测就要困难得多了。例如，某广告计划要求在男性用户流量上投放 1000 mille 的展示，那么如何才能确定投放的结果满足这一条件呢?一般采用的方案是“广告监测提供商用采样 + 付费”的方式收集一个小比例人群上的真实用户属性，然后通过验证这个人群上性别的准确率，来反推整体的投放数据。这一方法由于采样集一般规模不大，在人群分布上与投放人群相比可能存在较大的偏差，因此此方法的关键在于如何对数据进行有效的纠偏。另外，即便采用这样的方案，也只有部分基于人口属性信息的投放是可以验证的，而对于基于兴趣标签的投放，由于对同一个用户并不存在确定的标准答案，这样的监测意义不大。

因此，监测一般广告投放最终的受众触达情况，即前述的广告可见度、Viewable TA% 和 Viewable IGRP 等指标表现结果，广告主以第三方监测提供的数据为主要参考依据。第三方监测采用的是以小样本库推荐的方式。实际广告投放过程中，广告投放执行方并不是采用同第三方一致的方式来指导投放的：传统广告采购投放中，媒体都是依据自己的大量用户行为来指导投放的；程序化广告是基于互联网用户的全网行为进行分析，分析基于海量大数据的相似度得出结果。由于海量行为分析同小样本库推荐的标准不一致，导致了视频广告投放的效果评估成为现在业内的一个重大难题，存在很多道德层面的风险。

1. TA 浓度指标 GAP

一般广告投放最终的受众触达情况，即上述 iGRP、TA 相关的数据指标表现结果，广告主方还是以第三方监测提供的数据为主要参考依据。问题恰恰就出在这个地方，虽然互联网数字化高速发展，然而各方并没有形成一个相对一致的评估受众的机制或者标准库。第三方监测是以小样本库推及的方式，来推算 TA 覆盖率。

2. 广告可见度验证

即使实时竞价（RTB）赢得了广告曝光，或者其他交易模式获得了广告曝光，也并不代表该广告都能被用户看到。因此，广告可见度曝光的统计逻辑比广告投放曝光的统计逻辑严格得多，它需要验证广告曝光是否出现在浏览器的可见区域并且是否满足可见时长要求。可见度是通过 JS 代码来检验当前页面的位置以及可视面积的。MMA 的广告可见性验证标准还对验证时间间隔进行了要求：在验证展示类广告时，最低 100 毫秒一次；验证视频广告时，最低每 200 毫秒一次。与可见度相关的指标有可监控曝光次数、可视曝光次数和可视率。

另外，需要说明的是，在 App 环境里，由于广告位是基于 webview（网络视图，能够在移动应用程序中显示 HTML 文档，可以将其视为浏览器）的，整个广告位可以当成是一个完整的页面，即可视面积是 100%，因此移动端的 visibility 并不是非常准确。

除了以上分析的 TA 浓度指标、广告可见性和品牌安全等问题，还有例如因地域 GAP、结算方式、PDB 中的损耗问题、移动 App 端广告投放等造成的广告监测上的问题。

3. 地域 GAP

地域 GAP，即不同地域各方观测到的数据差异。自数字广告开始，传统排期投放时，品牌广告主就已要求媒体按地域定向方式进行排期和投放。同时随着近年来程序化广告的不断运用，地域定向几乎成了必备的要求。但是广告投放中各方观测到的数据中普遍存在地域 GAP。这也是困扰很多媒体和 DSP 的问题。广告主给媒体结算，一般都是按照第三方监测的数据结果进行的。而媒体监测到的不同地域的曝光量，同第三方监测到的曝光量存在一定的 GAP，这种 GAP 就是俗称的地域 GAP。

广告主严格要求不同地域的曝光量，尤其是视频广告。全国有若干城市能出现 15% 以上的 GAP，有个别城市能出现 30%~40% 的 GAP，这是十分严重的。若不作特殊处理，地域 GAP 危害极大，尤其对广告流量卖方。

地域 GAP 的成因：地域 GAP 是因策略路由导致的（我们常称之为 IP 漂移）。2013 年全年的统计是策略路由现象导致的平均 GAP 为 15%；2014 年随着虚拟运营商的进一步发展，特别是中国移动 4G 网络的发展，策略路由现象在进一步加剧，目前平均 GAP 值已经超过 20%。

地域 GAP 是因运营商开始大量使用策略路由技术导致的。正是因为用户上网出口 IP 动态路由策略的存在，用户客户端给媒体服务器及监测服务器的是两次独立发起的网络请求。而两次网络请求，“媒体服务器”获取到的“用户客户端 IP”不等于“第三方监测服务器”获取到的“用户客户端 IP”，从而造成用户客户端的“IP 漂移”，最终导致第三方监测服务识别的地域，同媒体识别的地域存在 GAP。

4. 结算方式引发的 GAP

ADX 卖方同买方（DSP）结算之间是按广告竞价成功金额进行结算的，而不是以第三方监测数据为依据的。然而广告主同 DSP 方一般是以第三方监测数据为依据来结算的，所以 DSP 方需要承担这个 GAP，一般 GAP 为 10% 左右属于正常情况。也就是说，有经验的 DSP 需要充分考虑到这个 GAP。

客户往往都有地域定向的要求，这就造成 DSP 要多承担 30% 左右的 GAP。最痛苦的事情可能还未必是 GAP，而是若按地域投放的排期没有满足，就需要不停地补量直至达标为止，这个时候，因 GAP 而需付出的代价就更大了。更让人头疼的问题是，若 DSP 同客户之间是按点击、到达、转化等后续数据来结算的，后续这些环节的损耗及 GAP 会更加严重。

5. PDB 中的损耗问题

在传统采买中，广告主、媒体方与第三方监测基本达成共识，若媒体方数据同第三方监测 GAP 小于 10%，媒体方才能接受按第三方监测来结算。但是 PDB 系统的加入增加了中间环节，会导致这个 GAP 有增大的可能，所以很多媒体十分抵触 PDB。对于这个问题一般有以下两种解决办法。

（1）技术对接时要多做真实流量的放量测试，观测出这个 GAP（重点是第三方监测同媒体方之间的 GAP）的正常值是否小于媒体接受的 GAP 极限。不要局限于曝光

GAP，点击 GAP 也是观测的重点（点击因中间增加了一个 PDB 的收敛代码，必然会增加损耗）。

（2）媒体端增加一个打底广告，并加上打底广告监测代码；若 PDB 方响应超时，媒体端可以展示打底广告，这样也能在一定程度上减少损耗。

6. 移动 App 端 Banner 投放的监测问题

国内移动端虽然发展迅速，但自 2015 年开始移动广告支出才逐步超过 PC 端。由于行业规范的滞后性（第三章中已介绍过媒体方处理设备 ID 的方法混乱，没有按统一的标准落实），监测方传递设备 ID 不足等问题十分严重，导致移动 App 端广告监测中存在很多道德风险，尤其是移动 App 端广告频次监测问题、推广渠道归因分析问题等，都是业务实践中常见的问题。

二、广告效果归因

按 CPA/CPS/ROI 计费模式计费的广告，由于转化行为并不发生在媒体上，往往需要第三方机构对这些效果数据进行公正的跟踪，并且将其与广告的展示和点击数据对应起来，以确定某次转化来自哪个渠道。这称为广告效果的归因。

1. 效果归因模型

多渠道跨设备投放广告，使得准确衡量广告效果变得更加困难。例如用户在多个应用、多台设备上都看到了同一个广告，那么到底是由于广告的哪次曝光导致该用户最后购买了广告产品呢？通过观察投放数据来发现规律或者找到因果关联，这就是衡量广告效果中的归因分析。不同的平台或营销人员都有自己的归因模型。他们需要知道各种投放渠道的贡献度是多少，也需要知道在用户的行为过程中哪些因素对用户与广告产品互动起了决定作用。常见的归因模型有四种：末次转化归因、平均分配归因、时间衰减归因和价值加权归因。

（1）末次转化归因：指将用户与广告产品互动的功劳归于最后一个触点发生的渠道或者场景，这是一种比较常用的归因模型。然而用户真实的购买、点击、下载等行为的诱导因素很复杂，只用最后一个触点来分析因果关系会损失大量的信息。

（2）平均分配归因：指将用户和广告产品互动的功劳归于在一定时间周期内用户行为序列上的所有触点。这一归因方法的弊端是可能会高估很多触点的作用。

（3）时间衰减归因：指将用户和广告产品互动的功劳归于在一定时间周期内用户行为序列上的所有触点，但是越靠近最后互动的触点，权重会越高，最后一个触点的功劳也最大。

（4）价值加权归因：对触点作更加细致的分析，根据前期积累的效果数据，对不同渠道、不同类型的设备设置不同的权重，不同类型的触点对不同类型的互动行为也设置不同的权重。这种归因模型需要相关人员有比较专业的数据分析和理解能力。

2. 效果归因实例

广告效果归因比较成熟的领域包括电商和移动应用下载。另外，有些广告虽然按 CPM 计费模式计费或 CPC 计费模式计费，有时也需要考核后续的效果，这时也需要进行效果归因。效果归因常见的方法有直接访问归因和用户 ID 碰撞归因。此外，还包括因作弊造成的效果的不恰当归因。

（1）直接访问归因。

直接访问归因的原理比较简单：为每一个渠道分配一个独有的渠道 ID，放在落地页的 URL 参数中，当用户在到达落地页以后的同一个会话中完成转化行为，就记到该渠道上。

中国的安卓应用下载采用的是另外一种直接访问归因方法：给每个渠道打包不同的安卓应用程序包（APK），分别记录各渠道包的下载量。

直接访问归因虽然原理上简单明确，却不见得合理，用户点击了广告以后，如果被别的任务打断，没有在当前立即发生转化，后续直接访问广告主页面时产生的转化就无法归因给该渠道，这对于电商这类转化决策周期可能比较长的场景，明显是有失公允的。因此，目前更加通行的归因方法是用户 ID 碰撞归因。

（2）用户 ID 碰撞归因。

以移动应用下载广告效果的归因为例，来看一下用户 ID 碰撞的归因原理。如图 6-6 所示，用户在广告位上看到广告后，有时会点击广告到达广告的落地页（此处为 Apple Store 的应用详情页）；用户进一步下载该应用后，就完成了一个“转化”。其中归因的原理是这样的：当点击产生时，除了跳转到落地页，同时向归因的监测方（一般情况下为第三方产品）发送一个点击链接，同时将用户的 ID 作为参数一并发送过去；当转化发生时，嵌入在广告主应用里的监测方 SDK 会发送一个带用户 ID 的转化链接；将两个过程中的用户 ID 进行匹配，就可以知道某个转化是哪个渠道带来的了。

用户 ID 碰撞归因可以自由设置归因周期。例如，规定点击后 3 天以内的下载都归因点击渠道，或者规定点击后 7 天内的购买都归因到点击渠道。关于归因周期的设置，不同行业的广告主中有不同的合理范围，需要具体讨论。

（3）归因作弊。

归因作弊一般出现在移动端广告投放中，作弊平台只需要向广告主的点击服务发送用户的设备号 ID 即可，该用户一旦产生激活注册行为，这部分转化用户就直接成为作弊平台的功劳了。正常来说，该转化属于 B 平台，但是由于 C 平台的归因作弊出现在用户激活注册之前，因此转化归于 C 作弊平台（图 6-7）。

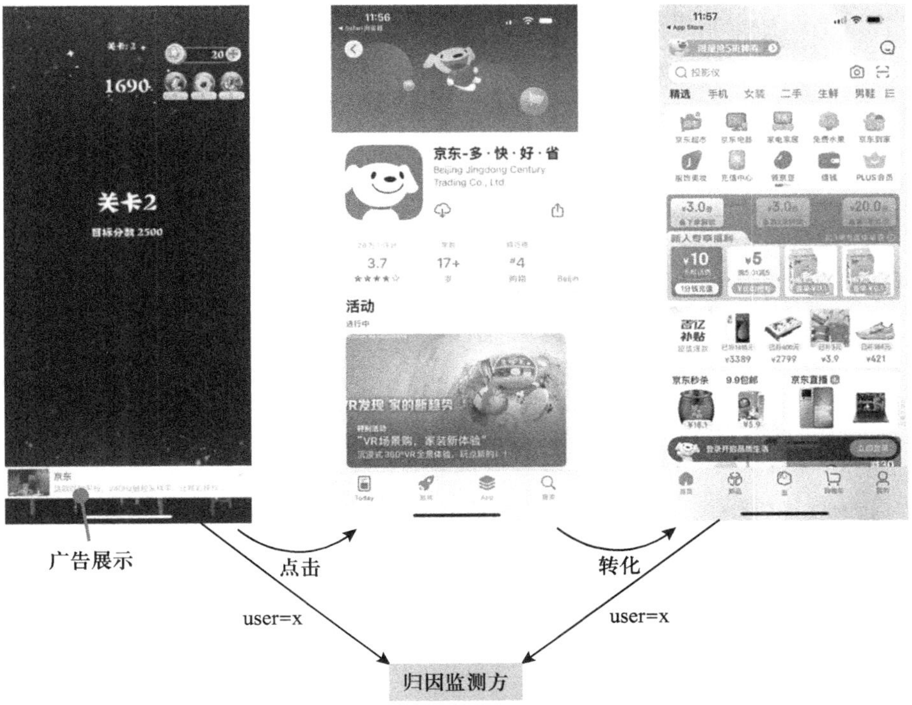

图 6-6 用户 ID 碰撞归因原理示意

资料来源：刘鹏，王超．计算广告：互联网商业变现的市场与技术［M］．3 版．北京：人民邮电出版社，2022：308.

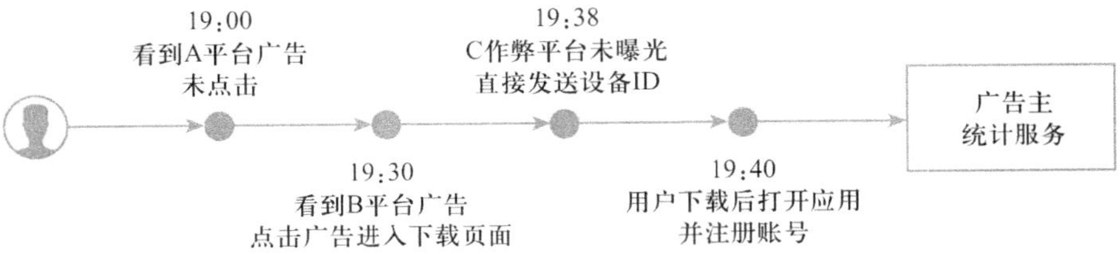

图 6-7 归因作弊示意图

资料来源：梁丽丽．程序化广告：个性化精准投放应用手册［M］．北京：人民邮电出版社，2017：121.

◆ 本章小结

本章阐述了广告效果的基本概念，介绍了广告效果的定义、层次、原则和评估方法。

接着介绍了在线广告效果和品牌广告效果的评估。着重介绍了在线广告评估的特点与标准、评估原则，以及评估指标。阐述了品牌广告效果的评估指标，并提出未来品牌评估传播效果指标可能发生的变化。

最后介绍了广告监测与归因。着重介绍了品牌安全问题、广告监测中存在的风险，以及广告效果评估中常见的四种归因模型，并指出要通过独立第三方机构对广告效果进行监测。

◆ 关键术语

关键指标考核 key performance indicator；效果 performance；投资回报率 return on investment，ROI；广告可见度 visibility；目标受众 target audiences；广告可见的 TA 浓度 viewable TA%；广告可见的 TA 到达率 viewable TA N+Reach；互动率 engagement rate；回搜率 search conversion；品牌安全 brand safety；口碑相传 word of mouth，WOM；网络口碑 Internet word of mouth，IWOM；品牌监测 brand survey；品牌跟踪 brand tracking

◆ 复习思考题

（1）简述广告效果的层次。
（2）广告效果评估的原则是什么？
（3）简述在线广告效果评估的特点。
（4）请列举各类评估指标，并说明这些指标的含义及使用场景。
（5）在线广告投放过程中，广告监测面临怎样的挑战？
（6）请举例说明什么是品牌安全问题。
（7）未来品牌传播效果的指标有什么变化？

◆ 参考文献

1. 梁丽丽 . 程序化广告：个性化精准投放实用手册［M］. 北京：人民邮电出版社，2017.
2. 王艺，李列锋 . 广告学［M］. 2 版 . 广州：暨南大学出版社，2017.
3. 张亚东. 在线广告：互联网广告系统的架构及算法［M］. 北京：清华大学出版社，2019.
4. 杨坚争，杨立钒，周杨 . 网络广告学［M］. 3 版 . 北京：电子工业出版社，2011.
5. 刘鹏，王超 . 计算广告：互联网商业变现的市场与技术［M］. 3 版 . 北京：人民邮电出版社，2022.
6. 吴俊 . 程序化广告实战［M］. 北京：机械工业出版社，2017.
7. 陈韵博 . 程序化广告的道与术：数据技术时代的营销变革［M］. 北京：社会科学文献出版社，2020.
8. 顾明毅 . 未来广告：中国广告业未来发展与数字营销传播前瞻（2025—2035）［M］. 上海：上海远东出版社，2022.
9. 王幸，谭北平 . 弱品牌，强品牌：数字时代增长知与行［M］. 北京：人民邮电出版社，2022.

◆ 章末案例

Linkflow 助力品牌提升广告效果

在电商尚未兴起的年代，中国的消费电子类商品销售完全依赖线下大卖场。那时，产品款式和价格成了主要的竞争点。随着近几年电商行业的兴起，消费电子类商品的销售已经大量依赖于第三方电商。因此如何更了解客户，适时推出客户感兴趣的产品，并且把握好销售时机和渠道成为制胜的关键。然而由于主流电商平台的信息壁垒，很多时候品牌方无法获取消费者的信息，使得品牌后续营销变得十分困难，所以各大品牌方都急于寻求办法改变这一现状。其中，存在以下几方面的问题。第一，电子产品消费者总数庞大，电商与线下门店渠道众多，难以获取消费者完整数据，品牌无法实时获取消费者来源和购买偏好。第二，缺乏导购工具，线下门店的导购人员无法留存有过历史消费记录的消费者，进而吸引其复购。第三，消费电子类品牌渠道众多，数据捕捉不全，难以获得消费者洞察，导致无法及时了解各个渠道活动数据的分析效果。

国内各大电商渠道的信息壁垒导致很多品牌方无法获取消费者信息，而这些信息对于品牌方来说又非常重要。所以 Linkflow 通过带参二维码结合品牌方提供的售后增值服务帮助某品牌获取消费者一手信息。比如，在“520 活动”中，消费者购买商品后，导购人员邀请消费者扫码即可“领取 100 元优惠券”，下次消费时即可生效。消费者扫码填写信息表单后领取优惠券，既帮助企业获取消费者信息，又提升了消费者的复购率。

但是我们知道，客户关注品牌的每个渠道来源、活动均不同，市场运营人员一个个手动生成带参二维码十分困难。Linkflow 帮助该品牌简单快速地生成分渠道带参二维码，追踪每条行为的来源、活动以及关键字等。比如：可以在“关键词”一项中填写产品偏好，如“轻薄办公笔记本”，在“来源”中填写“上海市静安区”，“活动”中填写“38 大促”“女神节赠礼”等。

根据品牌方需求，市场运营人员可以通过 Linkflow 生成微信分渠道带参二维码（图 6–8），随后品牌方将这些二维码印刷在产品包装、投放在产品中或者用在营销活动中，当消费者扫描这个二维码时，Linkflow 会根据消费者扫描的二维码，了解用户购买渠道并推送相关的留资页面引导用户进行留资操作。同时，为了提升消费者扫码的积极性，Linkflow 的自动化营销模块会在消费者提交个人信息后，推送相关售后增值服务给消费者，从而获取更多消费者信息（图 6–9）。以此解决无法获得消费者一方信息的问题。

消费电子类企业由于其产品特性，导致其复购周期比较长。但这并不代表其没有复购营销的必要。品牌方通常会根据消费者的购买行为、后期浏览行为等对用户进行增值服务营销或交叉销售营销。Linkflow 作为品牌方的 CDP，可以对接消费者和品牌的各个触点，第一时间获取用户的各种行为信息。同时，在和企业内部系统对接后，

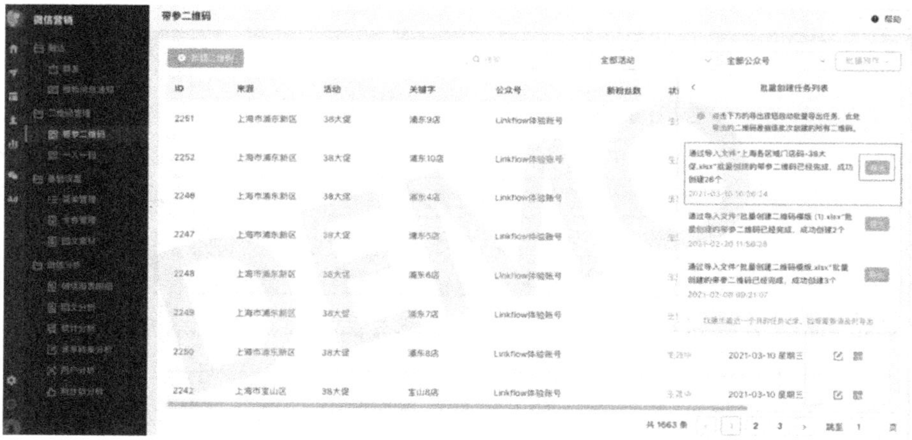

图 6-8　Linkflow 生成带参二维码

也可以获取消费者的各种消费行为、会员信息等数据。当用户在线上或者线下各个渠道下单后，消费者的行为数据以及订单数据都将记录在此用户中。品牌方根据该消费者户的浏览行为或下单的商品种类综合分析后，为消费者打上不同标签。

图 6-9　Linkflow 用户信息操作界面

该品牌利用企业微信导购助手赋能线下和线上门店进行客户的留存，并为二次触达做基础。不论是线上还是线下店铺，当消费者下单后，引导消费者添加企业员工领取优惠券的增值服务。员工可以邀请消费者加群，在群内发送一些商品优惠券，以及满减活动消息，增强消费者对品牌的黏性，促进消费者复购。根据业务需求，Linkflow 还可以在特定时间对特定人群在特定渠道中推送个性化内容，对消费者进行有针对性的营销活动。例如，针对购买相机的用户，在 3 个月后推送售后保养活动，同时根据用户的历史行为，选择是通过微信还是短信渠道进行推送。

在如今的营销环境中，营销成本变得越来越高，所以很多品牌主都希望可以了解自己在各渠道中投入的营销成本的转化效果，从而找出更有效的投放渠道进行营销。针对这个问题，Linkflow 通过不同带参二维码的设置以及消费者扫码行为的捕获，Linkflow 系统可以实时了解消费者购买的产品和对应的购买渠道。在获得这些数据后，品牌方可以通过 Linkflow 的 BI 报表功能，灵活设定各类报表（图 6–10），直观地了解消费者的消费渠道偏好和产品偏好，进而有的放矢地对效果更好的渠道加大投放，以达到营销效果的最大化。

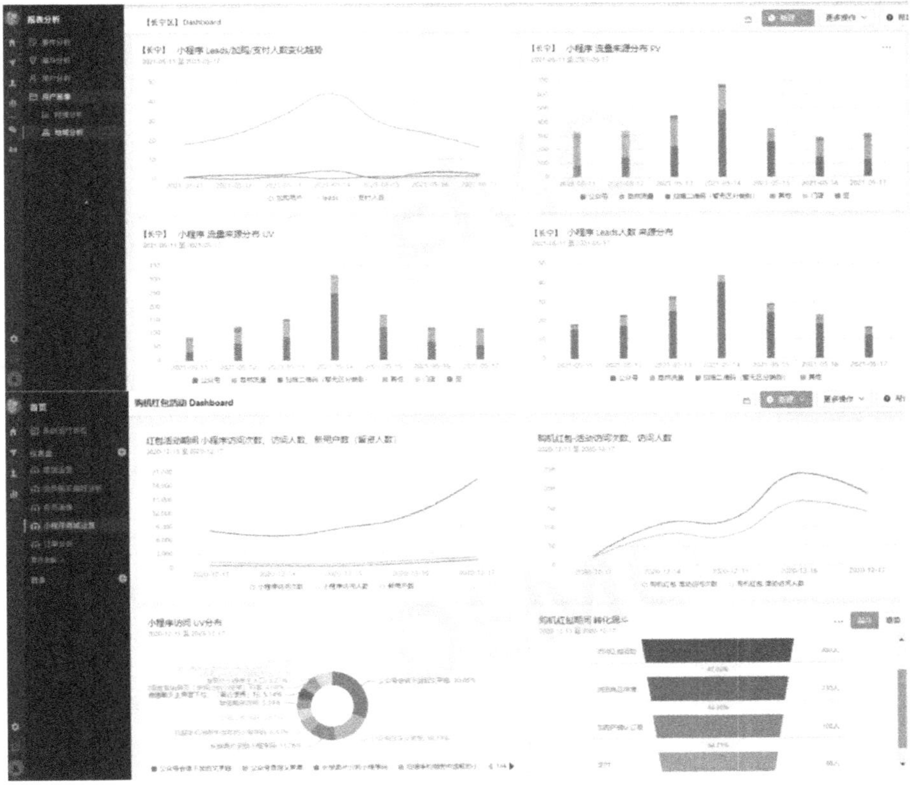

图 6–10　Linkflow 生成的报表

资料来源：广告门 . 消费电子类：灵活运用海量消费者数据，实现全渠道效果追踪［EB/OL］.（2021–05–31）. https://creative.adquan.com/show/304851.

案例思考题：

（1）查阅资料学习 CDP 是什么以及它是如何帮助企业提高营销效果的？

（2）Linkflow 的工作模式可以从哪些方面衡量广告效果？